Management Text

ベンチャーマネジメント
［事業創造］入門

長谷川博和

日本経済新聞出版社

はじめに

　社会のイノベーションを推進する主体はベンチャー企業であり、また、大企業の新規事業部門であるといわれて久しく、その重要性について疑いはないが、その活躍と社会全体への貢献度合いを見ると限定的にとどまっている。特に、これを執筆している2010年時点の日本においては、新規公開企業が少なく、かつ、その株価も低迷していることから、ベンチャー企業を創業して、新たなチャレンジをしようとするアントレプレナーは極めて少なくなっているように感じる。また大企業においても、売上高、利益の低迷から本業回帰が進み、新規事業への取り組みについて一時期のような情熱はなくなってきているようである。

　その一方で、中国をはじめとする新興国においては、誰でも成功するチャンスが到来したとばかりに、アントレプレナーマインドが大きなうねりとなって社会全体を飲み込もうとしているし、米国・欧州も依然として電気自動車やソーラー関連、代替エネルギー関連などについては多くのベンチャー企業が創業されていて、ベンチャーキャピタルも大きな資金を投入している。この温度差が、10年後の日本と世界との社会の活力の差を生み出す要因になることを懸念している。

　その意味で、ベンチャー企業や大企業の新規事業の視野を世界的に広げ、その成功・失敗要因を分析することなどによる「ベンチャーマネジメント」理論と実務の蓄積が今こそ重要であると考える。とかくベンチャー企業や大企業の新規事業は「ハイリスク・ハイリターン」であり、かつ、実際に事業を始めてみないとわからないことが多すぎるといわれている。

　しかし、本当に能力が高く、リーダーシップがある人材は、成功のための法則や理論がしっかりと確立されており、自分がとるべきリスクがどの部分で、そのリスクをとる見返りとしてのリターンがどの程度であるかが明確でない事業にはチャレンジしないのは当然のことである。世界中の能力の高い人たちが、競い合ってベンチャー企業や大企業の新規事業のリスクを下げ、リターンを上げるために全精力を傾けている中、日本においても「ベンチャーマネジメント」理論と実務の蓄積を図り、チャレンジする人が少しでも増えることを筆者は願っている。

はじめに

　本書は体系化されていない「ベンチャーマネジメント」について、ベンチャー企業や大企業の新規事業の責任者や担当者が読んで議論することによって、「ベンチャーマネジメント」理論と実務の構築をするために役立とうとして執筆したものである。

　米国および欧州発の「ベンチャーマネジメント」のテキストは多いが、社会風土や企業のタイプが異なる日本において、そのままの形では導入できない部分が多い。どのような考え方をとれば、日本およびアジアにおいてベンチャー企業や新規事業が成功するのかについて、いくつかの仮説を立ててみたいというのが本書の狙いである。本書においては未だ仮説にすぎず、それらを実施することで日本的なベンチャー企業、新規事業の成功確率が高くなるとの確信を持てる段階には至っていないが、今後も「ベンチャーマネジメント」の理論と実務の充実を通じてチャレンジし続けたいと思っている。

本書の対象読者

　本書が想定している読者層は、学生、ベンチャー企業の経営者・従業員、大企業の新規事業担当者、専門家の方々である。

①学生の方

　まず、商学部や経営学部、経営管理大学院（MBA）および技術経営大学院（MOT）などにおいて、「ベンチャー企業論」「新規事業論」「イノベーション・マネジメント」「新規事業創成」「企業価値評価」「ベンチャーキャピタル論」などの科目を専攻する学生のテキストにふさわしいと考える。また、組織論やマーケティング論、人事管理理論などを専攻する学生においても、その端的な事例がベンチャー企業の行動に凝縮して表れていることから、十分に本書は参考になると考える。

②ベンチャー企業の経営者・従業員（志望）の方

　実際にベンチャー企業を経営している、あるいはベンチャー企業に勤務している方は、経営を成長軌道に乗せ、効率よく会社を運営する方法について、これからベンチャー企業を創業しようと企画している方は、どのような手順や考え方で創業したらよいかについて、本書で学んでほしい。また、これからベンチャー企業に社員として入社しようと考えている方にも、ベンチャー企業の楽しさと大変さを事前に学ぶ意味でお勧めする。

③大企業の新規事業担当者（志望）の方

　大企業の新規事業部や事業開発部など、新規事業の開発や企画をする部署の方はもちろん、既存部門においても、どのように新しいアイデアを生み出し、イノベーションを起こしてゆくかという、新規プランを部内提案する時に役立つという意味で、すべての部門の担当者が対象読者である。ベンチャーマネジメントは決してベンチャー企業だけを対象にした理論ではなく、大企業の新規事業構築のためにも、そのマネジメント手法を活用することが非常に重要であると考える。また、マンネリを打破し、革新的な組織を作り出したいと思っている大企業のトップマネジメント層や、全社員を対象としたビジネスプラン提案制度を導入し、プランを選択・評価する担当役員の方にも、是非読んでいただきたい。

④専門家（志望）の方

　公認会計士、弁護士、税理士、司法書士、弁理士、証券会社の引受部門、引受審査部門、銀行の貸付担当者、ベンチャー企業のM&Aなどを行う投資銀行の担当者、証券取引所の審査担当者、エンジェルなど、ベンチャー企業や大企業の新規事業部門に携わる専門家として業務を行っている方も、対象読者として考えている。

本書の特徴

　本書では、こうした幅広い読者層の多様なニーズに応えるために、以下のような特徴を持つ。

①理論と実務の両方を網羅

　ベンチャーマネジメントに関する経営理論を網羅し、初めて学ぶ者に対しても必要な理論を体系的に学ぶことができる。また、ベンチャー企業や新規事業の構築に際して必要な考え方や、プロジェクトの具体的な進め方など、実務についても学ぶことができる。

②多くの実例を基に、想定されるリスクとその解決案を提示

　筆者が経験した多くのベンチャー企業や大企業の新規事業の事例を基に、想定されるリスクを成長段階ごとに事前に提示し、その解決策を提示している。

③経営者や新規事業責任者が悩む決定事項について具体的なイメージを
　提案

　ベンチャー企業の経営者や大企業の新規事業責任者が、事業を企画す

る段階、および実際に事業を推進してゆく段階で悩む項目について、一般の経営論の教科書より、一歩踏み込んだ提案をしている。例えば、通常の経営学の教科書では、「ベンチャー企業や大企業の新規事業部門において、社員のインセンティブが重要である。その意味からは、月給などの固定報酬に加えて、個人の成果に応じた変動的報酬も十分に考慮して払うべきである」という記述にとどまり、具体的にどのように固定給・変動給の割合を決めたらいいかについては全く述べられていない。本書では一歩踏み込み、組織の成長段階や属している組織の特性に応じて、どのようなインセンティブ測定の手法があるのかを示し、報酬制度の決定の仕方についても具体的なイメージを提示するようにしている。

④一般的な通説に対して、多くの問題提起を実施

マスコミや経営学の通説に対して、多くの問題提起をしている。これは決して筆者の答えを決めつけるものではなく、問題提起により、より本質的な議論を深めてほしい、という趣旨である。例えば、「日本にはアントレプレナーが少ないので、創業する人を増やすべきである」「ベンチャー企業は株式公開を目指すべきである」「ベンチャー企業や大企業の新規事業はハイリスク・ハイリターンである」「ベンチャー企業の経営陣は株式公開後でも51％の持株比率を維持できるような資本政策をとるべきである」などの通説について、違う考え方もできるのではないか、という問題提起をしている。

本書の構成

本書は2部構成になっている。第Ⅰ部は、成長段階に応じた戦略を述べている。第1章ではベンチャー企業の意義、第2章ではベンチャー企業の事業構想段階、第3章ではスタートアップ段階、第4章では成長段階において、とるべき戦略と陥りやすい問題とその解決策についてまとめている。

第Ⅱ部は、成長に必要な機能について、ベンチャー企業・新規事業において特に重要な側面に焦点を当てて述べている。第5章では最適な起業家や経営チームの組成、第6章では優秀な人材の確保、教育育成、第7章では知的財産の確保、第8章では資金調達、第9章ではベンチャーキャピタルの活用戦略、第10章では利害関係者との協創関係として、アントレプレナー・フォーメーションについてまとめている。

```
┌─────────────────────────────┐  ┌─────────────────────────────────┐
│          第Ⅰ部              │  │            第Ⅱ部                │
│ 第1章  ベンチャー企業の意義  │  │ 第5章  最適な起業家や経営チームの組成 │
│ 第2章  ベンチャー企業の事業構想│  │ 第6章  優秀な人材の確保、教育育成 │
│        段階                 │  │ 第7章  知的財産の確保            │
│ 第3章  スタートアップ段階    │  │ 第8章  資金調達                  │
│ 第4章  成長段階             │  │ 第9章  ベンチャーキャピタルの活用戦略│
│                             │  │ 第10章 アントレプレナー・フォーメーション│
└─────────────────────────────┘  └─────────────────────────────────┘
              ↓                                    ↓
              ┌──────────────────────────────────┐
              │  第11章  企業価値の算定・評価      │
              └──────────────────────────────────┘
```

　第Ⅰ部が成長段階に応じた横軸とすれば、第Ⅱ部はそれぞれの段階で必要となる機能という、縦軸を述べている。最後に、第11章では、これらを踏まえて、実際の企業価値評価の計算事例をまとめている。

　本書の各章の最初には「この章の課題」が設けてある。学生に対して授業を行う教員の方は、この課題を事前に宿題として記述してきてもらい、それを授業でグループディスカッションしてもいいし、学生が発表しながら教員がコメントする形で授業を進めてもいい。課題は本質的なテーマを扱っており、必ずしも本書の中に解答や考え方が出ているとは限らない。もちろん、ベンチャーマネジメントに模範解答などはなく、本書ではあくまでひとつの考え方や仮説を提示しているにすぎない。各自で仮説を深めていってほしい。

　さらに、ベンチャー企業の経営者、社員、大企業の新規事業担当者などは、最初に自身で「この章の課題」の答えを出し、明確な解答が打ち出せない場合には、該当する部分を読んでから、考え方をメンバーで議論して仮説を深めていただきたい。

　今回の執筆では日本経済新聞出版社の堀口祐介氏に大変お世話になった。また、ベンチャーマネジメントについてまとめるに際して、恩師の早稲田大学大学院教授の松田修一先生に多くの示唆をいただいた。心から感謝申し上げたい。

2010年6月

長谷川博和

ベンチャーマネジメント
[事業創造]入門
[目次]

[第Ⅰ部]成長段階に応じた戦略

第1章◉ベンチャー企業の意義 ……… 2
1—ベンチャー企業、アントレプレナーの定義 ……… 2
2—ベンチャー企業が果たす社会的役割 ……… 4
　雇用の創出／イノベーションの創出
3—大企業の新規事業が成功しない理由 ……… 9
　構造的理由／ベンチャー企業との共通点、相違点

第2章◉ベンチャー企業の事業構想段階 ……… 15
1—ベンチャー企業の成長段階 ……… 16
2—創業前の課題とその解決策 ……… 16
　スタートアップ前の留意点／起業家適格度に関する課題／事業に関する課題／経営チームに関する課題／資金繰りに関する課題／株主構成に関する課題／ビジネスプランに関する課題
3—新しいアイデアを調達する手法 ……… 25
　事業アイデア創出パターン／オズボーンリスト／メガトレンドと組み合わせる／異業種ベンチマーキング
4—シーズ志向とニーズ志向のバランス ……… 31
　シーズ志向とニーズ志向とは？／なぜシーズ志向の新製品開発、新規事業開発が多いのか？
5—アイデアの評価方法 ……… 34

事業アイデアと事業機会の違い・評価基準／アイデア評価メンバーの選定の重要性

6─ビジネスプランの作成方法 ……………………………………………… 39
ビジネスプランの作成目的、盛り込む内容／成功するビジネスプラン

7─大組織の事業構想の進め方の事例 ……………………………………… 42
ケース：株式会社ジャパン・ティッシュ・エンジニアリング

8─ベンチャー企業の創業タイミングの事例 ……………………………… 45
ケース：株式会社ミログ

第3章●スタートアップ段階 …………………………………………… 51

1─設立後の課題と解決策 ……………………………………………………… 51
スタートアップ後の留意点／経営者に関する課題／事業に関する課題／経営チームに関する課題／資金繰りに関する課題／株主構成に関する課題／ビジネスプランに関する課題

2─スタートアップ段階で軌道に乗せるための戦略 ……………………… 58
最初のマイルストーンを早く越える戦略とは？／最初の顧客獲得時点での留意点／販売価格の決め方／ケース：ABLE社（仮名）における顧客の知覚価値の向上

3─ベンチャー企業のブランド戦略 ………………………………………… 70

4─キャッシュフロー予測とJカーブの想定 ……………………………… 71
Jカーブとは／どのようにJカーブをコントロールするか

第4章●成長段階 ………………………………………………………… 79

1─成長段階の課題と解決策 ………………………………………………… 80
急成長期の留意点／経営者に関する課題／事業に関する課題／経営チームに関する課題／資金繰りに関する課題／株主構成に関する課題／ビジネスプランに関する課題

2─ベンチャー企業の成長段階と3つの死の谷 …………………………… 85
4つの発展段階／3つの「死の谷」／死の谷の回避策

3─ベンチャー企業の存続率 ………………………………………………… 91

米国の事例／ドイツの事例
　4——ベンチャー企業と社内ベンチャーでの存続率の違い ………… 96

[第Ⅱ部] 成長に必要な機能

第5章●最適な起業家や経営チームの組成 ……… 100

1——成功する起業家 …………………………………… 101
　　　成功する起業家の特徴
2——起業家のバックグラウンド ……………………… 104
　　　起業家の学歴／起業家の起業動機
3——会社理念の重要性 ………………………………… 107
　　　会社理念の意義／会社理念の成功例、失敗例
4——最適な経営チームの組成 ………………………… 109
　　　最適な経営チームの構成メンバー／ケース：ワイズセラピューティックス株式会社における経営チームの組成
5——社長の交代が企業成長に与える影響 …………… 114

第6章●優秀な人材の確保、教育育成 ……………… 120

1——持続的成長のために必要な人材戦略 …………… 121
　　　人的資本こそ持続成長の源泉／適正な人材規模とは／採用の工夫
2——人事マネジメントと報酬制度の整合性 ………… 129
　　　人事マネジメントシステムの構築／報酬制度
3——教育育成の仕組み ………………………………… 141
　　　ベンチャー企業での教育の仕組み／経営者が本腰を入れる人材育成

第7章●知的財産の確保 ……………………………… 143

1——知的財産の定義と出願 …………………………… 143
　　　知的財産の定義と種類／知的財産の構築ポートフォリオ

目次

　　2──大学発ベンチャー企業の現状 …………………………………… 146
　　　　直面する課題／ケース：テラ株式会社における大学とベンチャー
　　　　企業との関係

第8章 ● 資金調達 ………………………………………………………… 156

　　1──ベンチャー企業の資金ニーズ ………………………………… 156
　　　　会社の設立、専業化の時期／日本・米国における創業資金の調達
　　　　の実態
　　2──資本政策 ………………………………………………………… 160
　　　　ベンチャー企業にとっての資本政策の重要性／資本政策の作成の
　　　　仕方
　　3──資本政策の事例 ………………………………………………… 166
　　　　ケース：グリー株式会社
　　4──新しい資本政策の在り方の提案 ……………………………… 173

第9章 ● ベンチャーキャピタルの活用戦略 ………………………… 175

　　1──ベンチャーキャピタルの概要 ………………………………… 175
　　　　ベンチャーキャピタルとは何か？／日本のベンチャーキャピタル
　　　　の規模／日本のベンチャーキャピタルの特徴／構成比が欧米と異
　　　　なる日本の出資者／投資ステージ別／特定分野に集中するベンチ
　　　　ャー投資／多様化が求められるEXIT
　　2──投資パフォーマンスの向上 …………………………………… 186
　　　　低い水準にとどまる日本のIRR絶対水準／低下しているパフォー
　　　　マンス
　　3──日本のベンチャーキャピタルの支援機能 …………………… 190
　　4──ベンチャーキャピタルとの付き合い方 ……………………… 192
　　5──ベンチャーキャピタリストへの提言 ………………………… 199

第10章 ● アントレプレナー・フォーメーション …………………… 201

　　1──協創関係 ………………………………………………………… 201

協創関係の定義と意義

2─出資者との協創関係 ･･ 204
両親、家族、友人／メンター／エンジェル／ベンチャーキャピタル／取引先株主／従業員・従業員持株会

3─債権者との協創関係 ･･ 211
仕入先、製造委託先、下請け先／借入金融機関

4─経営陣・従業員との協創関係 ････････････････････････････････････ 212
取締役、執行役員、幹部社員／従業員／契約社員、派遣社員

5─大企業との協創関係 ･･ 213
大企業との協創関係の重要性／オープンイノベーションの必要性

6─専門家との協創関係 ･･ 216
弁護士／税理士／公認会計士・監査法人／弁理士／社会保険労務士／ブランドマネジメント／証券会社／ヘッドハンティング会社・採用支援会社

7─メンター・エンジェルの貢献の事例 ･･････････････････････････････ 225
ケース：グーグル

第11章●企業価値の算定・評価 ････････････････････････ 229

1─企業価値評価 ･･ 229
企業価値評価のフレームワーク／企業価値評価・株価算定の必要性／企業価値評価の方式

2─企業評価の事例 ･･ 234
ケース：大企業A社のDCFに基づく企業評価／ケース：イー・アクセス株式会社のTOBにおける企業評価／ケース：株式会社サイバードホールディングスのMBOにおける企業評価／ケース：株式会社チップワンストップにおける未公開企業評価／参考1：新興市場のベータ値／参考2：新株引受権の評価／参考3：ブラック・ショールズ・モデル／参考4：モンテカルロDCF法

おわりに ･･ 269
参考文献 ･･ 271
索引 ･･ 283

コラム

サイバーエージェントの新規事業創造制度 …………………………… 14
アントレプレナーのきっかけは灘高校の講演会 …………………… 47
前を向いてけがをした人は救う ………………………………………… 135
「年俸制と残業代の関係」に注意 ……………………………………… 139
ベンチャーキャピタルとの投資契約について ……………………… 195
株式上場のメリット・デメリット ……………………………………… 223
期待(要求)収益率についての考え方 ………………………………… 234

装丁・本文設計　川畑博明

成長段階に応じた戦略 I

第1章
ベンチャー企業の意義

　この章では、ベンチャー企業、アントレプレナーシップ（起業家精神）の定義、役割、大企業の新規事業との違い、存続率などについて学ぶ。

> **この章の課題**
> 1．ベンチャー企業の定義とは何か？
> 2．ベンチャー企業が果たす社会的役割はどのようなものがあるか？　ベンチャー企業を創業または勤務する人はどのような人であるか？
> 3．大企業の新規事業は、なぜ、成功しないことが多いのか？成功しない要因を挙げなさい。また、ベンチャー企業との違いを述べなさい。

1―ベンチャー企業、アントレプレナーの定義

　ベンチャービジネスの語源は、「ベンチャー【venture】＝冒険。冒険的な企て。また、投機」（大辞泉）である。松田修一は、『ベンチャー企業』（日本経済新聞社、2005年）の中で、「ベンチャービジネス（Venture Business）という言葉は、1970年5月に開催された第2回ボストンカレッジ・マネジメント・セミナーに参加した、通商産業省（現経済産業省）の佃近雄氏によって、初めて紹介された。これを具体的に定義づけたのは、『ベンチャー・ビジネス　頭脳を売る小さな大企業』（日本経済新聞社、1971年）を著した清成忠男・中村秀一郎・平尾光司の各氏である」と述べている。

ここで、ベンチャービジネスとは、「研究開発集約的、またはデザイン開発集約的な能力発揮型の創造的新規開業企業」と述べられている。さらに、一般的な中小企業とは異なり、「小企業として分類するが、従来の新規開業小企業の場合と違うのは、独自の存在理由を持ち、経営者自身が高度な専門能力と才能ある創造的な人々を引きつけるに足る魅力ある事業を組織する起業家精神を持っており、高収益企業であり、かつ、この中から急成長する企業が多く現れている」と定義されている。

　松田修一は、ベンチャー企業を「成長意欲の強い起業家に率いられたリスクを恐れない若い会社で、製品や商品の独創性、事業の独立性、社会性、さらに国際性を持ったなんらかの新規性のある企業」と定義している。各要素を完璧に備えているのが、典型的なハイテクベンチャーであるが、最低限「リスクを恐れず新しい領域に挑戦する若い企業」としている。

　アメリカでは一般的に、「スモールビジネス」と総称され、テクノロジーを重視し、新しいビジネスに挑戦するという意味で、「ニューテクノロジー・カンパニー」「ニューベンチャー」「スモールベンチャー」と呼ばれている。

　また、米国バブソン大学のティモンズ教授は、何もないところから価値を創造する過程（プロセス）のことを「アントレプレナーシップ（Entrepreneurship）」と定義し、そのようなアントレプレナーシップを持って経営されている企業に焦点を当てている。「卓越した経験豊富な創業者が魅力ある起業機会を追求し、適切な人材、必要な資金、その他経営資源を駆使して経営するのがアントレプレナーシップである」としている。[1]日本でいうベンチャー企業は、このようなアントレプレナーシップを持って経営されている企業体であると定義できよう。そこには、「価値と利益を定義・創造し、個人、グループ、組織および社会に分配すること」が含まれなければならない、としている。その意味では、自分のライフスタイルのために収入を犠牲にすることをいとわない従業員１〜２名の従来の零細企業、パパママ・ベンチャー、生業ベンチャーとは明確に区別すべきであるとしている。

1——ジェフリー・A・ティモンズ『ベンチャー創造の理論と戦略』（ダイヤモンド社、1997年）

2—ベンチャー企業が果たす社会的役割

1. 雇用の創出

　ベンチャー企業は、雇用創出の源としても重要である。日本の新規雇用の大半は、新たに開業された事業所で創り出されている。図表1.1に示したように2004年における雇用創出効果として存続事業所から541万人、開業事業所から2,115万人の新規雇用が生まれている。一方、廃業により雇用が失われた人数は存続事業所で794万人、廃業事業所で2,094万人となっている。開業と廃業を差し引いた差額は232万人の純減である。日本社会が超高齢化しており、また、日本の製造業の工場が海外シフトしている中、国内での雇用を創出するためにも、新規開業する事業所を増やし、また、開業した事業所が雇用を増加させるための方策を検討することは極めて重要なことになろう。

　この10年間、新興株式市場の整備や株式会社最低資本金規制の撤廃、新規創業者に対する無担保・無保証人融資制度の整備など、ベンチャー

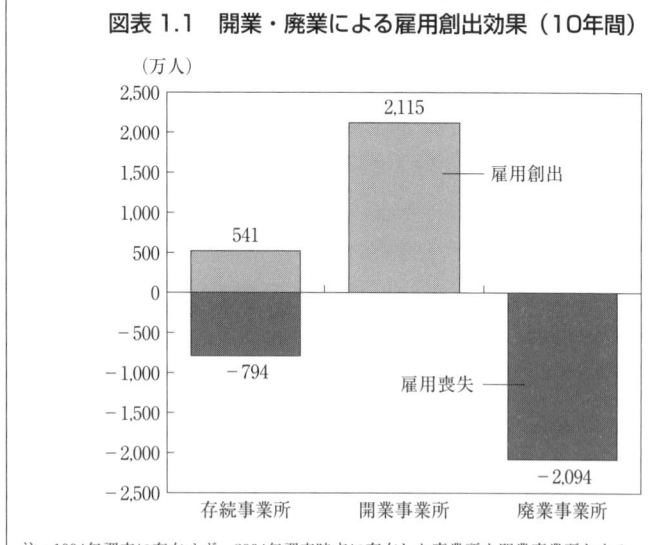

図表 1.1　開業・廃業による雇用創出効果（10年間）

注：1994年調査に存在せず、2004年調査時点に存在した事業所を開業事業所とする。
出所：中小企業庁『2007年版中小企業白書』

企業を取り巻く制度整備は大きく進展し、2000年頃には世界的なITブームに乗って我が国でも多くのIT・サービス系ベンチャー企業が注目された。しかし、我が国全体として見ると、開業率（新規開業企業数の現時点企業数に占める割合）は、5.1％（04〜06年）と、廃業率（廃業企業数の現時点企業数に占める割合）の6.2％を下回っており、米国（10.2％）、英国（10.0％）、フランス（12.1％）（米国、英国、フランスはいずれも04年データ）と比して低水準にとどまっている（図表1.2）。

また、2007年のGlobal Entrepreneurship Monitorによると、日本のTEA（Total Entrepreneurial Activity：18歳から64歳までの人口に占める起業活動を行っている者〈起業準備中の者および起業後3年半以内の者〉の割合）は、調査対象国42カ国中、下から8番目（4.3％）となっている。図表1.3に見られるように、04年以降、向上してきているとはいえ、依然米国、英国に比べて低い水準にとどまっている。

また、昨今、ベンチャー企業（あるいは元ベンチャー企業）による粉飾決算や法令違反等が相次いだこともあり、日本社会におけるベンチャー企業に対する関心や評価も、一時低下したが、足元では回復傾向にある。Global Entrepreneurship Monitor 調査によると、日本で、成功した起業家を尊敬する人の割合は、1999年の8.0％から04年に55.6％まで上昇した後、06年には45.1％に低下したが、07年には、若干回復し47.7％になっている（図表1.4）。雇用創出をもっと進めるためにも、成功した起業

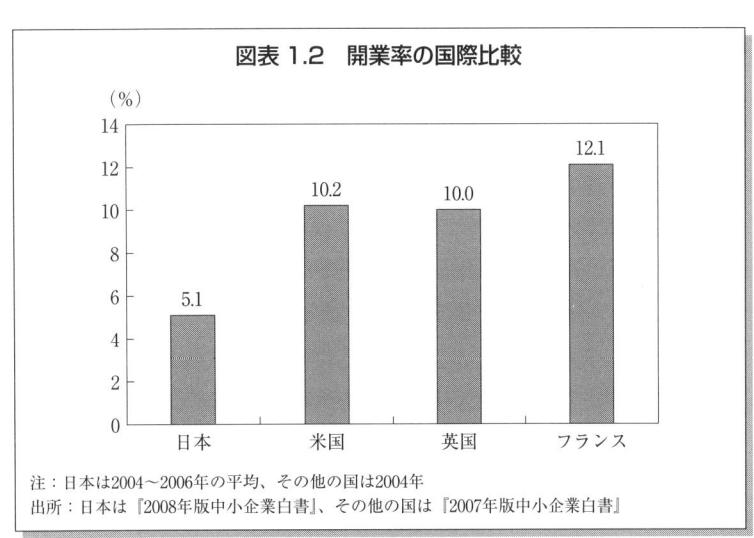

図表 1.2　開業率の国際比較

注：日本は2004〜2006年の平均、その他の国は2004年
出所：日本は『2008年版中小企業白書』、その他の国は『2007年版中小企業白書』

第1章 ベンチャー企業の意義

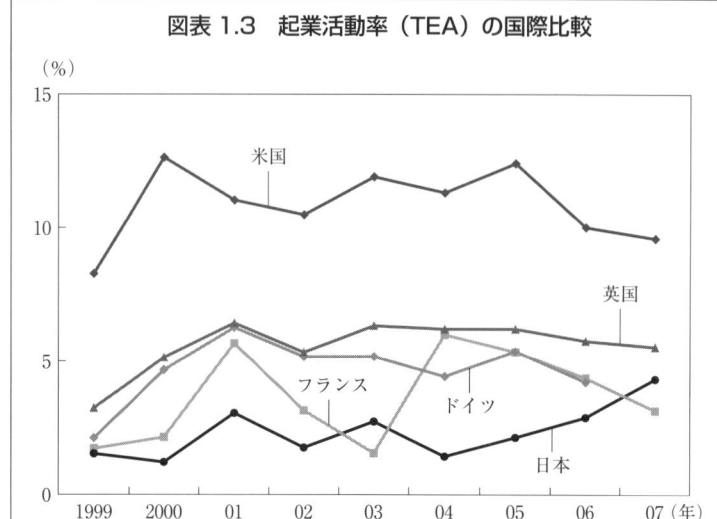

図表1.3 起業活動率（TEA）の国際比較

注：TEA（Total Entrepreneurial Activity：18歳から64歳までの人口に占める起業活動を行っている者〈起業準備中の者および起業後3年半以内の者〉の割合）
出所：Global Entrepreneurship Monitor 2007（GEM）

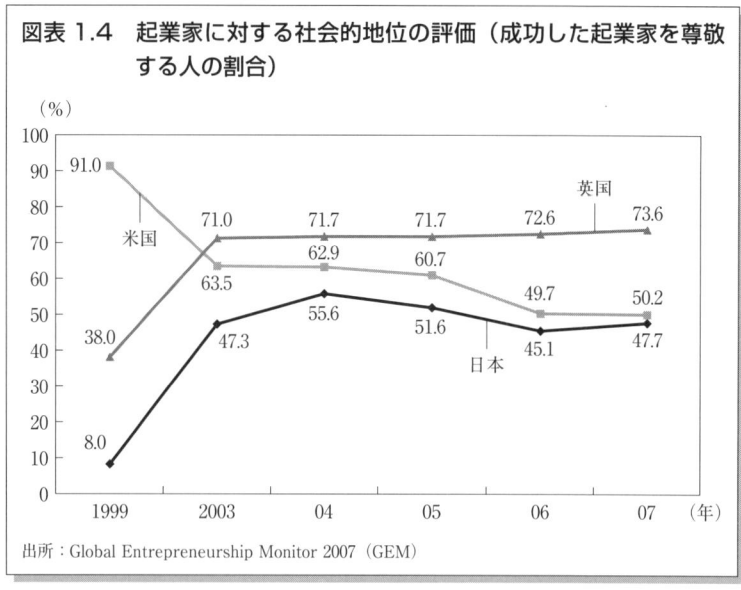

図表1.4 起業家に対する社会的地位の評価（成功した起業家を尊敬する人の割合）

出所：Global Entrepreneurship Monitor 2007（GEM）

図表1.5 米国における企業規模別雇用者数の変化

	1991～1995年の雇用者数の変化
従業員5,000人以上の企業	−338万人
従業員19人以下の企業	+729万人
調査対象企業	+766万人

出所：David L. Birew "Who's creating jobs?" Congneticss, 1997.

図表1.6 米国におけるベンチャーキャピタル支援企業による経済的貢献

	2000年	2003年	2008年	2000-2008年の成長率
総雇用数（人）	950万	1,010万	1,200万	2.96%
総売上高（ドル）	1.6兆	1.8兆	3.0兆	8.17%

ベンチャーキャピタル支援企業による雇用数が多い上位5つの州 (2008年)	（単位：人）
カリフォルニア州	3,885,888
ニューヨーク州	1,694,316
テキサス州	918,451
マサチューセッツ州	651,239
ジョージア州	621,181

出所：全米ベンチャーキャピタル協会（National Venture Capital Association）

家の評価を高めるための方策をとることが、今後さらに大切になってこよう。

　一方、米国においては、1991年から95年の間に調査対象企業全体では766万人の雇用が増加しているが、従業員19人以下の企業が729万人の雇用を増加させているのに対し、従業員5,000人以上の企業では338万人の雇用を減少させている（図表1.5）。

　また、全米ベンチャーキャピタル協会（NVCA）によれば、米国においては、ベンチャーキャピタルが出資している企業の雇用者数は2008年に1,200万人で、2000年の950万人から年率平均2.9％増加している。また、総売上高も3兆ドルと年率平均8.1％増加している（図表1.6）。中小企業、ベンチャー企業が着実に雇用を増加させていることがわかる。

2. イノベーションの創出

　新しい技術・新しいビジネスモデルを生み出すベンチャー企業は、各

種のイノベーションによって新しいマーケットを創出することで、経済全体の成長・活性化にも大きく寄与する。イノベーションを起こす主体は、既存の大企業よりも、むしろベンチャー企業である。

図表1.7に、ビジネスウィーク誌による世界のイノベーション企業25社を示した。これによると、イノベーション企業トップ25社のうち、1970年以降に創業した、いわゆるベンチャー企業が9社と4割弱を占めている。しかもそのすべてが米国企業である。

トップ25社の国別では、米国企業が18社と7割超である。18社は、経済環境に対応しながら急速に変革した企業（アップル、ゼネラル・エレクトリック、P&G、3M、IBM、インテル等）であり、1970年以降設立された若いベンチャー企業（アップル、グーグル、アマゾン等）が半分を占める。一方、日本は、創業から60年以上経った加工組立型産業のトヨタ、ホンダ、ソニーの3社がランクインしているにすぎない。

特に、ITやサービスといった第三次産業、知識産業の会社はない。工業化社会から知識社会へ、あるいはハード産業からソフト産業へと、産業構造の転換は1980年頃から指摘されていたが、日本では既存の大企業系列の枠内でこうした転換が行われ、独立企業としてそれに取り組む動

図表1.7　ビジネスウィーク「イノベーション企業トップ25社」

順位	企業名	国名	創業年	順位	企業名	国名	創業年
1	Apple	アメリカ	1976	14	Starbucks	アメリカ	1971
2	Google	アメリカ	1998	15	Target	アメリカ	1881
3	Toyota	日本	1937	16	BMW	ドイツ	1916
4	General Electric	アメリカ	1878	17	Samsung	韓国	1938
5	Microsoft	アメリカ	1975	18	Virgin	イギリス	1970
6	Procter & Gamble	アメリカ	1837	19	Intel	アメリカ	1968
7	3M	アメリカ	1902	20	Amazon	アメリカ	1994
8	Walt Disney Co.	アメリカ	1923	21	Boeing	アメリカ	1916
9	IBM	アメリカ	1889	22	Dell	アメリカ	1984
10	Sony	日本	1946	23	Genentech	アメリカ	1976
11	Wal-Mart	アメリカ	1962	24	eBay	アメリカ	1995
12	Honda	日本	1948	25	Cisco Systems	アメリカ	1984
13	Nokia	フィンランド	1865				

出所：Jena McGregor "The World's Most Innovative Companies" Business Week, May 4, 2007.

きが鈍かった。特に、転換期にあって果敢にリスクにチャレンジし、その代わりに急成長を遂げたベンチャー企業は、日本からは出てこなかった。それが結果として、日本発のグローバル・イノベーションが出てこなかったことにもつながる。今後は、日本でも大きなイノベーションを伴った企業が創出されることを期待する。

3─大企業の新規事業が成功しない理由

1. 構造的理由

　大企業の行う新規事業は成功しないことが多い。特に、日本の大企業においては、成功して、会社全体の利益を牽引する事業に発展している事例は極めて少ない。ベンチャー企業よりも、知名度も財務体力も強い大企業で新規事業が成功しない理由は何であろうか？　大企業でも価値観が異なる企業が多くあり、一律に「大企業の新規事業」とまとめにくいが、いくつかの大企業の新規事業部門で見られる問題点をまとめてみたい。

(1)既存事業との位置づけの問題
・社内の開発、製造、販売、財務などの仕組みが既存事業に最適化されたシステムになっており、既存事業が優先されて新規事業の部門はあくまで補完的な位置づけにしか置かれないので、新規事業に思い切った予算や人材の配分がされにくい。特に、既存部門の優良顧客が優先する価値基準が、会社全体に根づいている。
・既存事業よりも高い投資効率、経常利益率となることを数値で示さなくては社内稟議が通りにくい社内システムになっている。既存事業よりも高い売上高の成長率、総資産利益率（ROA）や経常利益率となることが確実に予想できないと、既存事業のほうが望ましい、という判断になりやすい。四半期業績開示や部門別収益性の管理を徹底していることから、将来の可能性のために新規事業分野に先行投資することが難しい。
・「新規事業開始から３年後に期間損益を黒字化、５年後に累損一掃」といった目標しかなく、しかも途中経過でも、短期の計数を重視してしまうので、先の見通しが立ちにくい新規事業に本腰が入らない。

・新規事業の承認過程で、既存事業へのシナジー効果を求めるなど、既存の考え方にとらわれ、大きな事業アイデアに限って振るい落とされやすい。

(2) 組織の問題

・意思決定者の多くは、過去に成功した人であり、既存事業での成功体験にとらわれる傾向が強い。時代の変化を巧みにとらえた新規事業について、本質的に理解できないことが多い。

・意思決定が階層化していることが多く、決定に多くの時間がかかる。特に、社内調整に時間がかかりすぎて、顧客とのタイミングを逃してしまう。

・人事評価が売上高、利益の絶対額および増加率、EVAなどの、一見公平な指標を全部門に一律に適用するため、新規事業を積極的に推し進めようとするインセンティブが働かない。リスクをとって失敗した時の評価の低下をサポートするような人事制度がない。

・新規事業の企画・提案した人が、実際の新規事業を推進する責任者にならない場合が多い。また、新規事業の推進部門の人材も、新規事業の責任者が自主的に社内・社外から自由に調達できる場合は少なく、当該事業に情熱も専門性も全くない人材が割り当てられる場合が多い。

・新規事業を推進する社長や担当取締役などの任期が2～4年であり、交代することが多い。新規事業は波及効果が大きくて新規性の高い事業であればあるほど、本格的な収益貢献までには時間がかかる。しかし、当該新規事業を企画立案・推進していた社長や担当取締役が交代してしまうと、後任者は得てして前任者の否定をしたり、新規事業への思い入れや情熱がないため、単純な数値評価をして事業を中止してしまう傾向が強い。新規事業を推進する社長や担当取締役などは、長期間在任するのが望ましい。

・社内で積極的に商品化に取り組まない技術などについて、社内希望者がスピンオフ・ベンチャー企業（または将来、大企業に戻ってくるカーブド・アウト・ベンチャー企業）を設立しやすい制度がない。また、社外の独立ベンチャー企業と連携を強化して、外部にあるイノベーションの種を大企業が新規事業として気軽に取り込む制度（外部とのWin-Win関係の構築）が不足している。

(3)新規事業担当者の個人の問題

・大企業の従業員として雇用が保障されており、必死さが不足している。起業家精神も足りない。異端児的な思想と行動力を持った人材が、大企業には非常に少ない。勤務を続ける過程で、異端児は振るい落とされてしまう傾向が強い。

・ベンチャー企業や新規事業ではしっかりとした組織が最初は確立されていないので、グループメンバーの「個人の能力」に依存する割合が高い。しかし、大企業で生活してきた人間は、「強烈な個性」や「強固なリーダーシップ」を持った人間を育成してゆくというカルチャーに乏しく、むしろ、「強烈な個性」を否定しがちである。組織力で対応することを、社員教育や人事評価で求めてきたことの反動が出ている。

・資金調達や資金繰りの大変さを経験していないため、コスト管理や収益確保への執着心が不足している。社内稟議を通すのは大変であるが、稟議が通ってしまえば数億円単位の資金も簡単に使うことができるのは大企業だけであって、ベンチャー企業ではあり得ない。

・大企業に所属している自尊心が、未知の領域で展開する新規事業の推進を、心理的に阻害している。

【演習】

大企業において新規事業が成功しない理由のひとつに人事評価の問題も大きい。以下の場合にあなたはA、B、C事業を推進するメンバーの人事評価をどのような考え方でどのように行いますか？ もし3事業の責任者の評価に順番をつけるとしたら、どのような順番としますか？ あなたの考え方をまとめなさい。

A事業は創業以来続く当社の本業部門である。固定的な顧客に対して安定的な営業を行っている。市場規模も年率3％程度で成長してきた。これまでは日本企業3社でほぼ市場を独占してきていたが、最近、中国企業が急成長しており、当社のシェアは低下、それに対する打開策も見つかっていない。

B事業は2000年に2代前の社長の肝いりで始めた事業（子会社）で、技術競争力や価格競争力がなく、長年にわたり赤字を垂れ流

してきた。07年にX氏が子会社の社長として赴任、余剰人員の整理と大幅な経費削減に努めるとともに、外部のベンチャー企業と提携して技術的に独自性のある新製品を市場に投入、その効果が実り始めており、売上高は急速に上昇し始めている。キャッシュフローは黒字転換する直前にまで迫っている。

C事業は、中央研究所で10年前に開発し、特許化していたものの、埋もれていた技術を活用し、マーケット化する社内プロジェクトとして2007年に2人のメンバーで発足した。1年かけて潜在顧客のヒアリングに基づき製品の改良に努め、販売の目途が立ったため、08年に子会社として創業した。製品の投入後、顧客の評判は非常によく、少しずつではあるがリピートオーダーも入り始めた。業界や各種展示会での評判もすこぶる良く、マスコミでも頻繁に取り上げられるようになってきている。メンバーも出向の2人に加え、中途採用として2人を採用している。2010年にはわずか2億円であるが、キャッシュフローも黒字となってきており、証券アナリスト向けIR説明会でも質問を多く受ける注目子会社に育ってきている。

(単位：億円)

キャッシュフロー	従業員数	2007年	2010年	変化
A事業（本業部門）	500人	200	210	+10
B事業（赤字部門）	20人	▲10	▲6	+4
C事業（新規部門）	4人	0	2	+2
キャッシュフロー合計	524人	190	206	+16

2. ベンチャー企業との共通点、相違点

大企業の新規事業が成功しない理由は、ベンチャー企業においても当てはまるのであろうか？　その共通点、相違点について考えてみたい。

共通点として、未知の分野への展開であり、事業リスクがあることが挙げられる。

一方、大企業の新規事業とベンチャー企業の相違点としては、ベンチャー企業は資金力、信用力が圧倒的に大企業に比べて不足しており、また、人材も一般的に集まりにくいといわれている。

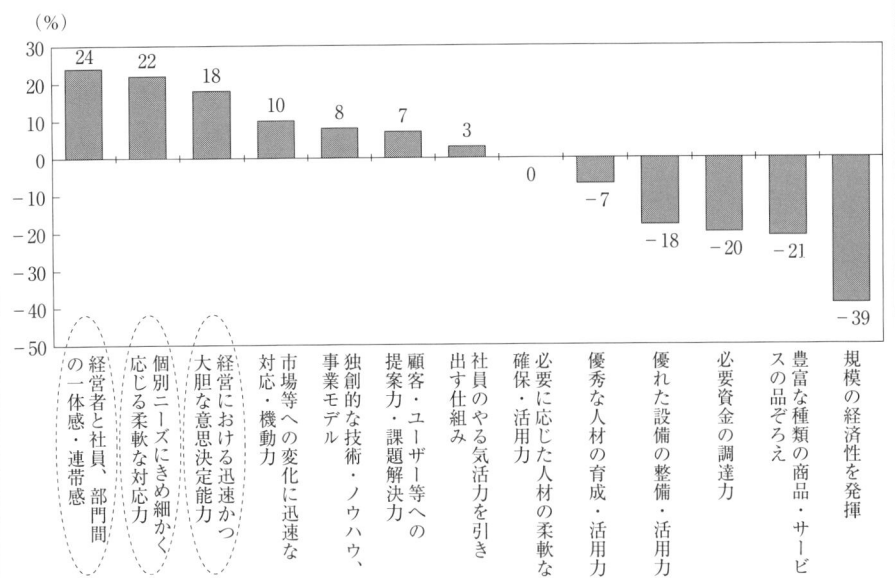

図表1.8 中小企業が考える自社の大企業に比べての強み・弱み

注：回答者を中小企業、大企業に2グループに分類したうえで、各々の項目で「優れている」「やや優れている」と答えた回答数を累計し、全項目の合計が100％になるように各グループ間で配点。その後、各々の項目において「|(中小企業グループの点数)/(大企業グループの点数)|-1」を算出し、この値の高いものを「中小企業が相対的に優れていると考えている項目」とした。
出所：三菱UFJリサーチ＆コンサルティング『企業の創意工夫や研究開発等によるイノベーションに関する実態調査』（2008年12月）

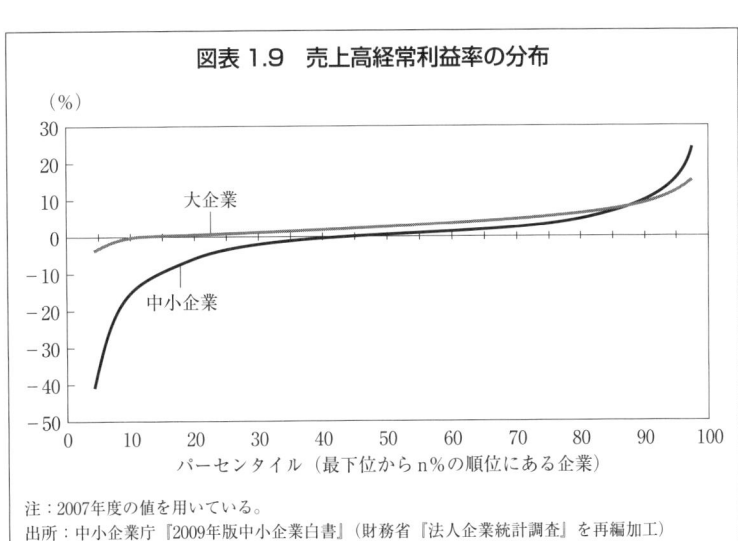

図表1.9 売上高経常利益率の分布

注：2007年度の値を用いている。
出所：中小企業庁『2009年版中小企業白書』（財務省『法人企業統計調査』を再編加工）

しかし、図表1.8に示すように、ベンチャー企業は、その強みとして、「経営者と社員、部門間の一体感・連帯感」「個別ニーズにきめ細かく応じる柔軟な対応力」「経営における迅速かつ大胆な意思決定能力」等が挙げられる。すべてのベンチャー企業でこれらの強みが活かせるとはいえないが、これらの強みが発揮できる仕組みを構築できれば、ベンチャー企業のほうが大企業の新規事業よりも有利になることもあり得よう。

大企業の新規事業部門がリスクを回避したい人材の寄せ集めで、社内稟議の対応スピードも遅く、高コスト体質で事業を進めがちなのに対して、ベンチャー企業は、強力なリーダーシップを持った社長に率いられた情熱ある小集団が一致団結して、ニーズにきめ細かに、かつ、素早く対応できることが大きな強みである。

現に中小企業の上位12％の売上高経常利益率は、大企業の上位12％の利益率を上回っている（図表1.9）。中小企業が、強みを活かすことを通じて、高いパフォーマンスを挙げる潜在力を有することを示している。

サイバーエージェントの新規事業創造制度

　株式会社サイバーエージェントは毎年2回、新規事業計画コンテスト『ジギョつく』を実施している。若いメンバーに事業の最前線に立ち、早い段階から決断の機会を持ってもらうという人材育成と新規事業の発掘・育成が狙いである。

　2010年1月に実施されたコンテストには、約800人の社員のうち、約200人が応募した。年間400件の新しい新規事業のアイデアが社内から生まれ、実際にいくつもの社内ベンチャー企業も生まれてきている。優勝すると新規事業会社の社長のポジションと、事業資金とは別に100万円のボーナスももらえる。年功序列的な風土、制度を廃し、若手の台頭を積極的に促している。また、社長になれなかった社員も、社内ベンチャーに参画する機会を多く持つことで「決断経験値」と社内で呼ぶ能力を高めることができるので、積極的にリスクをとりに行く風土を高めるためにも、新規事業の発掘プロジェクトは今後も積極化させていく予定である。

第2章
ベンチャー企業の事業構想段階

　この章では、事業構想段階においてスケールの大きいアイデアを生み出し（調達し）、評価、実行するためのビジネスプラン作成手法を学ぶ。

この章の課題

1. 会社を設立したら、どのようなことでつまずくことが予想されるか？　事業構想段階から経営者の心構えとして考えておくことは何か？
2. スケールが大きくこれまでにないアイデアを生み出す（調達する）確率を高めるにはどのような考え方をとればよいか？
3. 今後10年から20年続くような、世の中のメガトレンドとして、どのようなものが挙げられるか？　そのメガトレンドをベンチャー企業の事業アイデアに結びつけるには、どうしたらよいと思うか？
4. 事業アイデアと事業機会は異なる。獲得した事業アイデアを選別して、自分が実際に実施する事業機会を明確にするために、どのような手順を踏んだらよいであろうか？
5. 成功するビジネスプランはどのようなものであるか？　どのような要素を盛り込んでいることが重要か？　これから事業を創業する起業家、大企業における社内ベンチャーにおいて、ビジネスプランは違いがあると思うか？　重要視するべきポイントをそれぞれまとめよ。
6. 株式会社ジャパン・ティッシュ・エンジニアリングと株式会社ミログの事例を読み、大組織とベンチャー企業の事業構想の仕方や実行するための方策の違いについてまとめよ。

1―ベンチャー企業の成長段階

　ベンチャー企業の成長プロセスは、起業までの「シード期」、起業から商品・サービスの販売を開始し、事業が軌道に乗るまでの「スタートアップ期」、市場や顧客に受け入れられ規模が急拡大する「急成長期」、市場や商品・サービスが成熟化し、規模拡大が鈍化する「安定成長期」に分けることができる。ベンチャー企業は、この4段階を経て成長していく。

　この間、ベンチャーは「自己脱皮」を繰り返して大きくなっていくことになるが、各成長ステージには、ステージごとに特有の経営の危機が潜んでいる。そのマネジメントが重要になり、その結果、ベンチャー企業の生存確率は、起業5年で、30～50％と言われている。特に、当初開発した製品の販売不振など、スタートアップ期での危機は、起業体力がないために即倒産に至る可能性をはらんでいる。

2―創業前の課題とその解決策

　ベンチャー企業を創業することは、「ハイリスク・ハイリターン」であると一般にいわれているが、本当にそうであろうか？　失敗事例を認識し、自分たちがつまずく可能性がどこにあるかを予見することで、そ

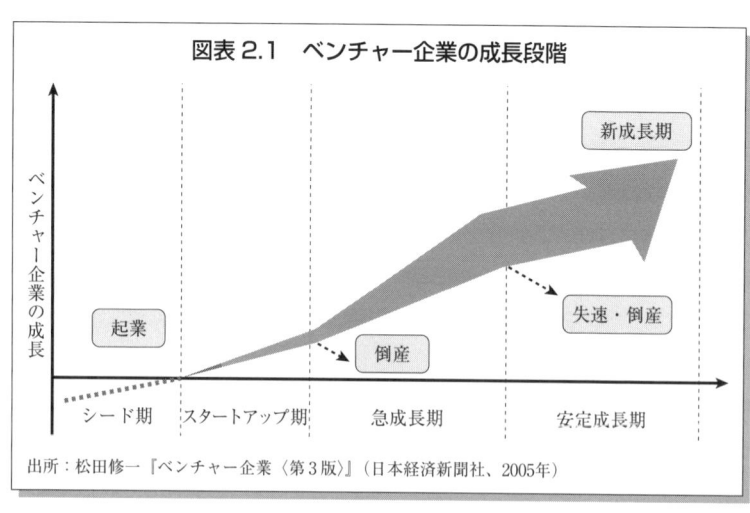

図表2.1　ベンチャー企業の成長段階

出所：松田修一『ベンチャー企業〈第3版〉』（日本経済新聞社、2005年）

れを未然に防ぎ、また課題が生じた場合には、素早く、かつ、小規模の被害で済ませる能力を持つことによって、「ミドルリスク・ハイリターン」を目指すことができるのではないか？　少なくともベンチャー企業は「コントロールできるリスク」は最小に抑え、「コントロールできないリスク」のみ、とりたいものである。以下にその解決策・対応策を、筆者が中心的に取りまとめた日本公認会計士協会経営研究調査会研究報告第8号「ベンチャー企業及び中小企業の育成に際しての課題とその解決策について」（1999年）を参考にしてまとめてみる。

1. スタートアップ前の留意点

新たに事業を起こすということは、失敗した時のリスクの一方で、事業が市場で評価されれば自らの夢を実現できるというチャンスがある。問題はいかにしてリスクを軽減するかである。

そのためには、起業家自身が、スタートアップする前に、納得できるまで何度も何度もビジネスプランを徹底的に練り直すことが最低条件となる。しかし、起業を志す者の多くは実際にビジネスの経験がなく、経営ノウハウやマーケティングが未熟なケースが多い。結果的に、ビジネスプランを十分に練り直すことなく、中途半端に起業して失敗することが少なくない。

2. 起業家適格度に関する課題

課　　題	解決策・対応策
理念度や初志貫徹力が弱い	思いどおりにいかないことを最初に示す 動機や夢の達成イメージを明確にする

起業家（アントレプレナー）の適格度を判定する最も重要なポイントは、理念度である。理念度が低い起業家は、何が何でもやり遂げるという初志貫徹する力が弱い。初志貫徹する力が弱いと、会社設立後に思いどおりにいかないとすぐやめたり、へこたれてしまうことが多いために、目標とする企業成長を達成できない。そもそも、ビジネスは思いや計画どおりにいかないものである。

しかし、起業家は自分の構想、プランがうまくいくと信じて疑わず、懸念を示す他人の声に耳を傾けにくいものである。リスクの全くない構

想、プランは大成功するものではない。保守主義的な考え方をする人物の懸念は気にする必要はないが、いくつもの起業家の成功と失敗を見てきたメンターやエンジェル、その業界の本質的価値をわかっているような人の反応は大切にすべきである。

　起業を志す者からアドバイスを求められたメンターやエンジェルは、理念度の低い起業家には独立や新規創業はすべきでないと答えるであろう。

　起業家の理念度は、起業の動機や夢を起業家自らが具体的なイメージとして語れるか否かによって判定することができる。起業の動機や夢は目標の原点であり、今後の行動を方向づけるものである。メンターやエンジェルは、その重要性を起業家に認識させて、文章化することに馴れていない起業家に対しても、自らの動機や夢の達成イメージを絵に描くように具体化させることを指導して、理念度の高さを判断しなければならない。

課　　題	解決策・対応策
起業環境が整備できていない	健康度（心身両面のタフさ）を確認 家族の理解と協力体制を確認 個人資産の棚卸し・必要生活費の把握 プライベート面のキャッシュフローを確認

　サラリーマンとしての安定した生活から、起業家として自らがリスクをとることを選択した場合、事業の立ち上げに当たって事業に集中できる環境を構築することが目標達成のために重要であり、起業家適格度を判定する重要なポイントとなる。

　そこで、事業が軌道に乗るまでの生活を支える環境を整備するために、

① 起業家の健康度（心身両面のタフさ）
② 家族の理解・協力体制
③ 起業家のライフスケジュール（親の扶養・介護、子どもの教育など）
④ 個人資産の棚卸し（金融資産、不動産、保険、ローン残高など）
⑤ 独立による変化（社宅、社内融資、保険、年金など）
⑥ 必要生活費の把握

に留意しなければならない。

　ビジネスプランを策定することによって、ビジネス面の起業環境を確認することはできても、プライベート面における起業環境を判定することは一般的に困難である。そこで、プライベート面についても個人的キャッシュフローの将来予測をすべきである。

　独立後、ビジネスが軌道に乗るまでに資金的に苦労するケースも多く見受けられるが、起業家はサラリーマンのように安定した給与生活が保障されているわけではなく、会社で必要な資金を調達できない場合には個人資産を投入することも必要となる。

　筆者の経験でも、こんな例がある。創業して3～6カ月は、リスクをとって積極的にイノベーションの創出に貢献していた副社長が、その後、全くリスクをとることをやめてしまい、経営会議でも、社長や他の取締役の提案にことごとく反対し、保守的な選択をするようになった。

　メンター・エンジェルの役割をしていた筆者が腹を割って話し合ってみたところ、彼の妻が出産後に非常に保守的になり、自分でもビジネスの不安を大きく感じるようになったとのことである。結果として、数カ月後に副社長は退社することになった。

　創業メンバーは、自分のプライベートな経済状態も冷静に見つめて、特に家族とは十分に創業前に話し合ってから事業を進める必要があろう。

3. 事業に関する課題

課　　　題	解決策・対応策
事業の妥当性チェックが不十分	マーケットにおける差別化要素の明確化 顧客やマーケットの明確化 サンプルヒアリングの実施

　対象事業の妥当性について、多くのベンチャー企業では、マーケットの将来性、差別化、顧客、技術革新、価格破壊など、いずれの要素も中途半端で十分に検討されていないという問題点が挙げられる。アイデアやビジネスシーズも重要ではあるが、起業家はマーケットに対して敏感でなければならない。

　既存マーケットにおいて革新的なビジネスを展開するのであれば、ま

ず第一に、自社の差別化要素を考えるべきである。どのような差別化があり得るのかということを最初に考えるべきである。

また、新規マーケットへの革新型ベンチャービジネスにおいて、例えば、新しい製品を開発するとか、これまでに全く類を見ないようなサービスを開始する場合には、顧客の明確化を一番に考えるべきである。

とかく、その開発した製品や技術がいかに革新的であるのか、いかに新規性があるのかということを強調しがちである。しかし、顧客が明確でない、つまり、誰が買ってくれるのか、いくらでどのくらい買ってくれるのか、といったことが明確でないためにベンチャービジネスが行き詰まるケースが多い。

起業家の対象事業について、マーケットの発想が重要なのであり、サンプルヒアリングを実施するなど、顧客やマーケットを徹底的に明確にすることが求められる。

課　　題	解決策・対応策
起業タイミングを見極めにくい	組織内でプレ独立して、確実性を高めたうえで独立

　起業家にとって、事業をスタートするタイミングの判断も難しい。ライバルとの競争上は少しでも早く事業をスタートしたほうがよいし、他方、技術開発や事業コンセプトが具体的な成果を出してからであれば、タイミングを逸してしまうこともあるが、リスクは少ない。

　独立した後、事業が軌道に乗るまでの期間が長くなればなるほど、環境変化で不確実性は高まる一方、資金の負担も大きくなって、事業化に失敗した時のリスクは大きくなる。そこで、1年以内に何らかの入金が確実に見込めるまで開発が進んだ段階、あるいは主な販売先が明確になる段階になるまでは独立せずに、それまでの勤務先で勤務を続け、土・日曜日や休暇を最大限に使って、独立準備をしながら起業タイミングを見極めるのも、リスクを軽減するひとつの方策であろう。

4. 経営チームに関する課題

課　　題	解決策・対応策
パートナーや幹部社員との仲違い	真に起業家を補佐できる人材の確保（起業家との信頼関係の深さ・能力）

　起業後に、パートナーや幹部社員と仲違いしてしまうケースが見られる。事業が思いどおりにいかない場合もさることながら、思いどおりにいった場合でも、パートナーや幹部社員との間で意見が衝突して仲違いしてしまい、せっかくの成長が阻害される要因となることがある。

　創業段階で思い描いたとおりの組織を確立することは難しい。社長と取締役の2名のみが常勤で、後は非常勤とアルバイトのみという状態もよくある。

　人材、特に経営者にとって自分の得意技以外の分野を補佐する人材の確保は、起業時の重要な問題である。会社をスタートアップするに当たって、起業家を補佐する人材を確保できているか？　もし、できていない場合はその理由や今後の予定を確認する必要がある。また、パートナーや幹部社員を確保できている場合でも、起業家との信頼関係の深さを確認するとともに、事業スケジュールと照らして能力的に適切な人材かどうかを検討することが重要である。「信頼に足る人材がなかなか見つからない」「優秀な人材を採用するには資金が足りない」という悩み相談を筆者もよく受ける。

　創業時の幹部獲得では、学生時代や趣味の仲間など、仕事と直接関わりのない旧知の友人・知人から、信頼できそうな人材を選び出した例が筆者の経験では6割を占める。また、経営者とは違う才覚を持った経営者の補佐的人材を、これまで受け取った名刺の中から探して選び出した例もかなりある。とにかく、創業時の忙しさを理由に本当の幹部人材の発掘に時間を割かないまま過ごすと、企業成長が進むにつれ、困難に遭遇する確率は極めて高くなると心に留めるべきである。

課　　題	解決策・対応策
相談相手がいない	自ら相談相手となる、または紹介する相談相手を社外取締役として登用する

経営者は困難な局面にぶつかることも少なくなく、第三者として適切なアドバイスのできる相談相手が必要となる。もし、身近に相談できる相手がいなければ、起業家は迷いやストレスを解消することができない。

そこで、起業に当たって、メンターといわれる精神的な相談相手の存在を確認し、もしいなければエンジェル自らがその役割を担う、あるいは適切な人材を紹介することが必要である。また、相談相手となる社外ブレーンを社外取締役として登用し、定期的に取締役会を開催し、より積極的に活用することも方策であろう。

5. 資金繰りに関する課題

課題	解決策・対応策
資金計画が甘い	1年以内に入金確実か否かの判定 シナリオを描きながら必要資金を把握 必要資金を区分して調達方法を検討 1年間は入金がないものとして調達を考える

ベンチャー企業に対する施策の充実によって創業資金の不足は改善されてきたとはいえ、創業時に必要資金を確保することは依然として最も重要な課題である。

事業資金の問題を考えるに当たって、まず、最初に考えるべきは、1年以内に入金確実なビジネスかどうかである。バイオ産業など、そもそもビジネスモデルとして長期間にわたって入金がないビジネスもあるが、もし1年以内の入金が確実でない、あるいは未定といった開発期間が2年も3年もかかるようなビジネスならば、起業タイミングをさらに慎重に考えるべきである。

次に、初期投資として必要な資金を計算する。まず、創業後1年間は全く入金がないものとして、初期の必要資金を計算する。事業スケジュールに照らして、ある程度十分な開発やサービスの提供をスタートするために、常勤社員が何人必要で、非常勤社員や外部スタッフは何人必要なのかなど、具体的にシナリオを描きながら積み上げていくことが大切である。さもないと、実際に調達できる資金の範囲内でシナリオを描いてしまうので、当初の事業スケジュールを達成できなくなる。

最後に、資金の調達方法を検討する。必要資金を色分けして、補助金や助成金で調達できるもの、増資で準備すべきもの、銀行融資で対応できるものとに明確に区分する。

　資金調達の手段として、増資と銀行借入の本質的な違いを十分に認識できていない起業家も少なくない。増資なら配当かキャピタルゲイン、銀行借入なら利払いと元金返済といった、調達資金に対する還元スケジュールを明らかにした資金計画を策定しなければならない。

　自らの事業を成功させるためには設立時に資本金としていくら必要なのか、また、資金を提供してくれた投資家に対してどのように還元するのか、具体的で厳密な資本構成をスタートアップの時点で想定しておくべきである。

6. 株主構成に関する課題

課　　題	解決策・対応策
株主構成の検討が不十分	インセンティブが働くように決定する 外部株主を有効に活用する

　例えば、事業を3人の共同でスタートした時に、各々の持ち株を安易に3等分しがちである。公平そうに見えるが、将来的にトラブルを生じる原因となる。経営に責任をとる者ととらない者で持株比率に差が生じるのは当然であり、たとえわずかでも1人の持株比率を多くすべきである。困難に直面した折に、他の2人よりも持ち株がわずかでも上回ることで、発言力に重みと責任が出て、結果としてうまくいくことが多い。スタートアップ時の持株構成を決定するうえで、十分に検討しなければならない。

　スタートアップ前に、将来混乱が生じないよう、例えば、売上高とか利益に対して責任をとる者、利益達成の責任をとる者を明確にして、その者により多くの動機づけ（インセンティブ）が働くように配慮して資本構成を決定する必要がある。

　一方、起業家の持株比率が高い同族経営の場合、機動的に意思決定ができる点はメリットだが、起業家の意思決定が独善的になったり孤立したりする弊害がある。また、会社を私物化する危険性もある。

　そこで、事業の成長を目指すのであれば、持株比率51％にこだわるこ

となく、外部資本の導入を積極的に検討すべきである。

　例えば、将来の顧客になりそうな企業をあらかじめ株主に引き入れることによって、外部資本の導入を単なる資金調達手段としてのみでなく、事業の成長性に対する貢献も期待できる。一方で、顧客を株主に入れることによって、販売価格の交渉がやりにくくなることや、株主顧客のライバル企業への売り込みがやりにくいなどのデメリットもあることは十分に検討すべきである。顧客を株主に入れるタイミングをあまり早期にしすぎないことと、1社だけでなく複数入れることで、顧客株主間で牽制が働くようにすることも一案である。経営能力に問題がなければ、持株比率にこだわらなくとも経営権を維持することはできることを認識すべきである。

7. ビジネスプランに関する課題

課　　題	解決策・対応策
ビジネスプランの練り上げが不十分	最初から完全なものを目指さない 見直しの頻度や修正の速さがポイント マーケット発想で実現可能性をチェック 問題点は具体的に指摘し、考えさせる

　ビジネスプランは、事業をスタートアップするに当たって極めて重要であり、これを作成することは不可欠である。しかし、ビジネスプランの作成に馴れていない起業家にとって、ビジネスプランの重要性は認識していても、つい後回しにするケースが見受けられる。

　ビジネスプランを作成するのは、資金提供者や事業協力者への理解を求めるためだけでなく、起業家自らが安心して事業を推進していくためでもあり、起業リスクを軽減するための武器・羅針盤である。

　また、ビジネスプランは最初から完全なものを作るという考え方ではなくて、折に触れてバージョンアップしていくべきものである。ビジネスプランの完成度よりも、見直しの頻度や修正の速さが重要である。実際に会社を設立する時点では、10回位は書き直してほしい。

　そして、起業家は、作成したビジネスプランをメンターやエンジェルに積極的に見てもらうといい。彼らに何度も説明することで、起業家自らのベンチャー企業ビジネスへの得心度も高まり、自信がわいてくる。

ビジネスプランを作った起業家はそのプランがすべてうまくいき、実現できると信じ切っており、なかなか客観的な判断ができないものである。そもそも起業は、何らかの「仮説」の上に構築されているはずで、仮説——お客様はこんな製品・サービスを欲しがっているはずだ、年間○○万個売れるに違いない、——は、見る人によって異なる。特にその人の経験、知識、性格によって、その評価は大きく異なる。本来、最も当該ビジネスに精通しているはずの起業家本人よりも、広範なネットワークや、横断的な事例をまのあたりにしているメンターやエンジェルが、起業家本人の知らない情報を持っていることも少なくない。

　経験に長けたメンターやエンジェルからの客観的な視点からのアドバイスは、起業リスクを減ずるうえで何ものにも替え難いものとなろう。

3—新しいアイデアを調達する手法

　それでは、次に、具体的に起業家が新しいアイデアを調達するにはどうしたらよいであろうか？　起業家（および予備軍）の多くは、これまでの社会に見当たらず、かつ、スケールの大きなビジネスのアイデアを探そうとするが、なかなかふさわしいアイデアが調達できないでいる。新しいアイデアの調達を起業家の勘と経験にのみ依存しているために、うまくいかないことが多いのである。

　偶然に大きなアイデアを調達できることも稀にあるが、その確率を高めていくためにはどのような考え方、手法をとったらよいのであろうか？　その代表的手法を4つ、紹介する。

1. 事業アイデア創出パターン

　まず、事業アイデアの創出パターンの分類を理解することが必要である。図表2.2に見られるように、新しい事業アイデア創出のパターンは、「これまでにない全く新しい製品・サービスの創出」と「既存サービスへの新しい付加価値の創出」の2つに分類される。

　「これまでにない全く新しい製品・サービスの創出」とは、全く新しい「発明」を基に、類似の製品やサービスが存在しない全く新しい製品・サービスを創出することである。そのためには、これまでにない素材、原材料、情報、科学技術を特許などの知的財産権を伴って開発または活

第2章 ベンチャー企業の事業構想段階

用する必要がある。この事業アイデア創出パターンは、起業家およびそのグループが大学や大企業、公的機関の研究所など、最先端の分野で研究を続けてきた経験が必要である。経験もなくて、思いつきでその事業アイデアを創出することは極めて稀である。

近年は欧米だけでなく、イスラエルやアジア諸国からも特許が次々に出願されており、国際的に評価できる「これまでにない全く新しい製品・サービス」自体が少なくなっているように思える。自分の創出したアイデアが、すでにどこかの国で特許を取得されていないかを専門的に調査するだけでも費用と時間がかかるし、さらに特許出願中のものまで配慮するのはベンチャー企業にはほぼ不可能である。「これまでにない」画期的な製品・サービスと信じてスタートしたビジネスが、他社の特許を侵害していてクレームをつけられるというリスクすらある。

今後は、最先端の企業や公的研究機関で研究を続けてきたものの、開発方針の変更や社内政治力の影響から現在の組織においては日の目を見ない開発テーマを持った人およびチームの中から、その埋もれた技術力やチームの潜在開発力を見抜き、ビジネスに仕上げられる起業家の活躍が期待される。

つまり、研究者と起業家の分業ともいえるもので、「これまでにない全く新しい製品・サービス」の要素である、これまでにない素材、原材料、情報、科学技術自体を自身で持っていなくても、それを保有する開発者およびチームを世界中から見つけ出し、それを事業に仕上げることができる起業家と結びつければ大きな事業が創出されることであろう。

「既存サービスへの新しい付加価値の創出」とは、既存の製品・サービスに何らかの応用を加え、新しい価値を付け加えることで、新しい製品・サービスを創出することである。これは、既存の製品・サービスに、これまでにない事業の仕組み、低コスト、スピード、多様性を加えることで、既存の製品・サービスとは次元の異なる、新しい製品・サービスに生まれ変わることである。

従来の日本においては、大企業や公的機関の研究開発は「これまでにない全く新しい製品・サービスの創出」に大きなウェイトが置かれ、ベンチャー企業は「既存サービスへの新しい付加価値の創出」にウェイトを置いてきた。しかし、知識革命の進展やベンチャーキャピタル等のベンチャー基盤の整備もあり、今後、大企業・公的機関とベンチャー企業

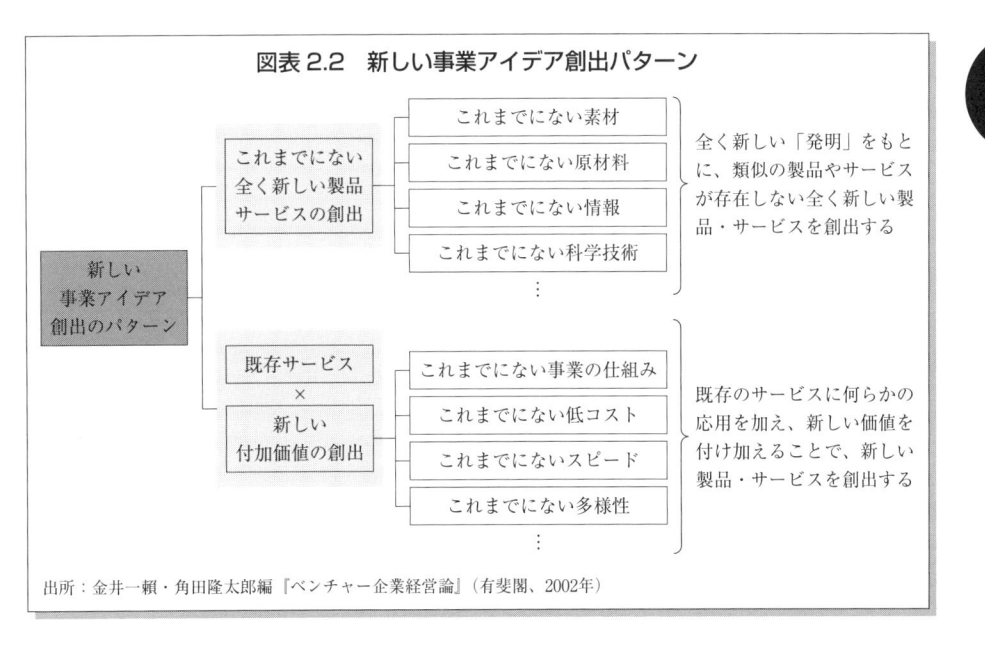

図表2.2　新しい事業アイデア創出パターン

```
新しい           これまでにない        ┌ これまでにない素材
事業アイデア      全く新しい製品   ──  ├ これまでにない原材料      全く新しい「発明」をもと
創出のパターン    サービスの創出       ├ これまでにない情報        に、類似の製品やサービス
                                      └ これまでにない科学技術    が存在しない全く新しい製
                                        …                         品・サービスを創出する

                既存サービス          ┌ これまでにない事業の仕組み
                   ×             ──  ├ これまでにない低コスト    既存のサービスに何らかの
                新しい                ├ これまでにないスピード    応用を加え、新しい価値を
                付加価値の創出        └ これまでにない多様性      付け加えることで、新しい
                                        …                         製品・サービスを創出する
```

出所：金井一賴・角田隆太郎編『ベンチャー企業経営論』（有斐閣、2002年）

の境界をなくすべきである。ベンチャー企業でも、「これまでにない全く新しい製品・サービスを創出」できる技術の事業化を、特に海外と連携を深めながら進めることが成功のポイントとなろう。

2. オズボーンリスト

新しい事業アイデアを創出するために、オズボーンリストを活用することもある。オズボーンリストとは、ブレーンストーミングを開発したアレックス・F・オズボーンが考案した発想法で、特に製品・サービスの開発に偏った目的のものではないが、既存のものから新しいものを生み出す場合に有効とされている。既存の製品・サービスを出発点として、①転用、②応用、③変更、④拡大、⑤縮小、⑥代用、⑦再利用、⑧逆転、⑨結合のそれぞれの視点から、新しい製品・サービスのアイデアを導き出すものである（図表2.3）。

例えば、子ども向けのお菓子でも、「④拡大」の観点から従来の10倍の大きさにすると、従来のおやつマーケットとは異なる土産物マーケットが創出される。最近、駅や空港で従来の10倍の大きさのお菓子が販売され、大人が会社へのお土産として、あるいは外国人が面白がって購入していくのが、その事例である。このように、オズボーンリストを活用

図表2.3　オズボーンリスト

①転用	新しい使い道は？　他分野へ適応はできないか？	
②応用	似たものはないか？　何かの真似はできないか？	
③変更	意味、色、働き、音、匂い、様式、型を変えられないか？	
④拡大	より大きく、強く、高く、長く、厚くできないか？　時間を大きくできないか？　頻度を多くできないか？	
⑤縮小	より小さく、軽く、弱く、短くできないか？　省略や分割できないか？　何か減らすことができないか？	
⑥代用	人を、物を、材料を、素材を、製法を、動力を、場所を、代用できないか？	
⑦再利用	要素を、型を、配置を、順序を、因果を、ベースを変えたりできないか？	
⑧逆転	反転、前後転、左右転、上下転、順番転、役割などを転換してみたらどうか？	
⑨結合	合体したら？　混ぜ合わせたら？　組み合わせてみたら？	

既存の製品／既存のサービス → 新しい製品／新しいサービス

出所：アレックス・F・オズボーン、上野一郎訳『独創力を伸ばせ』（ダイヤモンド社、1958年）

して、これまでにない製品、サービスを考え出すヒントにしてゆくことができる。

3. メガトレンドと組み合わせる

　新しいアイデアを調達する手法として、今後10年から20年継続するようなメガトレンドと、現在の事業を組み合わせて考える手法がある。起業家が情熱を傾けてビジネスを進めていく中で、このようなメガトレンドと組み合わせることは、ビジネスの立ち上がりが早まる、人材が集めやすい、困難に遭遇した時に支援者が現れやすい、などの面から非常に効果的である。成熟化または衰退し始めているような市場に新たに参入しようとしても、既存のプレーヤーと熾烈な競争を繰り広げることになり、仮に市場参入を果たしても、利益の確保はさらに困難である。

　しかし、メガトレンドに乗ったビジネスであれば、新規参入の余地があり、創意工夫で伸びるチャンスも多い。新しいメガトレンドとして何

が挙げられるのか、そのメガトレンドの流れに乗るような新しいアイデアがないかを、起業家は常に注意深く考えておく必要がある。

> 【演習】
> 1．身近で最も経営がうまくいっていると思われる企業を1社選び、その企業と資料に挙げたメガトレンドのサンプルからランダムに選んだひとつと組み合わせて、全く新しい事業アイデアを考えなさい。
> 2．身近で最も経営がうまくいっていないと思われる企業を1社選び、その企業と資料に挙げたメガトレンドのサンプルからランダムに選んだひとつと組み合わせて、会社を立て直す事業アイデアを考えなさい。
>
> 資料：メガトレンドのサンプル
>
> 1. 精神性の重視
> 2. 地球環境、エコロジーへの貢献
> 3. 健康増進意欲の高まり
> 4. ささやかな贅沢、自分へのご褒美
> 5. ソーシャル・ビジネスやソーシャル・キャピタルの推進
> 6. グローバル化、特に中国の躍進
> 7. ICTテクノロジーの進化
> 8. 労働力の多様化（女性、高齢者、外国人の活用など）
>
> 出所：筆者作成

4.異業種ベンチマーキング

新しいアイデアを調達する手法として、異業種ベンチマーキング手法を挙げる。この手法は特に、「既存サービスに新しい付加価値を創出」するタイプの新しいアイデアの創出に役立つ。自分が経験してきた業界、あるいは始めようとする業界とは全く異なる業界で、優れた企業をベンチマーク企業として選び、その成功要因を分析し、自分の業界において、どのような新しい付加価値を創出できるかを検討する、というものである。自分が経験してきた業種では非常識であることが、実は成功のポイントとなることはよくある。それを他業種の成功企業を分析し、その成功要因を導入するものである。

ここでは、なるべく対象とする業種とは異なる業界を選べば選ぶほど、斬新な閃きが得られて、その成功確率は上がる。ただ、異業種ベン

チマークで編み出した新しい事業アイデアを実行するに際しては、事業をスタートさせた後に追随するであろう同業他社に対しての参入障壁を明確に考えないと、すぐに真似をされてしまう可能性があることに留意すべきである。

【演習】
1．身近で最も経営がうまくいっていると思われる企業を1社選びなさい。資料1に挙げたリッツカールトン、シンガポール航空、デルの3つの会社のその製品・サービスの優れている要因をまとめた後に、上記で選んだ企業に異業種ベンチマークの要因を取り入れた、全く新しい事業アイデアを考えなさい。
2．身近で最も経営がうまくいっていない企業を1社選びなさい。資料2に挙げたWホテルズ、ヴァージン・アトランティック航空、サウスウェスト航空、ギーク・スクワッドの4つの会社のその製品・サービスの優れている要因をまとめた後に、上記で選んだ企業に異業種ベンチマークの要因を取り入れた、全く新しい事業アイデアを考えなさい。

資料1：異業種ベンチマーキングの事例

自社よりも優秀な業種・企業	その理由・具体的内容
ホテル：リッツカールトン	顧客志向のデータベース化と徹底したコンシェルジュサービス
航空：シンガポール航空	最新の機体、顧客別対応、FAのコスチューム
PC：デル（法人向け技術サービス・サイト〈プレミアムページ〉）	プレミアム会員への徹底したサービス

資料2：異業種ベンチマーキングの事例

自社よりも優秀な業種・企業	その理由・具体的内容
ホテル：Wホテルズ	クラブと併設、洗練されたデザイン、各地域のファッションリーダーやオピニオンリーダーに圧倒的に支持されるブティックホテル
航空：ヴァージン・アトランティック航空、サウスウェスト航空	誰もやっていないことを率先して行ういつでも食事可能、機内マッサージ

| PC：ギーク・スクワッド（ベストバイの出張技術サービス部門） | ウイルスバスターのパロディ、とにかく楽しく |

出所：筆者作成

4─シーズ志向とニーズ志向のバランス

1. シーズ志向とニーズ志向とは？

　自分で事業を始める時は、自分や友人が以前から欲しいと思っているのに世の中にないような製品やサービスを手がけるのが素直な考え方である。筆者が大学生のビジネスプランコンテストの審査員をした時、多くのビジネスプランのアイデアが生活をする際に不便に感じている事象を解決する製品、サービスであった。数年前の話であるが、大学のテストの前に、講義ごとにテスト範囲や出題のヒント、辞書などの持ち込みが許されているかどうかなど、授業に出席していればわかる情報さえも、携帯で簡単に検索できるサービスを提案してきた学生がいた。まさしく自分が日頃授業に出席していないからこそ、必要とするサービスであろう。作成した本人は同様のニーズを持っている学生はたくさん存在するので、十分にビジネスになりうる、と主張していた。

　授業をサボるためのサービスというのは困りものであるが、この学生も、「このようなものがないと困る」「こういうものが欲しい」「（提示されて）こんな商品・サービスが欲しかった」という消費者の獲得欲求（ニーズ）を起点にしてビジネスを構想したのだろう。ニーズ志向のアイデア発案の好例である。

　一方で、大学や大企業で新製品、新規事業を企画している人やMBAを取得している人ほど、企業がすでに保有している経営資源や自分個人の能力を活用する提供欲求（シーズ）を基にしたビジネスを発想することが多い。「この技術、何か役に立たないかな」「この新商品、どの業界に販売したら最も売れるのであろうか？」などと考えることがシーズ志向の事例である。

図表 2.4　ニーズ志向とシーズ志向

	欲求の特徴	着目点	感情
ニーズ	消費者の獲得欲求	不足・欠乏していることへの欲求 商品・サービスに対する願望	「これがないと困る」 「こういうものが欲しいんだけど」 「こんなのあったらいいな」 「(提示されて初めて)こういうものが欲しかったんだよね！」
シーズ	企業の提供欲求	企業が保有している資源 ・技術 ・材料 ・アイデア	「この技術、何かの役に立たないかな？」 「消費者はこんなものが欲しいはずだ」

出所：総務省『ICTベンチャー・リーダーシップ・プログラム』

2. なぜシーズ志向の新製品開発、新規事業開発が多いのか？

　最近の事例では「ニーズ志向」よりも「シーズ志向」のほうが多いようである。では、なぜ、「シーズ志向」が多くなっているのであろうか？　いかに凄い技術に裏づけられた製品でも、売れなければ何もならないことは十分に認識されてきているにもかかわらず、それでも「シーズ志向」となってしまう傾向が強い。

　その理由として筆者は、世の中の技術レベルが上がり、単なる思いつきや寄せ集め技術では差別化ができなくなっていることが大きな要因であると考える。特に大企業は価格競争が激しくなり、既存事業の超過リターンが低下する中、新製品・新サービスに要求される利益額および利益率が大きくなっている。そのため、大企業では技術的に差別化された製品・サービスを開発することが、将来の利益額および利益率を高くするものであると信じており、その獲得のために大量の人材や開発予算を投入することとなる。その開発事業分野を選定するに際して、SWOT分析やPPM分析、技術ロードマップなど多くの手法を用いて決めることになるため、自然とこれまで社内に蓄積されている要素技術、技術人材、社外のネットワークを使ったもの、「シーズ志向」となるのである。

　また、大企業において大きな意思決定ができないことも「ニーズ志向」よりも「シーズ志向」となる要因である。大企業において、数年にわたる研究や大人数をかける新規プロジェクトを開始する際、ユーザーアンケートや学会での技術トレンド、コンサルティング会社による市場規模予測などを踏まえ、各種の階層、多人数の稟議を経たうえでの決定

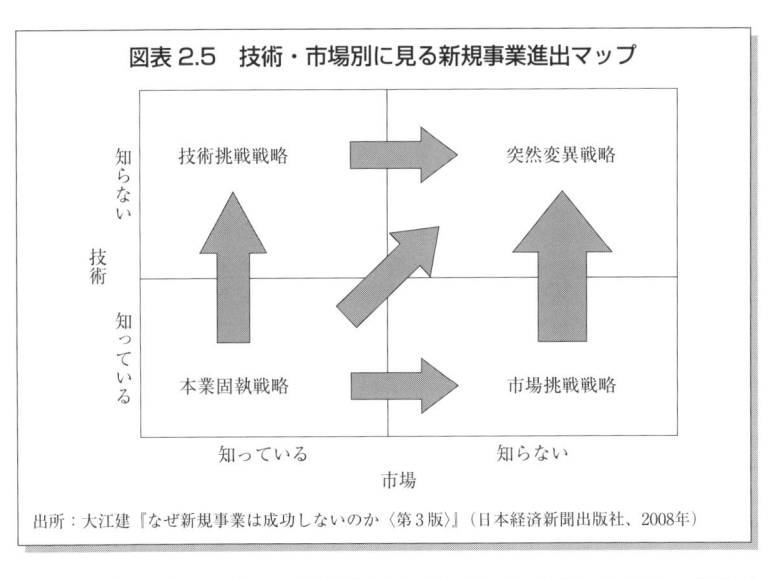

図表2.5 技術・市場別に見る新規事業進出マップ

```
              技術挑戦戦略         突然変異戦略
    知
    ら
    な
    い
技術
    知
    っ
    て
    い
    る
              本業固執戦略         市場挑戦戦略

              知っている           知らない
                      市場
```

出所：大江建『なぜ新規事業は成功しないのか〈第3版〉』（日本経済新聞出版社、2008年）

となることが多い。特に、既存事業と大きく異なる技術領域や事業分野に進出する場合には、そのプロセスは長期間で、かつ、複雑になる。このような意思決定プロセスを持つ大企業においては、自然と稟議が通りやすい、既存事業とのシナジーが出やすい開発や、テーマ自体が有望産業であるとの評価が固まっている業界への進出を選択しがちである。

特に、「このような製品・サービスが販売されたと仮定したら、あなたは購入したいですか？　その場合、いくらまでなら支出できますか？」というアンケート調査を事前に実施し、その結果が良いものを開発テーマに選び、新規開発、事業を始める事例もよくあるが、このようなプロセスを経て開発が始まった新規事業でも失敗する例が非常に多い。

これは、アンケートに答えるユーザーの潜在的なニーズを明確にすることは困難で、ユーザーはあくまで目の前に見せられる、あるいはイメージできる商品・サービスの便益のみについて答えるからである。特にこれまでに全く存在しなかったような製品・サービスは、いくらアンケートをしても「ニーズ志向」にはならないのである。また、実際には大企業が想定していないようなユーザーが、その製品・サービスを購入するような場合には、アンケートは全く役に立たない。

さらに別のポイントとして、イノベーションの規模が大きく、これまでにない「大きな考え」に基づく革新的な製品・サービスに対する「ニ

ーズ」が見えたとしても、大企業では迅速な意思決定ができず、タイミングを逃すことが少なくない。一方、この意思決定のプロセスを、ベンチャー企業においては迅速に行うことが可能である。

優れたアントレプレナーは、特定の分野に「強いニーズ」が存在することを発見した場合、その「強いニーズ」が継続し、十分な規模をもたらすものかどうかを、小さな実験によって仮説検証して新規事業の構造を練り始める。その製品・サービスを安定的に迅速に提供するために、どのような経営資源が必要であるかを検討し、場合によっては自社での経営資源を充足するのではなく、大企業や大学、海外企業と連携することによって、その経営資源を迅速に獲得するということもできよう。

このように、ベンチャー企業が大企業に打ち勝つ要素として、「シーズ志向」になりがちな大企業に対して、「ニーズ志向」から出発しながらも、「シーズ志向」との連携する方策をスピードをもって意思決定できることが、今後、重要になってこよう。

5─アイデアの評価方法

1. 事業アイデアと事業機会の違い・評価基準

事業アイデアと事業機会とは同一でない。経験の少ない起業家は、事業アイデアを基に、そのまま会社を設立して事業を始めてしまい、失敗することが多い。ベンチャー企業の成功確率を上げるためには、この事業アイデアと事業機会の違いをしっかり理解することが重要である。

それでは、事業機会とは何であろうか？　事業機会とは、魅力、永続性、タイミングという要件を満たしており、顧客に新たな価値の創造、あるいは付加価値を提供する製品やサービスをいう。[1]

この事業機会を認識するための質問としては、第一に、「顧客の視点」に立ったチェック項目がある。中でも図表2.6に示したように、「自分ならお金を出してでも買うか？」「他の人がお金を出してでも買ってくれるか？」「今までの製品やサービスと比べて新しいか？」という3つの質問を投げかけてみることが必要である。

---

1 ── Jeffry A. Timmons（1989）"New Business Opportunities" Acton, MABrick House Publishing.

図表2.6 アイデアと事業機会を識別する顧客視点の質問

〈事業機会を認識するための問い〉

その「アイデア」に基づいた製品・サービスは顧客のニーズに応えるものか？

・自分ならお金を出してでも買うか？
・他の人がお金を出してでも買ってくれるか？
・今までの製品やサービスと比べて新しいか？

アイデア → × → 事業機会
アイデア → × → 事業機会
アイデア → ○ → 事業機会

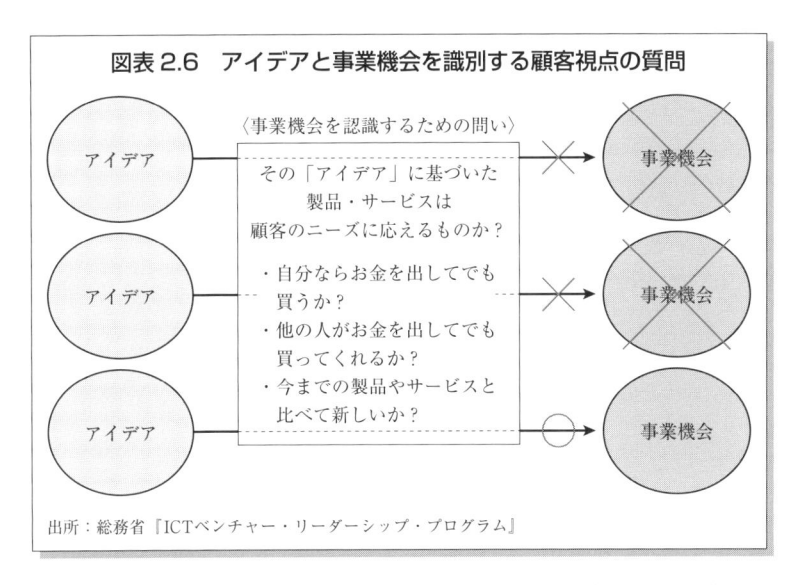

出所：総務省『ICTベンチャー・リーダーシップ・プログラム』

　アイデアと事業機会を識別する第二の質問は、「投資家の視点」からのものである。自分のライフスタイルのために収入を犠牲にすることをいとわない従業員1～2名の従来の零細企業、いわゆるパパママ・ベンチャーと異なり、ベンチャー企業は将来の成長のために、投資家に出資をしてもらうことが必要になる。企業を高い成長軌道に乗せようとする場合に、創業メンバーの自己資金や企業の利益蓄積のスピードを上回る資金が必要となるために外部調達をすることになる。その資金の外部調達をする時の投資家の視点から、アイデアを選別して事業機会にするものである。図表2.7にはその主なものを挙げている。

　その中では、③その事業アイデアは儲かるか？という質問と、④「現時点」で参入することは、本当に適切か？ リスクに見合ったリターンが得られるか？という質問が、顧客視点の質問に付け加えられていることに留意されたい。

　十分なマーケットがあるか？ 例えば最低でも50億円以上の市場規模があるのか？ ベンチャーキャピタルが投資するのであれば、この市場規模は500億円から1,000億円に最低基準が上昇することであろう。

　高成長マーケットか？ 例えば年率20％以上の成長率が見込めるのか？ マーケットの成長率が高い市場であれば、スタートアップ段階での多少の戦略ミスはカバーされるが、マーケットの成長率が低い場合にはわずかな戦略ミスが命取りにもなりかねない。

図表2.7 「投資家の視点」で「アイデア」を選別するための問いかけ

① （その事業アイデアは）顧客やエンドユーザーにとって、重要な価値を創造するか？重要な価値を加えることができるか？

② （その事業アイデアは）重要な問題を解決するのか？ もしくは顧客が喜んでお金を払うようなニーズに合致したものか？

③ （その事業アイデアは）儲かるか？
　　十分なマーケットがあるか？（50億円以上の市場規模）
　　高成長マーケットか？（20％以上の成長率）
　　高い利幅が見込めるか？（40％以上の利益率）
　　高い潜在利益が見込めるか？（税引き後で10～15％以上の利益率）
　　早期に潤沢なキャッシュフローが見込めるか？
　　投資家に魅力的なリターンが見込めるか？（IRR〈内部収益率〉で25～30％）

④ そのマーケットに、「現時点」で参入することは、本当に適切か？
　　リスクに見合ったリターンが得られるか？

出所：Jeffry A. Timmons et al.（2004）"Business Plans that Work," McGraw-Hill.

　高い利幅が見込めるか？ 税引後利益率で10～15％以上、経常利益では20～30％が見込める製品・サービスかどうか？ 早期に潤沢なキャッシュフローが見込めるか？ 投資家に魅力的なリターンが見込めるか？ 内部収益率IRRで年率25～30％が見込めるか？といった質問に答えなければならない。

　これらの質問について、「そもそも全く新しい市場であり、同業者は全くいない。市場規模や市場の成長率は予測できない」とか、「実際にやってみないとわからない」と答える冒険家的な経営者、「私がやるのだから急成長するに間違いはない」「市場規模は無限大に広がるに違いない」と答える超強気な経営者など、さまざまである。しかし、少なくとも「実際にやってみないとわからない」などと最初から諦めるのでなく、多くの仮説を立て、いくつかの小さなサンプル調査を行うなどして、数値的に答えようとする姿勢は持ち続けることが肝要である。また、いくら経営者が強気でも、投資家を得心させることができなければ、結局、資金調達が成功せず、「空元気」で終わってしまう。

　そもそも上記のような質問に対して、信頼性の高いデータが簡単に入手できるのであれば、すでにそのアイデアはありふれたものであり、過度の競争を促し、事業機会の可能性は著しく低下する。

　斬新で、イノベーションを伴う、大きなアイデアに限って、データは

不完全、不正確で、矛盾したものも多く、得られる分析結果も曖昧である。しかし、そのような現象に直面しても創業者は嘆く必要はない。むしろ「大きなチャンスの可能性が目の前に広がっている」と考えるべきだ。なぜなら、大きな事業機会は、変動する環境、混沌、混乱、矛盾、市場参入のずれ、知識や認識のギャップ、業界または市場の真空状態などに起因して起こるものである。完全なデータが入手できないことを前提にしながらも、どのような考え方で前述の質問に回答を用意するかが、創業者の経験と知恵の見せ所である。

また、「現時点」で参入することは、本当に適切か？ リスクに見合ったリターンが得られるか？という質問についても、同様である。いくら有望なアイデアでも、タイミングが重要である。大きなトレンドに乗り、巨大な市場が期待されるアイデアでも、関連する規制の緩和されるタイミングや周辺技術の開発スピードなどが重要である。

顧客が新製品・サービスの価値を「知覚」するスピードが極めてゆっくりとしている場合には、ベンチャー企業が単独で顧客の知覚のスピードを加速させることは荷が重く、失敗するケースも少なくない。参入する時期を周辺環境が整うまで遅らせる決断も重要である。

大きなアイデアを発掘したことで熱くなっている創業者には、なかなか難しい判断であるが、この時、次項でも述べるとおり、信頼できる外部者の意見を、冷静に聞き入れることが最も重要である。この創業のタイミングを誤って、創業者の勢いに任せて突き進んだために、2〜3年後に期待したほどの顧客が広がらずに、経営破綻した事例を筆者は見てきた。ちなみに、この創業者が経営破綻した2〜3年後に異なる事業者が同様の事業を開始して成功しており、参入のタイミングを見誤ったことが失敗の原因であったことがわかる。

2.アイデア評価メンバーの選定の重要性

事業アイデアから事業機会にするために、アイデア評価をする必要がある。このアイデア評価はどのようなメンバーで行ったらよいであろうか？ 事業アイデアを創出した本人およびメンバーが行えればよいが、得てして本人たちは自分のアイデアに酔ってしまい、冷静な判断ができない可能性がある。大企業の場合、「新規事業評価委員会」とか「経営会議」などで決めることが多い。外部の大学教授や経営コンサルタント

を加えた、外部評価委員会を設けている会社も見受けられる。

　しかし、「大きな発想」で「世界的な規模で展開できるイノベーションを伴った」新事業、新製品・新サービスは、それが革新的でグローバルな規模であればある程、通常の評価メンバーには評価されない。なぜなら前述したような評価メンバーは過去の成功体験を持っている人ばかりであり、その成功体験を基に発言しているからである。

　もちろん中には過去の体験を捨て去り、「素直な心」でその新事業、新製品・新サービスの潜在的な価値を評価できる人もごくわずかであるが存在する。ただ、そのような人が大企業で発言力や権限を持っているとは限らない。社長をはじめ、社内で権限を持っている人間が本気で新規事業、新製品・新サービスの創出を望んでおり、そのために、社内の風土を「減点主義」から「加点主義」に変える勇気が本当にあるかどうかが試される。

　逆にベンチャー企業の場合には、アントレプレナーが個人の持つアイデアをそのまま事業として進めることが多い。したがって、先見性と迅速な意思決定力、強力な実行力を持ったアントレプレナーであれば、そのような独断で推進しても成功することはあるだろう。しかし、一方で事業アイデアと事業機会との違いを理解しておらず、実際に事業に経営資源を投入し、1～2年進めたところでアイデアの実現性や顧客へのアピールが弱いことに気がついて、軌道修正しようとしてもすでに手遅れになっている事例も散見される。個人で意思決定していて、評価メンバーがいない場合の問題点である。

　それを避けるためにも、ベンチャー企業の場合、メンターや本当に信頼できる人の意見をじっくり聞いて、新事業、新製品・新サービスの事業機会がどのくらいあるかを判断すべきである。

　ベンチャーキャピタリストである筆者も、投資候補先の事業アイデアが「大きな発想」で「世界的な規模で展開できるイノベーションを伴った」新事業、新製品・新サービスであるかどうか、自分の信念と感覚で判断するが、その過程で、大学教授や経営コンサルタント、その業界の先輩経営者などに意見を求めている。もし、70％くらいが否定的なコメントをしても30％くらいが肯定的なコメントであれば、その事業アイデアが成功する確率は高いという経験をしている。有識者といえども過去の成功体験や業界の常識に根ざしたコメントをするためであり、アイデ

ア評価メンバーの選択の難しさを痛感している。

6 ─ ビジネスプランの作成方法

1. ビジネスプランの作成目的、盛り込む内容

　ビジネスプランの作成は、アイデアの創出、事業機会の選別をしたものを、実行に移すためのロードマップである。

　その目的は、第一に、事業内容とその魅力を明らかにすることによって資金や人材その他の経営資源を獲得しやすくすること、第二に、事業内容を明確化することによって、創業メンバー間での協力の基盤づくりを行うこと、第三に、起業家自身が事業の問題点や障害を確認し、事業の成功の可能性を高めること、第四に、事業の状況や進捗状況を管理するためのベースを置くことによって、その後の事業環境の変化等に応じた調整や変更の可能性を検討するためのたたき台とすること、などが挙げられる。

　このビジネスプランに盛り込むべき項目は、図表2.8に示したフォー

図表2.8　ビジネスコンセプトフォーマットシート

ビジネスプラン策定の目的	ビジネスコンセプトフォーマットシートの構成要素
・事業内容とその魅力を明らかにすることによって資金や人材その他の経営資源を獲得しやすくする ・事業内容を明確化することによって創業メンバー間での協力の基盤づくりを行う ・起業家自身が事業の問題点や障害を確認し、事業の成功の可能性を高める ・事業の状況や進捗状況を管理するためのベースを置くことによって、その後の事業環境の変化等に応じた調整や変更の可能性を検討するたたき台とする	① 会社名 ② キャッチフレーズ ③ 夢・目標 ④ 顧客 ⑤ 市場 ⑥ 競争相手 ⑦ 商品 ⑧ 自社の強み ⑨ ビジネスモデル ⑩ 必要資金 ⑪ リスク ⑫ 中長期プラン

出所：塩沢由典編『挑戦　起業家育成への道』（日刊工業新聞社、2004年）「第3部　第1章　ビジネスプランの考え方・書き方から発表の仕方まで（前田昇）」より作成

マットシートの内容となる。さらに詳しくは、市販の「ビジネスプランの書き方」といったテキストを参考にすればよい。重要なのは、起業家自ら考えて作成することである。起業家のその事業にかける熱い情熱と、成功への信念が伝わるようなビジネスプランであってほしい。

2. 成功するビジネスプラン

実際にビジネスプランを起業家や大企業の新規事業担当者が作成することは非常に難しい、との声をよく聞く。多くのビジネスプランを検討している筆者から見て、魅力的なビジネスプランは以下のポイントを押さえてあるものである。

(1) 仮説の立案→検証→修正ループが何度かなされているもの

最初から完璧なビジネスプランを描こうとする必要はない。むしろ、稚拙であっても、経営者自身の頭で考え抜かれたものであることが求められる。ビジネスプランの中に、どのようなユーザーの需要、技術トレンドなどに対する独自の仮説を立てたのか、それを小さくても実験的に実行してその検証を行ったのか、その検証結果を踏まえて、当初のプランをどのように修正したのかという足跡がわかるものがよい。起業家の成長の軌跡でもあるので、修正するたびに印刷しておいて比較できるようにしておきたい。せめて10回は見直して、ビジネスプランの表紙に「Vol.10」と示すくらいは努力してほしい。

(2) 経営理念がしっかりしているもの

起業家自身が「なぜ、このビジネスを始めたのか？」「ビジネスを通じて社会にどのような価値を提供したいと思っているのか？」などを明確に書くことが大切である。ビジネスに対する情熱がほとばしっているビジネスプランを高く評価したい。コンサルタントや公認会計士に代わりに作成してもらったような、一見、美しく整ったビジネスプランは、少し質問すれば、起業家が自分の頭で考え抜いたものでないことはすぐわかる。

(3) 自社の強みと弱みが明確になっているもの

ビジネスの将来性、収益性、目の付けどころなどは非常に魅力的であり、その部分はしっかりとビジネスプランに記述してあっても、「有望産業の展望レポート」の域を脱していないビジネスプランが多い。「このビジネスを最初に手掛けるのはなぜ、自分および自分のグループが適

任なのか？」「自分のグループは他社との差別化がどの程度されているのか？」という内容が書かれておらず、あるいは「このビジネスを思いついた、あるいは手掛けているのは我が社だけです」という記述がしてある例が多い。起業家本人は自分だけがこのビジネスに目を付けた、と独断的に思っているが、世界中では同時期に3人も4人もスタートしていると想定して間違いない。その中で、自分の強みと弱みを冷静に分析し、このビジネスを実現するためのタイムスケジュールを明確に落とし込んだビジネスプランを最初に作成でき、実行を始めたのが自分であったという強みが欲しいものである。

(4)マイルストーンがしっかりとしていること

　ベンチャー企業は、人材、開発力、生産能力、取引先からの信用力、資金力などの経営資源が不足している。ビジネスプランの中には、想定したビジネスを実現するために、どのようなスケジュールで経営資源を確保してゆくのかを明確に示しておいてほしい。また、今後、想定される事業展開において、企業成長の過程で節目となるような大きな事象（マイルストーン）を明確にして、そのマイルストーンの時期に合わせて経営計画を作ることが重要である。

　例えば、筆者が携わったスカイマークエアラインズにおいては、第一段階のマイルストーンは、航空事業としての事業申請の承認であり、第二段階のマイルストーンは第一便が実際に飛び立つことであり、第三段階は黒字の収益になることであった。社外から見ても社内から見ても、わかりやすい目標となり、それを達成したかしていないかが客観的に判明でき、かつ、それが達成できると、明らかに会社のステージが上がる（すなわち企業価値が格段に上昇する）分岐点といえる事象をマイルストーンに選んだ。これは社員のモチベーションを一致させることにもつながり、また、外部からの支援も得やすくなるため、ベンチャー企業には不可欠なものである。

(5)いろいろな人の意見を聞いて修正したものであること

　起業家の中には情報が漏れるのを恐れてビジネスプランを外部の人に見せない人もいる。ベンチャーキャピタルにさえ、最初から守秘義務契約書を要求する会社もある。どこまで開発が進んでいるのか、納入交渉している相手企業がどこで、交渉はどこまで進んでいるのか、などは守秘義務対象の情報であろうが、ベンチャーキャピタルはプロとして活動

しており、当然のこととして情報の管理は厳密に行われている。また、何から何まで守秘義務の対象としてしまう風潮も問題で、白紙のページにまで「Confidential」と書き込んであるものさえ見かける。

資金調達をしたい、という目的からすれば、面談の最初に内容を聞く前に包括的な守秘義務契約書にサインを求めるのは問題である。米国のベンチャー企業でもそのような行動はとらない。「ビジネスプランに書いてある内容を、1回読んだ程度で直ぐに真似をされてしまい、大きな打撃を受けてしまうようなビジネスの内容であれば、大したビジネスではない」と大きな声で言いたい。

メンターとか、信頼できるベンチャーキャピタルとか、業界の先輩経営者とか、起業家は、いろいろな人にビジネスプランを見せ、どのような反応を示すかを十分に見てほしい。見せた人が真剣に読んでくれたのか、ビジネスプランの本質を理解してコメントしているのか、表面的な字句を読んでいるのか、このビジネスの将来性を見据えて、良い点と悪い点を指摘しているのか、などをじっくり判断すべきである。

起業家のありったけの情熱と知恵をかけて作り上げたビジネスプランに対して、どのような反応を示すかによって、ビジネスの可能性もわかるし、また、見せた人の力量もわかるものである。もちろん見せた人の全員に賛同してもらう必要はなく、否定的な意見を述べる人からも、ビジネスの革新性、将来性を確信した意見を述べてくれる人からも、修正ポイントを取り入れて、是非、ビジネスプランを見直してもらいたい。

7─大組織の事業構想の進め方の事例

ケース：株式会社ジャパン・ティッシュ・エンジニアリング

大組織における新規事業分野の探索および事業構想の進め方のケースとして、再生医療業界として日本で初めて株式公開企業となった株式会社ジャパン・ティッシュ・エンジニアリングを取り上げる。

そもそもは、1994年、眼科医療機器メーカーである株式会社ニデック（本社：愛知県蒲郡市、設立：1971年7月、資本金：4億6,189万円〈非上場〉、従業員：1,453名〈平成21年4月1日現在〉、売上高：374億円〈平成20年3月期日経データ推定〉）が新規事業の探索を始めた。そのた

めに、将来のビジネスのネタのみを考える「21世紀委員会プロジェクト」を設立し、委員2名を選定した（そのうちの1人は現在、ジャパン・ティッシュ・エンジニアリング専務取締役の大須賀俊裕氏である）。この2人には、「市場規模1,000億円、売り上げ100億円、利益10億円の事業を探せ」（ただし自動車関連事業とパチンコ関連事業は除く）という条件が出された。2人にはマンションの一室を確保、勤怠管理はなし。調査費、旅費、IT投資は青天井で認めて、4年間は好き放題に活動してよい、との条件であった。未公開企業で、かつ、オーナー企業であったからできたであろう新規事業の探索方法であった。

この「21世紀委員会プロジェクト」メンバーは、各種調査会社のレポート調査やセミナーへの出席、多くのインタビューなどを経て、メガトレンドとの組み合わせや異業種ベンチマークを実施して、図表2.9に示した最終事業候補（アイデア）を選択した。

この事業アイデアを、当時のニデック社長であった故小澤秀雄氏を中心とするアイデア評価メンバーが投資家の視点で選別した。その視点は、①本当に市場規模1,000億円、売り上げ100億円、利益10億円が見込める事業であるか？　②顧客やエンドユーザーにとって、重要な価値を創造するか？　③当社の従来事業とシナジーがありそうか？の3つである。故小澤秀雄氏は、自身が1971年7月に会社を創業したアントレプレナーであり、また、創業後も世界中の動向を見て回るような、既存概念にこだわらない、進取な精神を持った経営者であったため、冷静な選別

図表2.9　21世紀委員会が選択した最終事業候補

A. 健康産業
　　癒しビジネス、家庭用健康機器、その他
B. 農業
　　植物工場、アルゼンチンでの大規模農業、その他
C. インターネット事業
　　ECサイト運営、医療情報サービス事業、その他
D. 太陽電池／太陽光発電システム
E. アクア（水）ビジネス
　　機能水、成水器、健康食品、その他
F. 医療
　　レーザー治療機器、ティッシュ・エンジニアリング

出所：ジャパン・ティッシュ・エンジニアリング会社資料

図表2.10　新規事業のニデックにおけるポジショニング

戦略「製品開発戦略」／戦略「多角化戦略」／戦略「市場浸透戦略」／戦略「市場開拓戦略」

技術：新規⇔既存／市場：既存⇔新規

ティッシュ・エンジニアリング

出所：ジャパン・ティッシュ・エンジニアリング会社資料

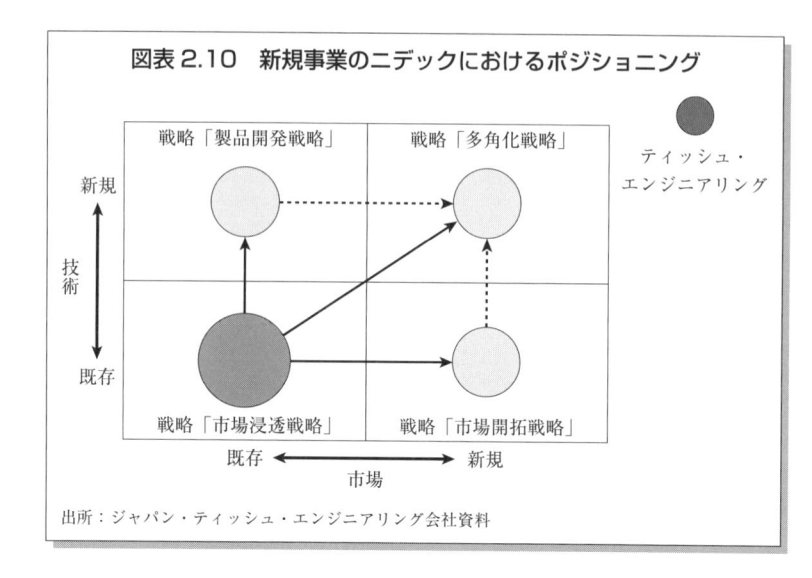

ができたといえよう。

　結果として、本業の眼科と若干の関わりがあることと、当時、産業として米国で起こりつつあるが、日本で誰も手掛けていないからこそ、ベンチャー企業がチャレンジする価値があるというベンチャー精神の追求から、ティッシュ・エンジニアリング事業が採択された。

　しかし、実際に子会社として事業をスタートしてみると、ティッシュ・エンジニアリング事業は、ニデックの経営資源の範囲を超えていた。重症熱傷に対する再生医療、外傷性軟骨欠損症、変形性関節症に対する再生医療領域は、本業の眼科領域とは市場特性、技術特性ともに全く異なるものであった。つまり図表2.10に示したように、右上の「多角化戦略」領域よりも、さらにはみ出た場所に位置づけられる新規事業であった。

　そこで、医薬申請の経験のある富山化学工業株式会社と、上場企業として経営能力のある株式会社INAXに経営への参画と出資を、三菱UFJキャピタル株式会社に出資を依頼した。

　その後、当初の想定よりも厚生労働省の承認基準が厳しく変更されたため、公開までの期間（9年）も調達資金額（約60億円）も大幅に長期化、増大することになった（図表2.11）。ベンチャー企業であり、小澤洋介社長、大須賀俊裕専務ほか、起業家精神にあふれたメンバーが揃っていたからこそ、未踏の領域で、かつ、これまで経験のない技術、市場

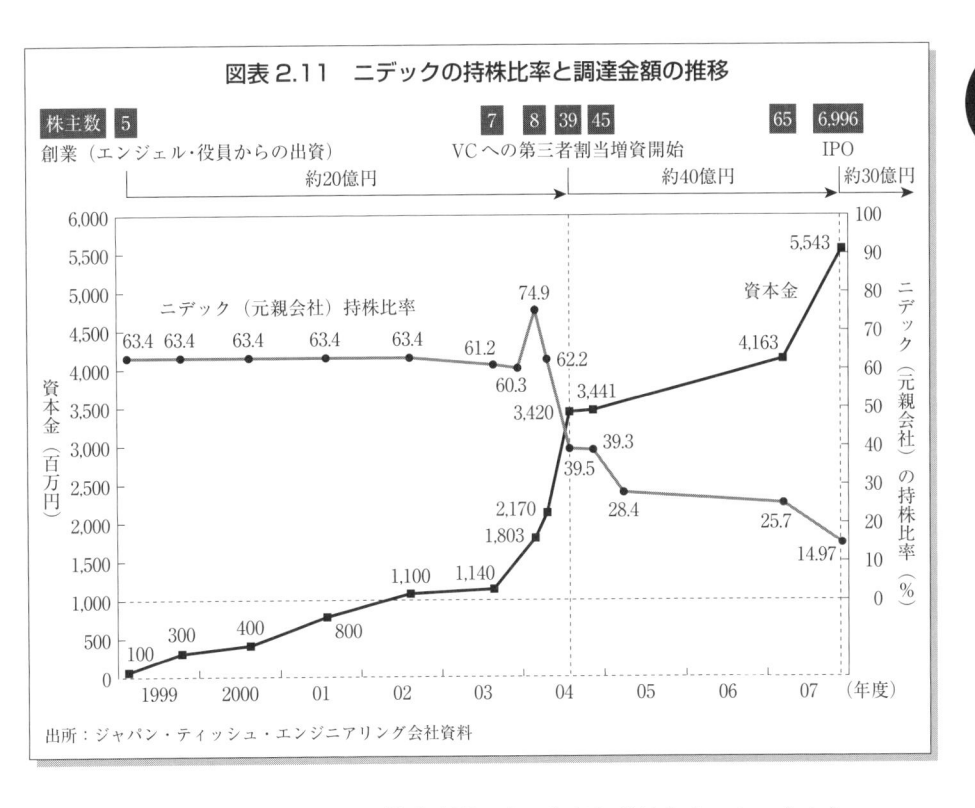

図表 2.11　ニデックの持株比率と調達金額の推移

| 株主数 | 5 | | | | | 7 | 8 | 39 | 45 | | 65 | 6,996 |

創業（エンジェル・役員からの出資）　　　　　　　　　VCへの第三者割当増資開始　　　　　　　　　　　IPO

約20億円　→　約40億円　→　約30億円

資本金（百万円）／ニデック（元親会社）の持株比率（%）

ニデック（元親会社）持株比率：63.4, 63.4, 63.4, 63.4, 63.4, 61.2, 60.3, 74.9, 62.2, 39.5, 39.3, 28.4, 25.7, 14.97

資本金：100, 300, 400, 800, 1,100, 1,140, 1,803, 2,170, 3,420, 3,441, 4,163, 5,543

年度：1999, 2000, 01, 02, 03, 04, 05, 06, 07

出所：ジャパン・ティッシュ・エンジニアリング会社資料

領域でありながら株式公開にまでたどり着けたものといえよう。

8 ベンチャー企業の創業タイミングの事例

ケース：株式会社ミログ

モバイル向けのミニブログを開発するベンチャー企業として設立された株式会社ミログの創業の経緯を見ながら、創業までの準備とタイミングについて検討してみたい。

会社名	株式会社ミログ
本社	東京都目黒区
社長	城口洋平
会社設立	2009年4月
資本金	1億565万円（2010年1月現在）
役員・従業員	20人（2010年1月現在）

第2章 ベンチャー企業の事業構想段階

(1) 創業の経緯

　ミログは共同経営者である城口洋平氏（1987年8月生まれ）、高畠裕二氏（1986年6月生まれ）の夢である「10年後の明日を創る、日本発世界行きの企業を創造したい」という思いで、大学生、大学院生が中心になって設立された。

　2006年11月に「コンビニクリニック」と銘うった医療ベンチャー「コラボクリニック新宿」を起業し失敗している。駅から徒歩3分、夜9時まで診察可能な「コンビニ感覚」で通うことができるクリニックを運営、志のある若い医師が退職金でクリニックを開設することを支援するビジネスモデルとした。当時、東京大学文科1類1年生であった城口氏（当時19歳）が代表を務めた。

　このビジネスモデルを思いついたきっかけは、東大教養学部で開かれていた情報社会に関する鈴木寛参議院議員（当時42歳）のゼミにおける、「日本の医療をもっと患者にとって便利にできないだろうか」という問題提起であった。

　2007年、1年間奮闘したものの、結果として事業はうまくいかなかった。城口氏は「力及ばず、大人たちの社会の厳しさを突き付けられました」と感想を述べている。

　その後、城口氏は失意の中、シリコンバレーに渡って、梅田望夫氏に師事し、またグーグルで働くなどして、ベンチャー企業の本場の空気を吸う機会を得た。米国で学んだこと、それは「ガレージ」でいきいきと挑戦をする若者の姿であった。みんな自分を信じ、自分の見ている世界を信じ、夢を追いかけることに生きがいを感じていた。そんな彼らといつか本気で勝負したい、夢を語り合える仲間になりたい、と創業を決意した。

　2008年10月頃には、文京区にある城口氏の自宅の一室のタタミ部屋を改造して、「タタミベンチャー」として勝負を始め、「コンビニクリニック」を一緒に始めた東京工業大学工学部化学工業科の高畠氏を共同創業者としてスタートすることにした。そして前回の「コンビニクリニック」で一緒だったメンバーを中心に、城口氏の自宅に泊まり込んでビジネスモデルの構築および初期商品の開発を続けていった。

アントレプレナーのきっかけは灘高校の講演会

〈城口洋平氏のアントレプレナーとなったきっかけについて〉
　前の年に株式公開したインターネット広告の最大手、オプトの鉢嶺登社長は灘高（神戸市）の土曜塾に講師として呼ばれ、感激したという。約120人の学生を前に、鉢嶺氏は苦労話や上場益などについてざっくばらんに話した後、学生に起業志望かどうか聞いた。半分もの学生が目を輝かせ、手を挙げた。「日本は変わると思った」と鉢嶺氏。（中略）
　景気の先行きは不透明で、起業促進策も盛り上がらない。重苦しい空気の中で、鉢嶺氏にうれしいメールが届いた。灘高・土曜塾での講演を聞いていた城口洋平氏からだった。「会社をつくりました」。（中略）
「感覚的な表現の知を体系化し、グーグルを超える世界企業を目指す」と語る城口氏。夢で終わるか、持続成長する企業のビジョンになるかは、才と個人破産リスクにひるまない狂気にも似た事業欲と運の度合次第だろうと」
日本経済新聞社2009年5月19日より

(2)ビジネスモデル

　創業時のビジネスは「ミニブログ」と「モバイル」の融合したサービス開発を企画していた。米国ではやり始めていたTwitterや、10代女性を中心に広まってきた「ホムペ・リアル」を参考モデルにしながらも、ユーザーインターフェイスや写メールをアップする機能、自然言語処理機能という、他のサービスではできない機能を付けることで付加価値を増やすことを目指していた。これを、ブログのアクセス数を増やしたいニーズの高い事業会社にB2Bとして導入してもらうことで、収益を獲得することをターゲットとした。
　大手受託開発会社に依頼するとイニシャルコスト300万円～、ランニングコスト月額25万円～、収益回収期間2～3年、サービスインまで3～4カ月かかるのが平均である業界に、イニシャルコストゼロ、ランニングコスト月額12.5万円～、収益回収期間1年、サービスインまで1カ月しかかからず、しかも、ブログの平均アクセス数、平均投稿数は従来の5倍から10倍くらいが見込める、という価値を提供することを目指していた。

図表 2.12 ミログの沿革

年月	主な出来事
2008年10月	ミログプロジェクト始動
11月	milog.jp α版公開
2009年2月	milog.jp β版公開
4月	法人登記
4月	オフィスを大岡山のアパートに移転
5月	サイバードとの業務委託契約成功
5月	最初の開発製品であるopenmilogを公開
6月	オフィスを大岡山近くのマンションに移転
7月	株式会社ジャフコから総額1億円の第三者割当増資受ける
11月	オフィスを東京工業大学のインキュベーション施設であるフロンティア研究センターに移転

出所：筆者作成

　当初の収益モデルは、初期段階では株式会社サイバードのように、もともとアクセス数の多いサイトに「openmilog」を利用してもらい、ミログの利用者を増やし、サイト開発の依頼企業を増やすことと、その後、独自のサイトである「milog.jp」を立ち上げ、このサイトを利用している最終ユーザーの多さを武器にした、広告モデルやデータベースマーケティング収入をもらうというビジネスモデルであった。

　2009年4月の会社設立前からサイバードの堀主知ロバート氏、川田敦昭社長（当時）に興味を持ってもらっており、六本木ヒルズのサイバードにミログの机を置いてもらうほど、親密に業務の打ち合わせを続けていた。そして、会社設立後の09年5月からは月次100万円の初受注、初売り上げを獲得することに成功している。

(3) 創業のタイミング

　城口氏、高畠氏は、最初の「コンビニクリニック」の経験から、ネットワーク型の経営を志向し、早期にビジネスモデルを変化させていくことが最も重要であるとの認識に立っており、多くの支援者を周りにつけることに注力している。

　技術担当の高畠氏が属する東京工業大学の産学連携推進本部の高木栄准教授とつながりを持ち、いち早く「東京工業大学大学発ベンチャー企業」として認定してもらい、Start-up Station（大学主催のベンチャー企業とベンチャーキャピタル、金融機関や証券会社など支援者とのネットワーク会議）でプレゼンテーションする機会を得たり、また、キャンパ

図表2.13　会社設立時（2009年5月9日開催の4月月例会議当時）の主な支援者

顧客候補	・サイバード	堀主知ロバートCEO、川田敦昭社長
システム構築支援	・東京工業大学	有志（主に大学院生）
ウェブ・サービスデザイン支援	・東京学芸大学	有志
マーケティング支援	・タレント	暮羽優奈
営業・経理支援	・東京大学	有志
大学	・東京工業大学産学連携推進本部 ・東京大学産学連携本部 事業化推進部長	高木栄准教授 各務茂夫教授
弁護士	・有名弁護士事務所	パートナー
公認会計士	・有名監査法人	パートナー
ベンチャーキャピタル	・グローバルベンチャーキャピタル株式会社	長谷川博和マネージングパートナー

出所：筆者作成

　ス内のインキュベーション施設への入居などを実現させている。また、城口氏の所属する東京大学でも、産学連携推進本部の各務茂夫教授からメンターとしての多岐にわたるアドバイスを得ていた。

　さらに、ベンチャー企業の創業において非常に多くの事例に携わっている弁護士、公認会計士と筆者と緊密な連携をとっていた。このような支援者のネットワークの確立と、サイバードからの受託がほぼ確実に獲得できるという確信を得てから後の会社設立であった。設立後も常勤は城口氏、高畠氏の2人だけで、後のメンバーはアルバイト、契約社員として業務を委託し、経費を極めて低くしてスタートをきった。

(4)創業後の状況

　ミログは創業直後にサイバード向けに5つ程度のミニブログの提供を「openmilog」として実施した。また、独自のサイトである「milog.jp」のアクセスを増やすため、NTTドコモ、auおよびソフトバンクモバイルの公式サイトに登録されるように動いたが、どちらも思ったような成果が出なかった。しかし、持ち前の動きの速さで、事業分野の重点を移すことに成功している。2010年1月現在の事業モデルは、以下の3つである。

　①サイト機械監視事業m-police（不適切言語の書き込みを機械的にフィルターするもの）

②Ruby on Railsを用いたmixiアプリ開発事業
③クラウドコンピューティング負荷分散事業

　これらの事業は、株式会社ベネッセコーポレーション、ヤフー株式会社、楽天株式会社、グーグル株式会社、株式会社ディー・エヌ・エーなどから高く評価されており、今後に期待が持てる。

　ファイナンスとしては、2009年7月に相当高い時価総額の評価を受け、株式会社ジャフコから1億円を調達することに成功している。そして2010年度中には増資前の時価総額20億円程度で5億円ほどの資金を取引先の事業会社から調達する予定である。

　その増資資金を活用して、2009年秋からは正社員の採用も始め、2010年1月時点で20名を超す規模にまで、優秀な人材が集まる状況になっている。

第3章
スタートアップ段階

　この章では、ベンチャー企業を創業した後、軌道に乗せるまでにどのようなことに留意したら成功確率を上げられるかについて学ぶ。

> **この章の課題**
> 1. 会社を設立し、会社を軌道に乗せるために、どのようなことに留意したらよいと思うか？
> 2. 最初の顧客をどのように獲得したらよいか？　また、顧客を拡大するためにどのような手法をとったらよいと思うか？
> 3. 初期の段階の顧客に対して、どのような販売価格にしたらよいか？　競合製品、サービスよりも格安にすべきか？
> 4. キャッシュフローの予想、実績分析をどのように実行したら最も継続的に実行できるか？

1──設立後の課題と解決策

　会社を設立した後に直面するであろう課題がどのようなもので、それをどのように解決したらよいかについて考えてみたい。

1. スタートアップ後の留意点

　万全のビジネスプランを作成しても、予期せぬ事態が生じるのは常である。予期せぬ事態が軽微なものであれば軌道修正も簡単であるが、問題は予想をはるかに超えた事態が生じた場合である。その対応次第で、会社の運命は大きく変わる。開発計画の遅れ、大企業の参入、クレームの発生などは、経営に決定的な致命傷を与えかねない。後ろ向きの不測

事態ばかりが問題となるわけではない。予測をはるかに超える受注や、実際の資金需要を超える資金調達なども、結果的に身の丈を超える経営となり、決して経営に良い影響を与えるとはいえない。

　スタートアップした、いわばヨチヨチ歩きの企業は、夢を諦めずに実現していくために、ビジネスプランをタイムリーに軌道修正していく必要がある。この段階においても、引き続き、経営者の相談役・指南役としてのメンターやエンジェルに頻繁に相談してみると、良いヒントをもらえるだろう。

2. 経営者に関する課題

課　　題	解決策・対応策
計画で想定していない事態の発生	理念・創業の精神を共有し、常に変革する組織を作る 経営者としてのリーダーシップの発揮

　いくら綿密に計画を策定しても、計画で想定しなかった課題や困難な事態が山積してその対応に追われることがある。適切に対応できなかったばかりに失速した起業家は少なくない。

　困難な事態や課題に適切に対応するためには、理念や創業の精神を共有し、常に変革する組織を作るということが大切である。そして、経営者には、起業家の理念を実現する推進力としてリーダーシップを発揮することが求められる。そのためには、目標となるアドバルーンを大きく掲げて、それに向かって突き進むことにより、会社全体を指導する有言実行の経営者を目指すべきである。

課　　題	解決策・対応策
人付き合いが下手で積極性に欠ける	前向き、ネアカ、積極性へ意識を改革する 人間関係や人脈の作り方を学ぶ

　うまくいかない起業家の場合、人付き合いが下手で積極性に欠けていることが少なくない。せっかくの素晴らしい技術やアイデアも、起業家自らが積極的に売り込まなければ説得力に欠ける。人付き合いが下手な経営者は、ほかの経営者、技術者や協力者と付き合うことが難しく、自分自身や会社を売り込むことができない。

前向きで、ネアカ、積極的に自分を売り込むことが重要であることを経営者は認識すべきである。決して多弁で流暢に話すことが求められているわけでない。このビジネスに賭ける熱い思いや経営理念を中心に、自分の言葉で語ればよい。もし人脈の作り方や、ベンチャー先輩経営者や他の地域で行っている先駆的事例などを紹介してほしければ、信頼するメンターやエンジェルなどに相談してみるといいだろう。

3. 事業に関する課題

課　　　題	解決策・対応策
マーケティングが甘いため、営業体制が整っていない	具体的なアクションプランを作る ファンづくりを目指してフォロー体制の構築 ターゲットとする顧客の絞り込み 1社当たりの依存度を高めない工夫

　スタートアップしたにもかかわらず、営業体制が整っていない会社が意外に多い。事業計画を策定する段階で、マーケット発想で具体的な営業のシナリオづくりを怠っている会社が多いためであろう。甘いマーケティングではスタートアップを成功に導くことができないことを、起業家は理解しなければいけない。

　営業方針に基づいて、営業に必要な社員を採用し、そして教育体制を作るといったことについて、いつまでに、誰が、どのようにするかという具体的なアクションプランを作ることが何よりも重要である。

　せっかく注文をとっても、メンテナンス体制がないためにリピート注文が入らないことも少なくない。自社のファンづくりのために営業のフォローアップを強化することが重要であり、コンピュータの顧客管理システムを徹底的に活用して、リピート注文が入るようなきめ細かなフォロー体制を構築すべきである。

　また、そもそもどのようにして販売したらいいのかわからない会社も多い。対象となる顧客は誰か、その顧客に自社の製品やサービスをいかにして認知してもらうかなどを徹底的に追求して明確にすることが必要である。

　特に難しいのが、採算性の低い顧客をあえて切り捨てることである。スタートアップ直後の段階は経営資源にも限りがあり、焦点を絞った顧

客に対応を集中することが求められる。どの顧客にも公平な対応をとっていると、逆に将来の発展性が低くなりがちで、スタートアップの段階ではある程度顧客を絞り込むという行為も重要となる。

一方、特定の大手顧客との付き合い方についても、注意しなければならない。スタートアップ後に大手顧客から大量の注文が入ると、自分の考え方や潜在能力、技術力が評価されたとして非常にうれしいものである。

しかし、大企業は表面的には「このような製品・サービスの出現を本当に待っていた」「このような凄い技術は見たことがない」などの称賛を語ることも多いが、これは自分の知らない製品・サービスを認知して、それを自社よりも先に他社に採用されないようにしたい、という思惑で動いていることも多く、起業家は大企業の言葉に浮かれてはいけない。大手顧客への対応に追われてしまって、気がつくといつのまにか大手顧客１社への依存度が極めて高くなっているケースが見受けられるからである。

また、共同開発の人材を出してもらったり、開発費用を出してもらったりしているうちに、特許も共同申請しなくてはいけなくなることもある。その結果、当初の計画に反して、その大手顧客の下請的役割に甘んじなければならなくなり、企業として自立できずに、大手顧客によって自社の経営が左右されてしまう状況になりかねない。

あえて楽な道を選択せずに、あらかじめ、トップの営業方針として１社当たりの依存度に上限を設定し、設定した依存度以上の取引については経営環境に照らして十分に検討することが必要である。あるいは、大手顧客と付き合っていることを武器に、ほかの顧客に対してアプローチするなどの対応策をアドバイスすることが、企業の自立のために求められる。

4. 経営チームに関する課題

課　　　題	解決策・対応策
経営者を補佐する人材がいない	補佐役の重要性を認識し、自社に必要な補佐役の役割を分析し、徹底的に探す

経営者を補佐する人材が社内にいないケースが非常に多く見受けられ

るが、経営者の補佐的人材を獲得できるか否かは、起業後の成長スピードに大きな影響を与える。したがって、起業家は、自分の得意分野以外の分野を補完できる補佐的人材を速やかに確保しなければならない。

経営者の補佐的人材（会社におけるCOO、CFOに当たるナンバー２の存在）は、起業家が本気で探さない限りは適任者が現れない。「いい人がいればいつでもパートナーとして採用しようと思っているが、なかなかいい人と出会えない」「うちは高い給料と待遇を用意できないから、一流の人材は採用できない」という意見もよく聞く。しかし、適任者は偶然出てくるものではない。徹底的に探すのだという意欲が重要である。

起業家にとって、人材採用と人材教育は、将来の会社の運命を決定する最重要課題であると認識しなくてはならない。特に、会社をスタートアップした早い段階で補佐的人材を獲得できないまま、会社が急成長し始めてしまうと、会社が混乱して失敗する確率が高くなってしまう。自社にとってどのような役割を担える人材が必要であるかを、起業家自身が具体的にイメージすることが不可欠である。

筆者の経験では、人材紹介会社やヘッドハンティング会社から紹介された人材では、経営者の補佐的人材としてうまくいかないことが多い。起業家には、自分の中学・高校・大学時代の友人や、社会人になって初期の頃の社外の取引先や趣味の集まりで、気心が合って、かつ、信念の強い人の顔を思い浮かべて、その人に連絡をとってみることを勧める。

課　　題	解決策・対応策
人の出入りが激しい、人材が育たない	すぐには育たないことを認識する 急成長期に入る前に、十分な対応策を講じる

スタートアップ直後における人材確保の問題として、人の出入りが激しい、つまり、採用も多いけれども辞める人も多くて定着率が低いことがある。その場合には、定着率が悪い原因を究明し、人事体制や人事評価システムを改善するなどの措置を講じる必要がある。従業員の意見を吸い上げる仕組みを構築することも重要になる。

起業家は、定着率が悪いことを悩んでも、従業員の意見におもねる必要はない。自分が独断的になっていないかどうかは常に冷静に判断しなければならないが、経営理念を語り続け、その経営理念に賛同できない

人、企業成長を志向できない人には退社してもらっても構わないと、強い信念を持ち続けるべきである。起業家の軸がぶれないことが、強い集団を形成することにつながるのであり、ただの寄せ集め集団ではとても今後の競争に立ち向かえない。

　また、人材が育たないということも大きな課題である。これについては、まず経営者として、人材は容易に育たぬものであることを、あらかじめ十分認識する必要がある。

　一方、急成長期に入ってからではもはや手遅れなので、スタートアップの段階で何としても人材を育てておかなければならない。事業計画に照らして、自社に必要な人材の能力や人数を明確にして、採用や教育についての計画を策定し実施する必要がある。

5. 資金繰りに関する課題

課　　　題	解決策・対応策
事業計画と資金計画の整合性がない 月次決算体制が不十分 経営全体のバランス感覚が欠如	資金繰りの定期的な見直し 社内体制の整備、外部への委託 経営者の教育、目標値の設定

　事業計画と資金計画との整合性がない企業が多い。そのような企業が作成した資金計画は信頼性に欠けるので、定期的に資金繰りを見直すことを義務づけることが重要である。

　また、事業計画や資金計画と対比すべき実績をタイムリーに把握するためには月次決算体制の整備が必要であるが、十分に機能していない企業が少なくない。そのためには、必要な人材を社内に補強して教育指導するか、当面は外部に月次決算を委託するかを検討する必要がある。

　さらに、会社全体を俯瞰する資料ができていない、あるいは、できていても経営者がそれを理解していないという課題がある。その結果、経営者に経営全体のバランス感覚が欠如しているため、バランスのとれた成長を実現することができない。

　経営者は、バランスのとれた成長をするため、自社にとって目安となる指標を具体的に設定できるように努力する必要がある。

6. 株主構成に関する課題

課　　題	解決策・対応策
同族色が抜けない 大手企業の傘下に入りがちである	顧客企業など外部株主の資本参加 大手企業に対抗できる安定株主の存在

　個人オーナー色が抜けない企業が多いが、信用力のない企業がスピーディな事業展開を図るためには、スタートアップ当初から外部資本の導入を積極的に活用すべきである。自分が経営の先輩として尊敬できるメンターやエンジェルや顧客企業に株主として参加してもらうことによって、市場へのアプローチが円滑になるというメリットがある。また、外部株主に参加してもらうことで必然的にディスクロージャーが重要となるため、ディスクロージャーを徹底する意味でも、早い段階から外部資本を導入することは有意義である。

　一方、安定を求めて大手企業の傘下に入るケースも少なくない。安易に大手企業の傘下に入ることによって、独立した企業としての自立が阻害されてはならない。顧客企業に株主として参加してもらう時には、その持ち株数を限定するとともに、1社のみを株主にするのではなく、複数の株主を入れることによって相互牽制するような状況にすることや、大手企業も一目置くようなビジネスエンジェルに株主に入ってもらうことによって、大手企業に対抗できる安定株主の存在を検討する必要がある。

7. ビジネスプランに関する課題

課　　題	解決策・対応策
当初のビジネスプランの見直しがない	ビジネスプランの意義を再確認 ビジネスプランの修正を義務づける

　起業当初作ったビジネスプランが全く見直しされずに、その後の環境変化を反映していないケースが見受けられる。ビジネスプランは環境変化に対応して、柔軟に見直しをし、軌道修正していかなければならない。

　そもそもビジネスプランを作成する目的が資金調達手段のためである

ならば、資金調達の目的を達成した段階で用済みとなり、当初のビジネスプランを見直す必要がないであろう。

しかし、ビジネスプランは、経営者が安心して事業展開するために作成するものであり、起業家のリスクを軽減する手段である。当初のビジネスプランが甘かったり、前提条件が変わったりすれば、当然に見直しをしなければならない。起業家自身が見直しをしなければ、起業家のリスクは軽減するどころか、増大する危険性がある。

そこで、経営者自身が環境変化に対応してビジネスプランの見直しをしていく必要があるが、ビジネスプランの修正を、定期的に、例えば3カ月ごとに義務づけることも起業家のリスク軽減のために有効であろう。

そして、外部のメンターやエンジェルはビジネスプランの修正を指導するとともに、修正したビジネスプランについて適切なアドバイスをすることが重要となる。

2──スタートアップ段階で軌道に乗せるための戦略

1. 最初のマイルストーンを早く越える戦略とは？

企業を創業し、スタートアップしたならば、一刻も早く成長軌道に乗せ、最初の成長上の分岐点（マイルストーン）を早く越えることが重要である。レーシングカーレースと同様に、スタートダッシュをかけ、まずは会社に勢いをつけることが第一関門である。筆者の経験でも、スタートアップ段階で勢いのある会社は、設立後の資金調達でも非常にうまくいくのに対して、ゆっくりと徐々に立ち上がる会社は、本当に実力がついて、有望な顧客が確定的な発注を出すまでしばらく資金調達できないまま、苦しむことが多かった。

図表3.1には研究開発企業が必要資金をどのように調達したかを示している。成長初期において資金調達ができず、事業を縮小した企業が32.5％、事業自体を断念した企業も10.0％にも達する。つまり、合計42.5％は会社を設立したものの、スタートアップ段階ですでにつまずいてしまったということである。30.0％の企業は代表者、親族・知人、自己資金など内部から計画どおり調達できているが、外部からの資金を得

図表3.1　研究開発企業の資金調達の状況

（％）

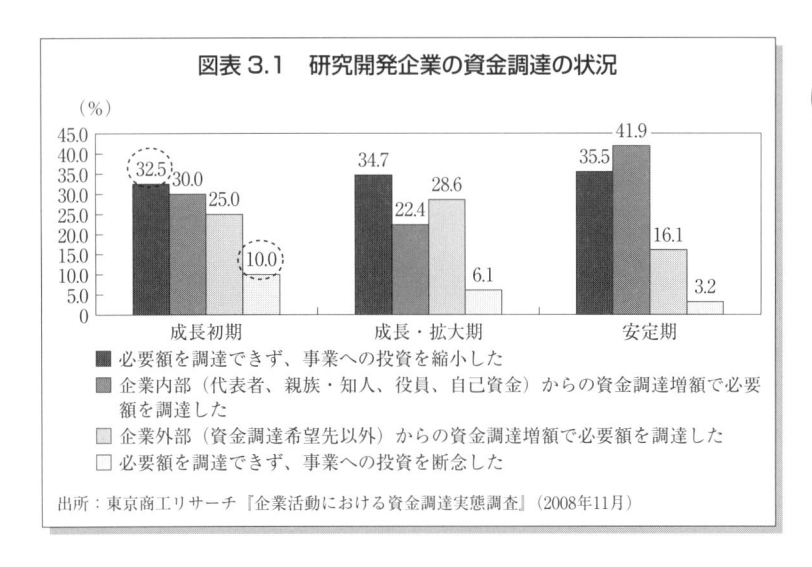

成長初期：32.5／30.0／25.0／10.0
成長・拡大期：34.7／22.4／28.6／6.1
安定期：35.5／41.9／16.1／3.2

■ 必要額を調達できず、事業への投資を縮小した
■ 企業内部（代表者、親族・知人、役員、自己資金）からの資金調達増額で必要額を調達した
□ 企業外部（資金調達希望先以外）からの資金調達増額で必要額を調達した
□ 必要額を調達できず、事業への投資を断念した

出所：東京商工リサーチ『企業活動における資金調達実態調査』（2008年11月）

た企業は25.0％にすぎない。あなたが創業した、あるいは創業するであろう企業はこの25％の中に入るであろうか？

　ちなみに、何とか資金調達できた90％の企業も、次の企業成長・拡大期に入って、資金調達ができずに事業自体を断念した企業が6.1％、資金制約から事業を縮小した企業が34.7％にも及ぶ。外部から開発資金を思うように調達できた企業は28.6％である。

　それでは、どのようにしたら最初のマイルストーンを早く越えることができるのであろうか？　そのポイントは以下の４点である。

　①短期目標でまずは勝つこと。勢いをつけるためには、組織に「目標を達成した時の喜び」や「勝ち癖」をつけることである。そのためには、最初のマイルストーンを低めにして、比較的短期間で達成できるような目標を設定することである。できれば２～３カ月後に達成できるような目標を立て、それを達成したことが数値などで明確にわかることが望ましい。もちろん、努力しないと達成できない目標にする必要はあるが、それを達成することで、社内が勢いづくとともに、外部のエンジェルや投資候補、取引をしようかと検討している企業などへ好印象を与える。バイオ企業のように最低でも３年から５年は次の開発フェーズに入らないような企業においても、有望な大学教授との共同研究のスタートなど、短期間で達成できるマイルストーンを設けるべきである。

　②社員の無気力と抵抗を克服し、戦略への熱意と十分な参加意欲を生

み出すこと。新規企業または大企業の新規事業には、不本意で参加することになった社員も含まれる。また、何かにつけて保守的な考え方、否定的な考え方をする社員もいるであろう。そのような社員たちは言われたことだけをする指示待ち人間であったり、あるいは、経営者の積極的なリスクを伴うチャレンジに対して、保守的な観点から抵抗することも多い。そのような人々の態度がスタートアップ段階の企業風土になってしまうと、スタートダッシュができなくなるため、起業家は経営理念を繰り返し熱意を持って社員に語るとともに、戦略の実行を強力に自ら率先垂範してゆくべきである。その際に、社員の中で、情熱があり、スタートダッシュがきれそうな者を選び、その社員たちに勢いをつけさせて実績が上がるように仕向けることも重要である。

　③ビジネスプランを環境の変化にうまく適応させること。会社を創業して、早い段階で潜在顧客との対話を開始し、顧客の声を踏まえてビジネスプランを2～3カ月後に見直すことである。創業2～3カ月後は、事業がスタートしたばかりで見直しをする段階ではない、開発の仕方や販売・マーケティングの仕組みの構築に着手したところなので、最初に立てたビジネスプランを徹底的に実行するべきだ、事前に相当な準備をして作成したビジネスプランを短期間でコロコロと変更すべきでない、との意見もある。しかし、筆者は、最初のビジネスプランはあくまで想定（あるいは事前ヒアリング）にすぎず、実際に会社を創業した後に、潜在顧客を回った感触を大切にして、なるべく早期に事前の想定が正しかったかどうかを見直し、微調整、変更してゆくことが大切であると考える。スタートダッシュができる経営者はこのような微調整、変更が非常に上手である。

　④組織外部の人間を大きな考えに夢中にさせること、市場を「アッ！」と言わせること。スタートダッシュが上手な経営者は、組織外部の人間をうまく巻き込み、その外部の経営資源や信用を自分のもののように使いこなすことができる人である。当然のこととして、創業したばかりの企業のヒト、モノ、カネ、情報という経営資源や信用は非常に乏しい。その不足分を、組織外部の有力者、有力企業と連携することでうまく補完しているのである。

　ただ、外部の有力者、有力企業もみすみす自分の経営資源、信用を利用されるのをよしとしない。創業したばかりの経営者ならびに会社を支

援してやろう、こいつは見所がある、という気にさせる必要がある。もちろん、経営者として素直で、先輩経営者に教えを請う、という真摯な姿勢も当然、必要である。しかし、それに加えて、何らかの「非常に大きな考え」「市場をアッと言わせる事象」を示すことも重要である。

例えば、第2章のケースで取り上げたミログ（東京都目黒区）の城口社長は、会社設立から僅か1カ月で、非常にレベルの高いコミュニティ・ミニ・ブログサイトを同時に3つ立ち上げることを成し遂げ、アジアでのサービス展開をすでに視野に入れている、ということを見せつけることによって外部を「アッ！」と言わせることに成功、取引先との緊密な契約やベンチャーキャピタルからの資金調達に成功した。

ただ、この何らかの「非常に大きな考え」「市場をアッと言わせる事象」を誇張しすぎると、「中身の伴わない誇大広告、ほら吹き」と見られる懸念もあるので留意すべきである。当然のこととして、外部に話す内容が数カ月後に実績を伴って実行されてゆくことで、信用が醸成されることを忘れてはならない。

2. 最初の顧客獲得時点での留意点

最初の本格的な顧客を獲得する時点で留意することとして、以下の点を十分、理解しておくべきである。

(1) キャズム理論

創業間もない企業が、新しい商品やサービスを販売した時に、多かれ少なかれ「少しは売れるけれどたくさんはなかなか売れない」という現象が見られる。つまり、マニアマーケットには受け入れられても、大衆マーケットには受け入れないという状況に陥る可能性がある。

この2つのマーケット間の差異を、市場の断層（キャズム）と呼ぶ。新しい商品やサービスを受け入れる市場はさまざまで、いくつかの異なったグループによって構成されているとし、よく売れる市場とあまり売れない市場の質的な違いに注目したものである。

キャズム理論では、市場を消費者の購買行動ごとに5つに分類し、①新しいモノ好きの層、②目利きの層、③流行に敏感な層、④流行後追いの層、⑤無関心の層の5つに分類している（図表3.2）。

①新しいモノ好きの層は、新しい商品やサービスが発売された時、「とにかく試してみよう！」という人たちである。酒屋に行き、今まで

見たこともない瓶が並んでいたら、つい買ってしまうという人たちである。しかし、それは市場全体から見ると、ごく僅かな人数にすぎない。

②目利きの層は、「本醸造辛口・2級」の例でいうと、発売側の意図を読み、本当に値打ちのあるものを手ごろな価格で販売している酒だと理解し、自分自身の判断で買う人たちである。しかし、ここまで理解できる人は限られる。大抵は、"2級"と書いてあったら"普通のお酒"と捉えてしまう。

新商品やサービスを出すと、①と②の層までは比較的順調に売れる。この売れ行きで投資金額が回収できれば問題ないものの、一般にはそこまで至らないのが普通であり、③以降の層をどのように取り込むかが課題となる。

③流行に敏感な層は、世の中の新しい動きに敏感だが、必ずしも自分で目利きはできない人たちである。しかし、この層の人たちは自分たちと同じような集団に影響されながら、市場の流れを決定づける役割を持つ。その流れに乗って、④流行後追いの層が続く。

最後の⑤無関心の層は、今でもテレビを持っていない人や携帯電話はいらないと宣言しているような人たちのことである。どんな新製品が出ようが購入する意欲がないか、自分の生活スタイルに自信があり、企業からの提案などを全く受け入れない人たちである。

キャズム理論によると、いかに③流行に敏感な層を動かすかがポイントとなる。

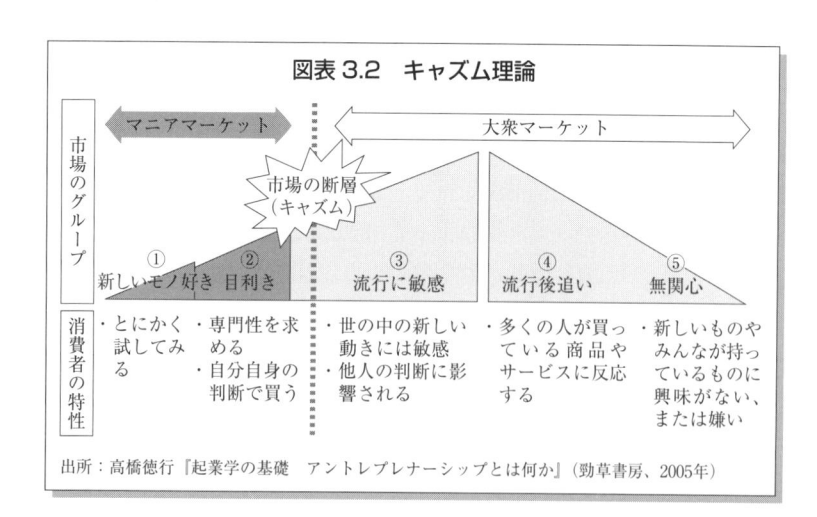

図表3.2　キャズム理論

市場のグループ	マニアマーケット		市場の断層（キャズム）	大衆マーケット		
	①新しいモノ好き	②目利き		③流行に敏感	④流行後追い	⑤無関心
消費者の特性	・とにかく試してみる	・専門性を求める ・自分自身の判断で買う		・世の中の新しい動きには敏感 ・他人の判断に影響される	・多くの人が買っている商品やサービスに反応する	・新しいものやみんなが持っているものに興味がない、または嫌い

出所：高橋徳行『起業学の基礎　アントレプレナーシップとは何か』（勁草書房、2005年）

経験の少ない多くのベンチャー経営者が犯す過ちは、新しいモノ好きやマニアの反応を見て、大衆マーケットの反応と勘違いしてしまうことである。こうなると、キャズムを超えて、大衆マーケットにリーチできずに失敗してしまう。創業時に投資した金額を回収するためには、大衆マーケットでの普及を目指す必要があり、そのマーケットに対応した戦略を再構築する必要があることを肝に銘じるべきである。

(2)パレートの法則

　パレートの法則は、別名「80：20の法則」ともいわれる。簡単にいえば、上位20％に入る要素が全体の80％の影響力を持つ、ということを意味している。この法則はイタリアの経済学者・社会学者のヴィルフレド・パレートが所得配分の研究を行い、1896年に発表した経験則である。パレートの法則は所得配分だけでなく、自然現象にも当てはまると指摘され、現在では品質管理、在庫管理、売上管理、マーケティングなど、いろいろなところで使用されている。「コアとなる主要なものは全体の約2割しかない」という考え方である。

　パレートの法則はさまざまなジャンルに当てはまる原則である。例え

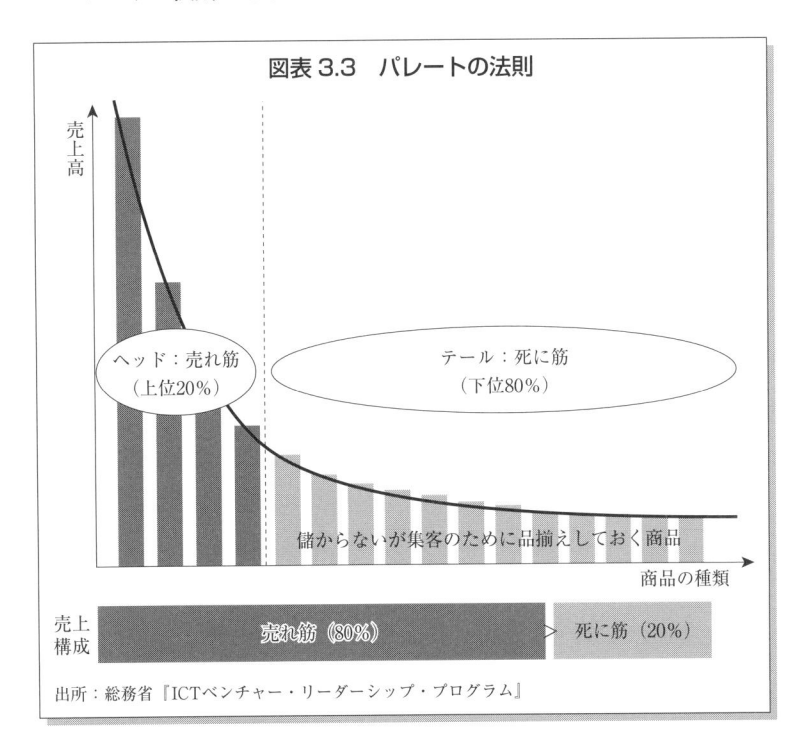

図表3.3　パレートの法則

- ヘッド：売れ筋（上位20％）
- テール：死に筋（下位80％）
- 儲からないが集客のために品揃えしておく商品
- 売上構成：売れ筋（80％）＞死に筋（20％）

出所：総務省『ICTベンチャー・リーダーシップ・プログラム』

ば、書店の場合、『ハリー・ポッター』のような売れ筋の本や、売り上げが期待できる新刊は何十冊も平積みされてるが、年に数冊しか売れないような本は次々に返本されて入れ替えられている。コンビニエンスストアでも、限られたスペースで売り上げを最大化するために、商品は毎週、毎日入れ替えられている。売れたら残す、売れなかったら入れ替えるという繰り返しによって最適化を図っている。

　ビジネスにおいては、全顧客に等しいサービスを提供するよりも、20％の優良顧客に的を絞ったほうが、売り上げを伸ばすのに効果的であるということを示している。

　商品別販売数（または売上高）を売れている順に左から右へ並べると、グラフは緩やかな右肩下がりの双曲線になる。左側の上位20％が「売れ筋」商品、右側の下位80％の商品群がいわゆる「死に筋」商品である。パレートの法則に従えば、効率よく売り上げを伸ばすためには、売れ筋商品に資源やエネルギーを集中するべきである。この場合、下位80％の死に筋のコストは売れ筋の利益によってカバーされることになり、商品の入れ替えの対象とされる。

　ベンチャー企業においても、最初の本格的な顧客を獲得するために、対象とする顧客を絞り、その顧客獲得のためにスタートアップの限られた経営資源を新しい商品・サービスに集中することが重要である。

(3) ロングテール獲得戦略

　「ロングテール」という言葉を聞いたことがあるだろうか。「ロングテール」という概念は、長い間ビジネスの世界で常識だと考えられてきたパレートの法則（80：20の法則）の逆をいく考え方で、ネットビジネスのビジネスモデルについての特性を示すものである。従来、「死に筋」と考えられていた商品（テール）の売上総額が売れ筋の売り上げを上回り、無視できない売上貢献があるという分析である。

　まさにロングテール現象は、「塵も積もれば山」、つまり、少量しか売れない商品でも、その品揃えを多種多様にすれば、全部合わせると相当な売り上げになる、というものである。

　ロングテール論の提唱者は、米国のワイヤード誌編集長のクリス・アンダーソン氏である。彼は、米国のリアル書店チェーンの「バーンズ・アンド・ノーブル」が持っている在庫はランキング13万位までに入る本だが、アマゾンは全売上の半分以上を13万位以降の本から得ていると発

図表3.4 ロングテール獲得戦略

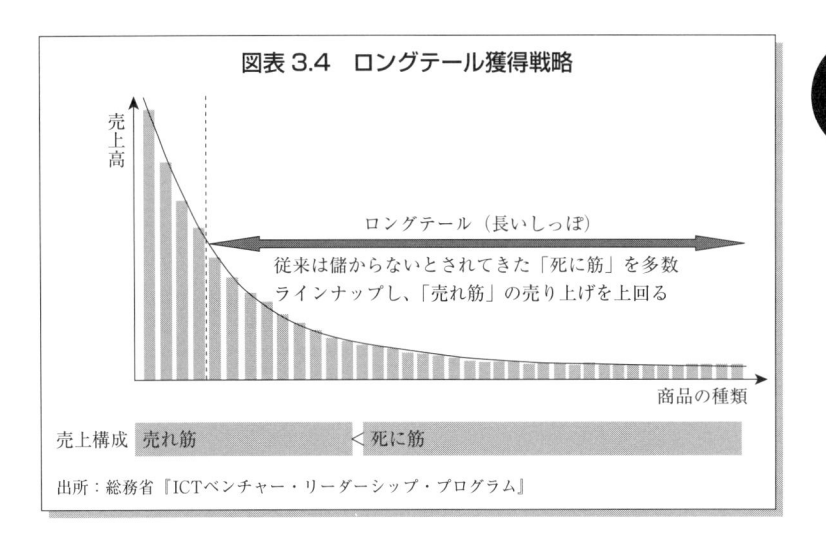

縦軸：売上高
横軸：商品の種類

ロングテール（長いしっぽ）
従来は儲からないとされてきた「死に筋」を多数ラインナップし、「売れ筋」の売り上げを上回る

売上構成　売れ筋　＜　死に筋

出所：総務省『ICTベンチャー・リーダーシップ・プログラム』

表した。リアル書店では在庫にさえならない売れない本でも、インターネット上にリスティングする追加コストはほぼゼロなので、アマゾンは130万点もの書籍を取り扱うことができる。

このようなロングテール戦略は、パレートの法則をとりがちな大企業に対抗する意味で、インターネットを活用するベンチャー企業にとってはマーケティング戦略のひとつとして検討すべきである。

3. 販売価格の決め方

起業したばかりの会社にとって、価格設定は非常に難しい意思決定である。京セラ創業者の稲盛和夫氏は、価格設定こそ、ベンチャー企業のトップが最も真剣に、かつ、直接考え、決定すべき最高のものだといっている。この意思決定で会社の収益性が決まるばかりでなく、低廉企業か高級企業かという会社のイメージまで決まってしまうからである。

ところが、多くの起業家は簡単に、マークアップ法か競争志向価格決定法で販売価格を決めてしまう。

マークアップ法とは、製品・サービスを製造および提供するためにかかったコストを割り出し、それに期待する利益を上乗せして（マークアップして）販売価格を決定するものである（図表3.5の価格Cを販売価格とする）。コストは、実際にかかった一定期間の実績コストを使う場合と、標準コストを使う場合がある。また、マークアップする利益も、業

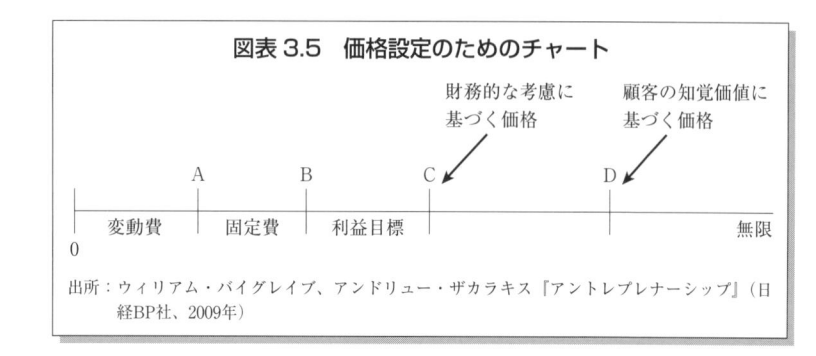

図表3.5　価格設定のためのチャート

```
                                    財務的な考慮に      顧客の知覚価値に
                                    基づく価格          基づく価格
                                         ↓                ↓
              A        B        C                D
    |────────|────────|────────|────────────────|────────  無限
    0   変動費    固定費   利益目標
```

出所：ウィリアム・バイグレイブ、アンドリュー・ザカラキス『アントレプレナーシップ』（日経BP社、2009年）

界の標準的な値を使う場合や、財務シミュレーションから投資家の期待利益率を確保できるような値を使う場合もある。

　　マークアップ法：販売価格＝コスト＋目標利益

　また、競争志向価格決定法とは、競合商品の価格より、少し低めに価格を設定する方法である。実際にかかったコストは度外視して、ライバル製品・サービスとの競争に打ち勝つために価格設定をする。

　　競争志向価格決定法：販売価格＝競合商品の価格－α

　どちらの価格決定方法も、考え方がシンプルであり、経営者はあまり深く考えなくてもいいというメリットがある。しかし、ベンチャー企業が提供する「顧客の知覚価値」[1]（図表3.5の価格Dを販売価格とする）に基づけば、もっと高い価格でも販売できるかもしれない。そうであれば、ベンチャー企業の財務体質が強くなるばかりか、企業イメージも変わったものにできるであろう。

　　顧客の知覚価格決定法：販売価格＝顧客の知覚価値

　しかしながら、この顧客の知覚価値をどうやって測ったらよいであろうか？　このチャレンジは、それぞれのベンチャー企業経営者が、真剣にチャレンジすべき、重要なテーマである。

　その回答の一例が、市場テスト法と市場投入前テスト法である。

　市場テスト法は、同じ製品・サービスに複数の価格（例えば3通りの価格）を設定してみて、顧客の反応を見るものである。通常、同じ製

---

[1]──「顧客価値」とは、ある特定の顧客が、一連の機能を遂行するための入手可能な最善の代替案と比較し、全体的に経済的採算ラインとなるサプライヤーの提供物に関する仮定的な価格である。「顧客の知覚価値」とは、顧客が知覚する自分自身の「顧客価値」である。レオナルド・ローディッシュ他『成功した起業家が毎日考えていること』（中経出版、2004年）118頁

品・サービスに複数の価格設定をすることは、顧客間で情報交換が可能な時は現実的でない。「他の顧客には、自分が買った値段よりも安く販売されている」ことを知れば、人は騙された気持ちになるからである。しかし、もしそれが違う製品・サービスであると顧客に知覚されていれば、他の顧客に別の価格で販売されていても反感をかうことはないであろう。例えば、米国では航空券やコンサートのチケットは、顧客の購入時期や座席の位置によって値段は変わるものであると認知されている。

また、顧客それぞれに合わせてカスタマイズしているように知覚してもらう仕組みを作り、価格が比較しにくいように工夫することもできる。例えば、ソフトウェアの価格が導入研修のための固定費、インストール費用、インストールするコンピュータのターミナル数が付帯的に価格に反映されていると顧客が知覚していれば、（実際にはそれらの個別サービスは顧客ごとに差をつけなくても）ニーズの異なる顧客が2つの価格を比較することは困難である。

インターネットは、このような市場テスト法を実施するのに有効である。顧客のそれぞれにカスタマイズしたウェブサイトを示すことも可能であり、また、価格もいろいろな顧客に異なる価格を提示して、顧客の購買意欲を探ることができよう。

他方、市場投入前テスト法とは、実際に製品・サービスを市場に投入する前に、想定するターゲットとなる競合商品と自社の新製品・サービスのデモ版を潜在顧客に見せ（あるいは市場コンセプトの説明書を見せ）、そこに異なる価格を提示して購入意欲を聞くものである。

例えば、従来にない製品・サービスを投入するとしても、ターゲットとなる競合商品が1,000円で販売している時に、あえて自社の製品・サービスを見せ、ある顧客には800円で購入したいかと聞き、また別の顧客には950円ではどうかと聞き、さらに別の顧客には1,100円ではどうか、別の顧客には1,300円ではどうか、と聞いてその理由も聞いて集計するのである。とかく1人の顧客に4通りの価格を提示していくらなら購入したいか？　と聞きがちであるが、顧客は1,000円を中心に回答するのでその回答は当てにならない。4人それぞれに別の価格を提示したほうがよい。

この場合、顧客にその製品・サービスの「顧客価値」を明確にして、「顧客の知覚価値」を上げる工夫をすべきである。

4. ケース：ABLE社(仮名)における顧客の知覚価値の向上

　以下に、特徴中心の説明と効用重視の説明とでは、どのように「顧客の知覚価値」が変化するかを紹介したい。これは、レオナルド・ローディッシュ他『成功した起業家が毎日考えていること』（中経出版、2004年）で紹介されている事例であるが、キッチンシンク用蛇口の製造・販売を手掛けるABLE社（仮名）は、自社の新製品と競合商品の2種類の蛇口のコンセプトを説明し、そのどちらを買いたいと思うかを顧客に尋ねるという、「市場投入前テスト」を実施した。コンセプト説明書には商品写真のほか、商品の特徴や効用をすべて盛り込んだ。そして、競合商品の価格を実際の平均販売価格141ドルと記載し、自社の製品については、4種類の価格（98ドル、127ドル、141ドル、160ドル）のいずれかひとつを提示した。つまり、回答者の4分の1には98ドルの価格を提示し、別の4分の1の回答者には127ドルの価格を提示する、という方法で市場投入前テストを実施した。

　自社が競合商品に比べて、どこが優れているかという新商品の特徴を記載した場合（図表3.6の左列）、98ドルを超える価格で需要が激減することがわかった（図表3.7）。この98ドルが、競合品との相対で販売可能な価格として結論づけられた。

　しかし、この新商品の特徴の記載は、自社が売りにしたい点、いわば供給サイドの視点に立った説明であり、「顧客の知覚価値」を上げるものではない。例えば、「柔軟性に富んだ連結チューブ」といっても、一般の顧客には理解しにくい。この特徴を「シンク下部の狭いスペースにも収まる柔軟性に富んだ連結チューブ」などと、需要サイドの視点から説明すべきである。「セラミックディスク、座金不要のカートリッジ」も、自社の開発陣はセラミックに素材を変えたことや、カートリッジの形状を工夫したことを主張したいのであろうが、顧客にはその効用がよくわからない。それを「セラミックディスク、座金不要のカートリッジ設計が水漏れを防ぎ、高い制御力を実現」とすれば「顧客の知覚価値」を上げるものとなる。

　このように説明書を「特徴中心」の記述から「効用中心」の記述に変え、「市場投入前テスト」を実施したところ、図表3.7のような結果となった。結果として、効用重視の回答は特徴中心の回答の約2倍の販売個

数が予想される結果となった。また、特徴で記載していた時には、その新製品の良さが顧客に知覚されておらず、競合品の価格141ドルよりも安い98ドルで販売せざるを得ない結果となっていたが、効用を重視して説明することによって、160ドルでも特徴中心の98ドルと同等の個数が販売可能とわかった。少なくとも141ドルであれば多くの人が購入する角度が高いことがわかった。もし、このベンチャー起業家が、従来の供給サイド視点に立って98ドルで値付けした場合と、需要サイド視点に立って160ドルで値付けした場合とでは、企業業績はどれほど違っていたであろうか？ 「顧客の知覚価値」を高める活動と、それに基づく価格

図表3.6 顧客の知覚価値の向上による効果の事例

	特徴を中心とした説明	効用を中心とした説明
競合商品の説明	・遠くまで届く引き出し式シャワー ・泡沫水流から強力噴射まで調節自由 ・誰でも簡単に設置可能 ・座金不要の一体型カートリッジ ・生涯保証を適用 価格は141ドルで販売	・遠くまで届く引き出し式シャワー ・泡沫水流から強力噴射まで調節自由 ・誰でも簡単に設置可能 ・座金不要の一体型カートリッジ ・生涯保証を適用 価格は141ドルで販売
自社の新製品の説明	・引き出し式シャワー ・ヨーロッパ風デザイン ・よく調和したデッキプレートを使用 ・設置が簡単 ・柔軟性に富んだ連結チューブ ・セラミックディスク、座金不要のカートリッジ ・20年間の限定保証 ・ソリッドブラス仕上げ もしこの蛇口が98ドルであれば、あなたはどちらを買いたいと思いますか？	・**多目的に使える**引き出し式シャワー ・ヨーロッパ風デザイン ・よく調和したデッキプレートが**排水口を密閉** ・**手順説明書つきで**設置が簡単 ・**シンク下部の狭いスペースにも収まる**柔軟性に富んだ連結チューブ ・セラミックディスク、座金不要のカートリッジ設計が**水漏れを防ぎ、高い制御力を実現** ・20年間の限定保証 ・ソリッドブラス仕上げで**耐久性を強化** もしこの蛇口が98ドルであれば、あなたはどちらを買いたいと思いますか？

出所：レオナルド・ローディッシュ他『成功した起業家が毎日考えていること』（中経出版、2004年）を筆者修正

図表3.7 「特徴」「効用」両方のコンセプト・テストの結果

（回答数、縦軸は購買意図を示した回答数。横軸は価格（ドル）：98、127、141、160）
凡例：効用中心、特徴中心

注：縦軸は購買意図を示した回答数
出所：レオナルド・ローディッシュ他『成功した起業家が毎日考えていること』（中経出版、2004年）を筆者修正

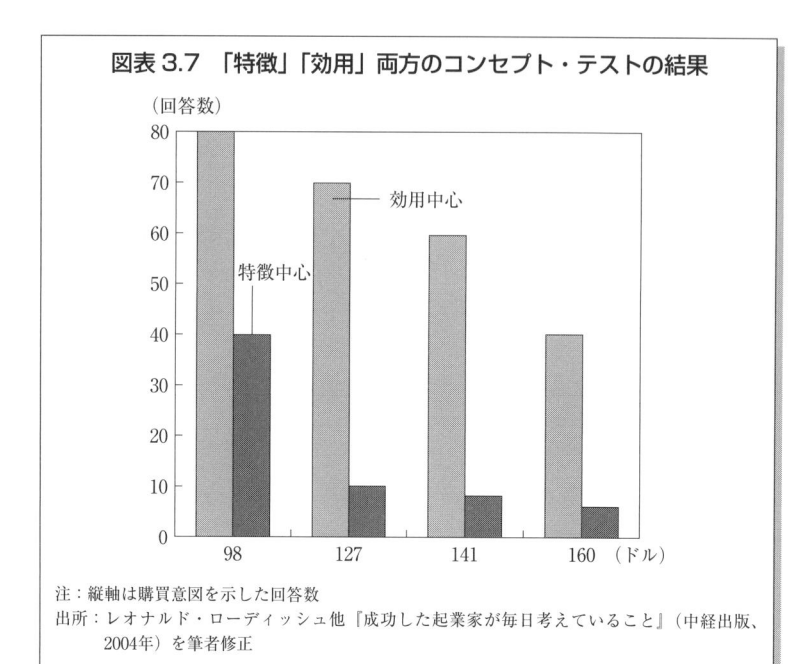

設定が重要であることがよくわかる。

3——ベンチャー企業のブランド戦略

　スタートアップ段階のベンチャー企業からは、「良い商品なのに、なぜ売れないのか？」という質問をよく受ける。商品・サービスは他社に比べて差別化されているはずなのに、それが売上高の拡大につながっていないのである。どこに問題があるのであろうか？
　その原因のひとつとして、広義のブランド戦略が間違っているケースがいくつか見られる。
　第一は、自社商品・サービスの「特徴」を基にポジショニングを行っているケースである。例えば、「当社の新製品は、他社の○×よりも表面の加工精度が5ミクロン優れています」という広告やパンフレットを作成して顧客にアピールしても反応は鈍いであろう。自社の「特徴」を基にポジショニングを行うと失敗する確率が高い。あくまで、顧客は「商品・サービスの特徴を購入するのではなく、効用を購入するのである」という原則を忘れてしまっているのである。[2]

上記の例では、「加工精度が5ミクロン優れているので、後の塗装工程での乾燥時間が飛躍的に短縮化でき、トータルコストの10％削減につながります」というような効用を中心に据えることが必要であろう。これは前述した顧客の知覚価値を上げることで、低価格競争に巻き込まれないことにもつながるのである。

　第二は、競合商品との差別化を明確にするのに最大のエネルギーを使い、差別化された商品・サービスが開発できた時には満足感に浸ってしまうケースである。しかし、それで終わってしまっては、「いいものはそのうちきっと売れる」という、プッシュ型のマーケティング手法となり、期待したような売れ行きにならない場合が多い。あくまで、競合商品との差を、ターゲット・セグメントの顧客に実際に「知覚」してもらって初めて目的が達せられるのである。どのように顧客に「知覚」してもらうべきかに大きなエネルギーを費やすべきである。例えば、実際に顧客に商品・サービスを手にとって体験してもらう機会を設けるなども有効な手段であろう。その結果、当社はターゲット・セグメントの顧客の悩みに対して、常に真剣に解決策（ソリューション）を一緒になって、かつ、専門家の立場からアドバイスすることができる、目に見えている商品・サービスはそのソリューションの一部にすぎない、というブランドを早めに構築することが大切であろう。

4──キャッシュフロー予測とJカーブの想定

1.Jカーブとは

　ベンチャー企業の累積キャッシュフローは、通常、事業をスタートしてから成果が出るまで数年かかるため、スタートアップはマイナスとなり、その後、販売の拡大とともに増加していくため、「Jカーブ効果」と呼ばれる推移をたどる。このJカーブを描く累積キャッシュフローカーブを、ベンチャー企業の経営の根幹に置くことが非常に重要である（図表3.8）。多くの経営者は企業の成長ステージについて段階を追って計画している。しかし、前述したように、達成目標と時期を明確にしたマイ

2──レオナルド・ローディッシュ他『成功した起業家が毎日考えていること』（中経出版、2004年）より引用

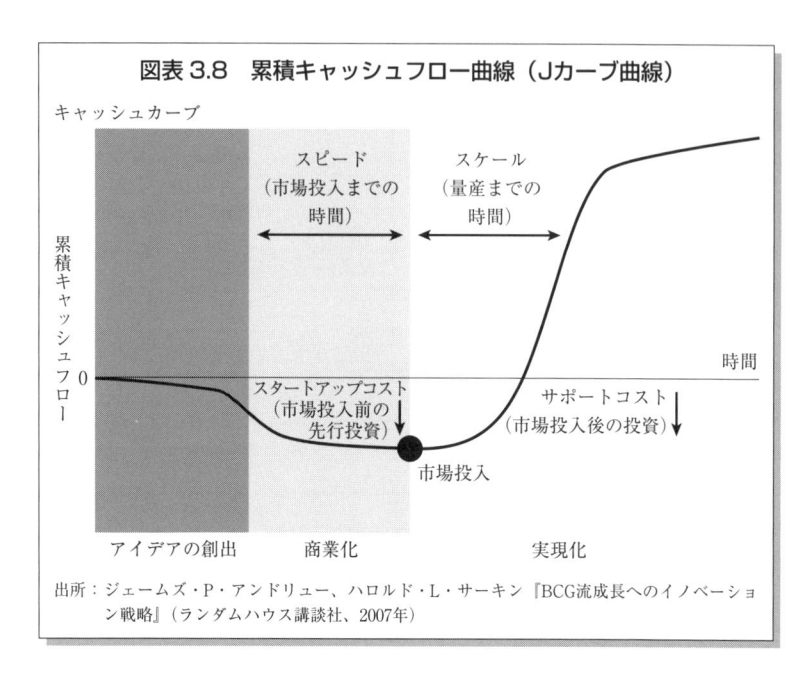

図表3.8 累積キャッシュフロー曲線（Jカーブ曲線）

キャッシュカーブ

累積キャッシュフロー

スピード（市場投入までの時間）
スケール（量産までの時間）

スタートアップコスト（市場投入前の先行投資）
サポートコスト（市場投入後の投資）

市場投入

時間

アイデアの創出　商業化　実現化

出所：ジェームズ・P・アンドリュー、ハロルド・L・サーキン『BCG流成長へのイノベーション戦略』（ランダムハウス講談社、2007年）

ルストーンを計画の中に明らかにしている人は少ない。さらにそのマイルストーンと財務数値をリンクさせている経営者は、極めて稀である。

多くの経営者は財務数値として損益計算書、貸借対照表を3年から5年予測している。稀にキャッシュフローを予測する経営者もいるが、それも年度ごとの予想であり、累積キャッシュフローとはなっていない。しかし、作成する起業家、評価するベンチャーキャピタル双方ともに、その各年の数値の信憑性を疑っている。せいぜい、多くの仮定を置くとこのような予測になります、というシミュレーションを示しているにすぎない。

その意味で、マイルストーンと累積キャッシュフロー曲線とは非常に親和性が良い。起業家がビジネスプランを作成してこれからビジネスを構想する段階においても、実際にビジネスを始めて、予実分析を実行する段階においても有意義なものとなろう。

このJカーブ曲線についてはジェームズ・P・アンドリュー、ハロルド・L・サーキン『BCG流成長へのイノベーション戦略』（ランダムハウス講談社、2007年）が極めて明確な視点を提供してくれるので、以下は同書を参考にさせていただいた。

Jカーブ曲線は、以下の「4つのS」の影響を受ける。

①スタートアップコスト（Start-up Cost）：市場投入前の先行投資金額
②スピード（Speed）：市場投入までの時間
③スケール（Scale）：量産までの時間
④サポートコスト（Support Cost）：各種コスト、再投資を含む市場投入後の投資

この累積キャッシュフロー曲線は、以下の3つのリスクを示していることになる。

1) 実行リスク：新製品・サービスの開発、生産、販売、サポートを予想どおり行えるかどうかについてのリスク
2) テクニカルリスク：新製品・サービスが意図したとおり確実に機能するかどうかについてのリスク
3) マーケットリスク：新製品・サービスが顧客に期待どおりの数量、価格水準、期間で受け入れられるかどうかについてのリスク

実際にベンチャー企業についてアイデアを創出し、事業をスタートしてみると、予想外の事象が多く起こり、実行リスク、テクニカルリスク、マーケットリスクがどの程度大きくなっているかを、同時に認識することは非常に難しい。経営の教科書には「多くのリスクを認識し、その対策を的確に打つことが大切である」と記述してあるが、実際にどのようにリスクを認識、測定、対処したらよいかについて、触れられてい

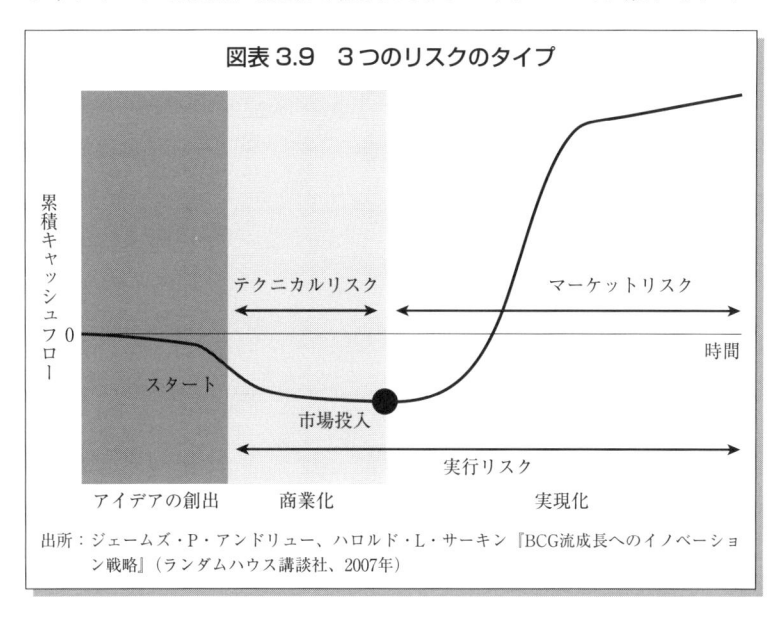

図表3.9 3つのリスクのタイプ

出所：ジェームズ・P・アンドリュー、ハロルド・L・サーキン『BCG流成長へのイノベーション戦略』（ランダムハウス講談社、2007年）

るものは少ない。この3つのリスクを同時に俯瞰して認識するひとつの手法として、この累積キャッシュフロー曲線をビジネスプラン作成時および会社設立後の月次決算で作成することが有用である。

2. どのようにJカーブをコントロールするか

(1) ケース：イリジウムにおける市場投入前の先行投資の失敗例

　スタートアップコストの管理失敗の事例として、モトローラが開発した衛星携帯電話ネットワーク「イリジウム」が挙げられる。イリジウムは地球上のどこでも使える世界初の衛星携帯電話システムである。莫大な先行投資を分散するため、モトローラはパートナー企業とコンソーシアムを設立し、イリジウムを社名とする別企業を立ち上げた。そうすることによって、自社のキャッシュカーブの先行投資部分をできるだけ浅く抑えるとともに、他社の能力を活用する考えであった。

　しかし、事前のビジネスプランに反して、開発に資金が多くかかり（50億ドル）、また、市場投入の時期も遅くなってしまった（スタートから12年してサービスがスタート）。

　累積キャッシュフロー曲線を明確に読み取っていたら、計画からずれ始めた初期の段階で多くの軌道修正を図ることができたであろう。当然、経営陣としては先行投資の穴がどれだけ深いかには事業を始めてか

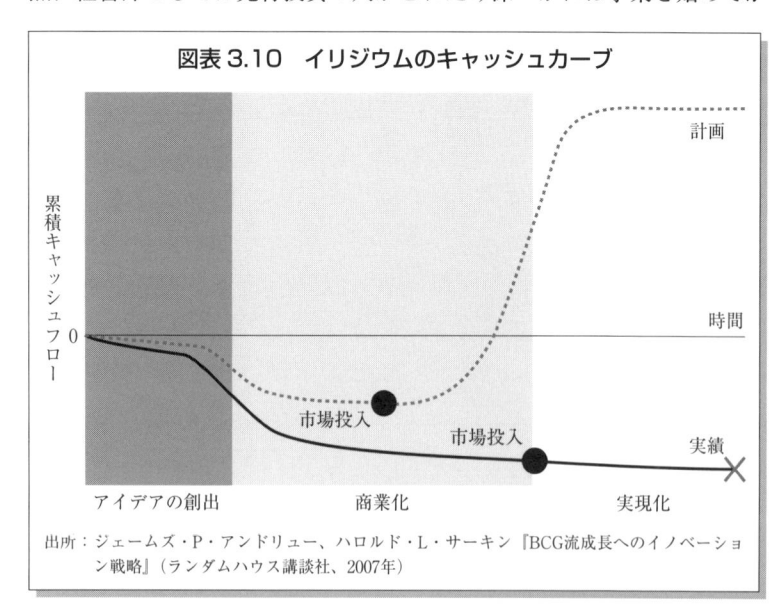

図表3.10　イリジウムのキャッシュカーブ

出所：ジェームズ・P・アンドリュー、ハロルド・L・サーキン『BCG流成長へのイノベーション戦略』（ランダムハウス講談社、2007年）

ら認識したであろうが、もう少し開発を続ければ……とか、市場投入さえすれば爆発的な利用者が出現するので、直ぐに利益は取り戻せるだろう……という甘い期待に基づき、抜本的なリスクに対応する経営意思決定を引き延ばしてきた結果、50億ドルもの巨大なキャッシュフローの投入と、12年もの歳月を費やした揚句、時代遅れのサービスとなり、ついには破産申請に及ぶことになった。

(2) ケース：iPodにおけるキャッシュカーブ・マネジメントの模範事例

　キャッシュカーブ・マネジメントの模範例として〈iPod〉の例を見てみたい。iPodは2001年後半の発売以来、急成長を遂げ、ソニーのウォークマンさえしのぐ、民生用電子機器史上最大のヒット商品になった。

　アップルは、携帯デジタルプレーヤーを考案したわけではない。事実、アップルより先にデジタルオーディオプレーヤーを市場に投入した企業には、〈Rio〉を発売したDNNA（Digital Networks North America）やコンピュータメーカーのコンパックなどが挙げられる。初代iPodと多くの仕様が共通する、ハードディスク内蔵型プレーヤーの原型を開発したのはコンパックである。

　iPodがこれほどまでに成功した本当の理由は、アップルがキャッシュカーブを巧みにマネジメントしたことが挙げられよう。iPodのキャッシュカーブは、スタートアップコストの穴が浅く、すばやく市場に投入され、スケール部分の曲線は急上昇し、市場投入後の利益も高い水準にある（図表3.11参照）。このようにキャッシュカーブをコントロールできた要因としては、以下の2点が挙げられる。

　第一に、アップルはスタートアップコストを低く抑えた。新しいコンピュータプラットフォームの開発では大量のスタッフが動員されるが、iPodの場合は、8カ月の開発期間中、プロジェクトチームの実働人数が50人を超えることはなかった。2001年の初代iPod開発投資は1,000万ドル前後と推定される。

　第二に、アップルは1年未満という短期間でiPodを市場に投入した。スティーブ・ジョブズがハードウェア開発担当シニア・バイスプレジデントのジョン・ルビンスタインをiPodプロジェクトの統括者にすえたのは2001年春だったが、同年11月にはiPodが店頭に並んでいる。

　このような短期間での市場投入を達成できた理由は、通常、独自の技術をベースに新商品を開発することが多いが、iPodに関しては、カスタ

ム仕様の設計に巨費を投じるのは最善の策でないと判断し、外部の部品メーカーやパートナー企業の能力や専門知識を大幅に活用しただけでなく、既成の部品も数多く採用したからである。

アップルは、iPodの"頭脳部"の設計を社内のエンジニアチームではなく、そうした機器に最適な設計をすでに開発していた小企業、ポータルプレーヤーに委託した。その後、ポータルプレーヤーや主要なサプライヤーと緊密に連携して、僅か数カ月で試作品を完成させ、全体設計をまとめあげたのである。

それと並行して生態系内のリレーション強化に力を注ぎ、音楽配信サービス〈iTMS〉を設計・開設した。iTMSは著作権に抵触せず、コンテンツの提供者、アップル、消費者の全員の利益になる大規模なデジタル音楽ダウンロードシステムの実現に成功した最初の例になった。

その結果、初代iPodは2001年11月に店頭に並び、クリスマス商戦にちょうど間に合った。売り上げは大きく伸び、キャッシュカーブは弧を描くように急上昇して、最適規模を達成した。

また、アップルは開発期間中に、iPodに使われるミニハードディスクドライブを世界で唯一製造している株式会社東芝と、同社が生産するミニハードディスクドライブを18カ月間にわたって全量購入することで合意した。これにより、アップルは値引きを受けられただけでなく、iPod

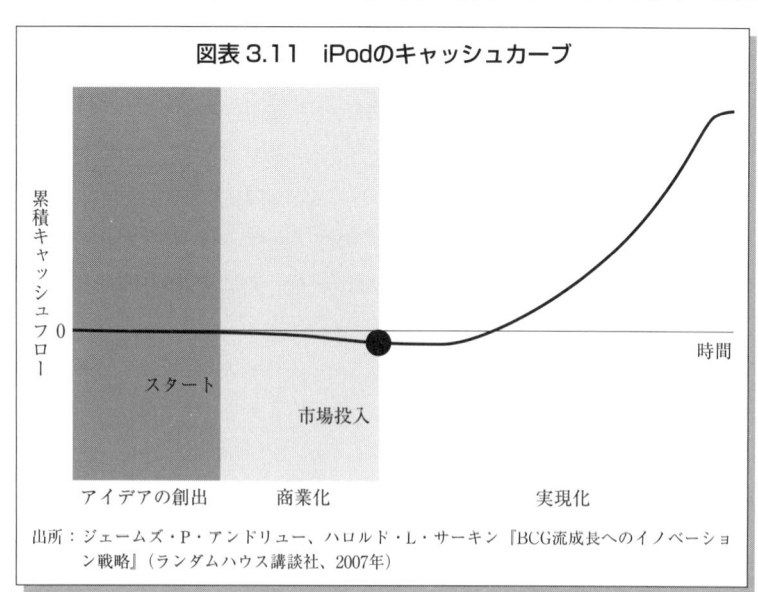

図表3.11　iPodのキャッシュカーブ

出所：ジェームズ・P・アンドリュー、ハロルド・L・サーキン『BCG流成長へのイノベーション戦略』（ランダムハウス講談社、2007年）

並みの能力を備えた競合商品の追随も阻止できた。そのため、類似商品との差別化で疲弊することなく、市場を確立することに集中できた。

初代iPodの発売から4カ月も経ずに容量を10ギガバイトに増強した新機種を導入し、その後、ウィンドウズ対応版、写真表示機能付きモデル、フラッシュメモリーを採用した超小型モデルとしてまず〈iPodシャッフル〉、ついで〈iPodナノ〉、さらに、ビデオ再生対応機種と矢継ぎ早に投入して、商品ラインを急拡大していった。

こうした一連の意思決定がうまくかみ合い、iPodのキャッシュカーブは2004年中にキャッシュ損益分岐ラインを超え、その後も着実に上昇し続けている。

(3)ケース:グリー株式会社における累積キャッシュフローのコントロールの事例

SNSサイト「GREE」を運営、提供しているグリー株式会社(東京都港区六本木、田中良和社長)は、2004年12月に創業された。04年2月に

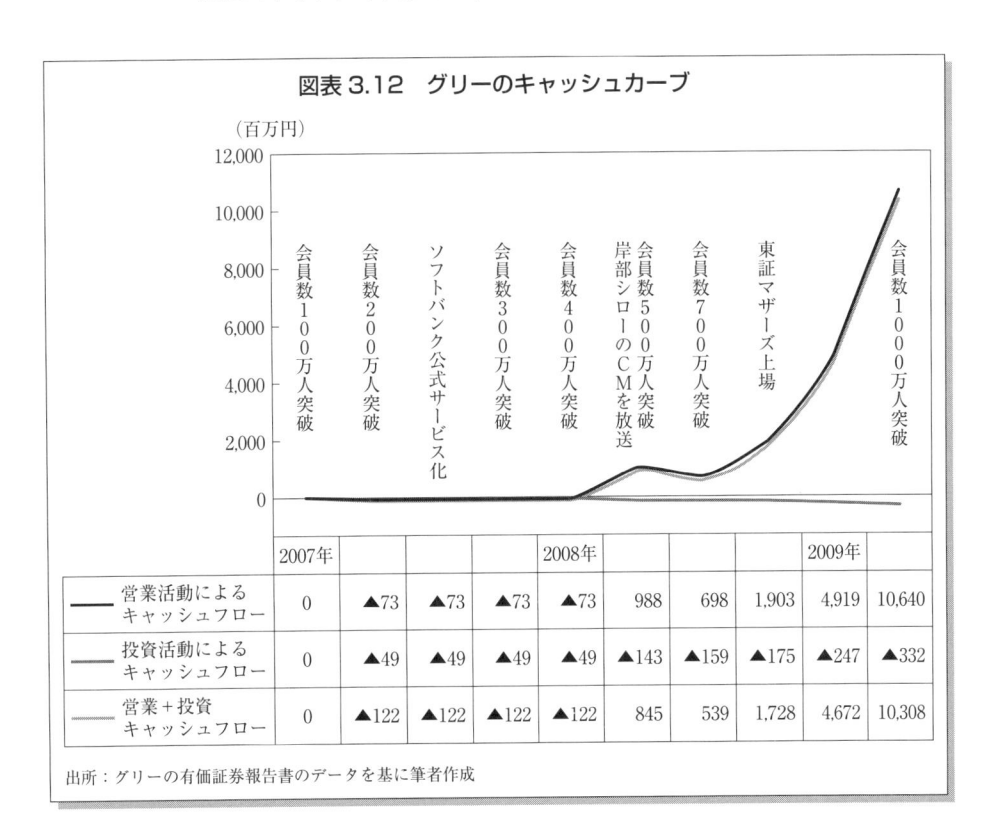

図表3.12 グリーのキャッシュカーブ

(百万円)

グラフ中の注記(左から右へ):
- 会員数100万人突破
- 会員数200万人突破
- ソフトバンク公式サービス化
- 会員数300万人突破
- 会員数400万人突破
- 会員数500万人突破/岸部シローのCMを放送
- 会員数700万人突破
- 東証マザーズ上場
- 会員数1000万人突破

	2007年				2008年				2009年	
営業活動による キャッシュフロー	0	▲73	▲73	▲73	▲73	988	698	1,903	4,919	10,640
投資活動による キャッシュフロー	0	▲49	▲49	▲49	▲49	▲143	▲159	▲175	▲247	▲332
営業+投資 キャッシュフロー	0	▲122	▲122	▲122	▲122	845	539	1,728	4,672	10,308

出所:グリーの有価証券報告書のデータを基に筆者作成

田中良和氏が個人サイトとして公開したGREEアルファ版を法人化して始まった。

2008年第1四半期までは累計キャッシュフローがマイナスであったが、その後08年第2四半期以降は急速にプラスとなっている。会社設立以来、人件費とオフィス代とサーバー代（特に06年11月に開始した「EZ GREE」の開始の際のサーバーへの先行投資）以外は大きな投資をしない、という小資本経営をしていたが、08年第2四半期から本格的にテレビコマーシャルなどの先行投資を始めたため、投資活動によるキャッシュフローは四半期で1.5億円を超えるものとなっている。

しかし、この頃にはビジネスモデルが確立しており、コマーシャルを打てば効率よく新規顧客が獲得でき、広告収入の増加と、アバターなどの有料サービスの収入の増加が着実に見込めたため、営業キャッシュフローもそれを上回るスピードで増加していった。会員400万人くらいまでは、ビジネスモデルを固めながら着実に会員を増やしていたが、2008年第2四半期以降はギアチェンジして、広告という先行投資をすることで会員獲得スピードを急速に上昇させていったことがキャッシュカーブからも読み取れる。非常にうまく累積キャッシュフローをコントロールしていることがわかる。

このように累積キャッシュフロー表について、会社を創業した時に作成したビジネスプラン上の計画と実績を比較してみると、経営戦略の実態がよくわかり、経営者にとって参考になることであろう。

第4章
成長段階

　ビジネスが軌道に乗り、成長段階に入った後に、伸び悩むベンチャー企業が多いものである。この章では、そのようなことを回避し、急成長をするために必要なポイントなどを学ぶ。

> **この章の課題**
> 1. 成長期に入り、周りの利害関係者の信用も高まってきている。株式公開も視野に入り始めている。そのような段階で、どのようなリスクが考えられるか？
> 2. 成長段階とはどのような状況をいうのか？
> 3. 経営者はこれまで行ってきたビジネスの進め方やビジネスモデルをそのまま続けてしまう傾向があるが、それを打破し、これまで以上の成長軌道に乗せるためにはどのような方策をとったらよいだろうか？
> 4. 「魔の川」「死の谷」「ダーウィンの海」を回避するために、どのような対策をとったらよいかをまとめよ。
> 5. ベンチャー企業の存続率（Survival Rates）は創業後の年数によって、何％くらいか？　その存続率はどのような説明変数によって影響を受けると思うか？
> 6. どのような分野でベンチャー企業が事業を始めると成功確率が高くなるのか、欧米での先行研究にはどのようなものがあるか？　経営資源の不足するベンチャー企業が突破口として狙うべき分野はどのようなものであるべきか述べなさい。

1―成長段階の課題と解決策

1. 急成長期の留意点

　アイデアやシーズの事業化に成功を収めることができれば、会社は成長軌道に入っていく。だが、会社の基盤はまだまだ安定しているとはいえない。

　経営者は、会社の存続に責任があり、事業の継続・発展のために常に経営を見直す姿勢が求められる。いたずらに「拡大」を目指すのではなく、人と資本がバランスよく「成長」できる体制を構築していかなければならない。

　成功した経営者は、その成功体験に基づいて今までのやり方を踏襲しがちであるが、成長の壁を打ち破るためには絶えず経営革新を図っていく必要がある。

2. 経営者に関する課題

課　　題	解決策・対応策
初期の理念（創業の精神）を忘れる	社員のシナジーを合わせる努力

　急成長期に入ると、経営者は自信過剰になりがちで、初期の理念である創業の精神を忘れてしまう危険性がある。これについては、社員のシナジーを合わせるための牽引力が大事であることを、経営者に再認識させなければならない。そのためには、メンターやベンチャーキャピタリストのような第三者的な独立した立場の人間が、経営者に対して初期の理念を常に思い起こさせるように指導する必要がある。「夢を見すぎず、夢を忘れず」と言いたい。

課　　題	解決策・対応策
社長が超繁忙で、限界（時間・能力）	幹部的人材に権限委譲を実行 権限委譲するための体制づくり

　また、急成長を続けると経営者が超繁忙になり、能力的、時間的に限

界がくるというケースが見受けられる。この場合に、組織の中で権限委譲をしない限りは、更なる成長を続けることはできない。そこで、権限委譲を計画的、組織的にできるような対策を事前に練っておく必要がある。

ただ、権限委譲も決して容易ではない。どのようなタイミングで、どのような人にどこまで権限を委譲するのかを明確にしなければならず、権限委譲した後の報告体制と責任の明確化、人事評価制度の連携など、組織的に対応する必要がある。

人が育たないと、企業の成長には限界がある。人を育てるためには、権限委譲をしなければならない。権限委譲するためには、幹部的人材を計画的に育成していかなければならない。というわけで、急成長を目指す経営者にとって権限委譲はジレンマに陥りがちな課題であり、それだけ悩みも大きいので、有効なアドバイスがメンターやベンチャーキャピタリストに求められる。

3. 事業に関する課題

課　　題	解決策・対応策
収益の柱が1本だけ	ビジネスプランのチェックと練り直し 外部者との定期的な情報交換

急成長している企業でも、収益の柱が1本だけで、第二、第三の収益の柱として期待できる商品やサービスの開発が遅れていると成長を持続することは困難である。ひとつの成功体験に固執するあまりに新規事業の開発が遅れて、ビジネスの新たな展開を図れずに息切れする企業も少なくない。

また、売上高は急速に伸びる一方で、利益率は低下するということが急成長期の企業によく見られる特徴である。意識してそのように取り組んでいるのであればまだしも、無意識のうちにそのようになっているのであれば、企業体質は確実に弱体化しており、改善強化のために対策を講じる必要がある。

いたずらに成長を目指していると、企業体質は弱体化する。かといって、企業体質の改善強化を図るために必要な投資を怠ると、成長のスピードが落ちてしまう。成長と体質改善を同時に達成するのは困難であ

る。しかし、急成長の持続を目指す企業は、二律背反する「成長」と「企業体質の改善強化」の目標を同時に実現させる必要がある。そのためには、ビジネスプランの定期的なチェックと練り直しを経営幹部によって実施すること、そして外部者との定期的な情報交換が必要である。

4. 経営チームに関する課題

課　　題	解決策・対応策
いつまでたっても、社長がすべて組織内に軋轢が生じる	経営者を補佐する人材の確保は不可避 納得できる業績評価システムの構築

　急成長している会社では、経営者がすべてとなりがちである。そのような会社は、経営者の体調、ご機嫌、時間的エネルギーなどに企業の経営が大きく依存してしまうことになる。

　急成長しているにもかかわらず、経営者の補佐的人材がいない場合、極めて大きな問題になってくる。さらに、急成長企業は不足する人材を中途採用によって対応することが多いが、中途採用社員とプロパー社員との間に軋轢が生じると組織の一体感が失われてしまう。年収の個人間格差の拡大も、社員間に軋轢や不信感を生む原因となる。

　企業の成長スピードに応じて、納得できるフェアな業績評価システムの構築が必要となる。例えば、社員別の貢献度を客観的に判定し、その貢献度に応じた報酬体系を検討する必要がある。

課　　題	解決策・対応策
管理体制が甘く、各種の問題が発生	コンプライアンスの徹底 フェアなルールの確立

　急成長企業で、各種の問題やトラブルが噴出するケースが見受けられる。例えば、①税務問題、②労働問題、③取引先の倒産、④創業メンバーとの仲間割れ、⑤製造物責任に関する訴訟、⑥環境問題や地域住民との訴訟、⑦顧客とのトラブルなど。これらの問題やトラブルが発生することによって、急成長にブレーキがかかってしまうことも少なくない。

　問題やトラブルが発生するにはそれぞれの原因があるが、基本的に管理体制がおざなりで甘く、コンプライアンスが欠如している企業に多い。この重要性について、経営者が本当に認識しているケースは少な

い。しかし、社内にいる人間ではなかなか言いにくいし、言ったとしても本当に認識されないであろう。メンターやベンチャーキャピタリストが内部監査室、監査役の重要性を示すとともに、管理体制の強化を具体的に指導すべきである。

5. 資金繰りに関する課題

課　　題	解決策・対応策
数字の把握が遅れる 資金繰りの悪化	経理、管理システムの充実を図る 財布を分けて管理する習慣 キャッシュフローを重視し、適正キャッシュポジションの目安を明らかにする

　急成長で会社経営にリスクが高まり、数字をタイムリーに把握することが重要となるにもかかわらず、会社規模の拡大に伴って、数字の把握が遅れるケースが見受けられる。経理や管理システムの充実を図る必要がある。

　また、急成長に伴って資金需要が旺盛になり、資金繰りがかえって厳しくなるケースも多い。源泉所得税、消費税、法人税等の税金や社会保険料などの預り金を当面の運転資金として流用したために、納付日に支払えず滞納する最悪のケースもまま見受けられる。

　このような事態を招かないためには、経営者や幹部社員に対して、財布を分けるという考え方を徹底して理解させるべきである。銀行預金取引について、入金専用、出金専用、借入返済専用、税金支払専用などに通帳を明確に分け、必要に応じて取引銀行も変え、口座ごとに資金管理をすれば、財布を分けることが理解しやすい。複数のプロジェクトを抱えているのであれば、プロジェクトごとに財布を分けなければならない。どんぶり勘定から脱却しない限り、成長を持続することができないことを、経営者や幹部社員が認識すべきである。

　キャッシュフローの重要性やキャッシュフロー表の予測について、徹底して教育する必要もある。また、自社における適正な資金量（キャッシュポジション）の目安を明らかにすることも重要である。適正キャッシュポジションの目安を明らかにすることによって、経営者は安心して経営するために必要十分な資金残高を把握でき、必要以上のキャッシュ

を保有する資産効率の悪化や、不要不急の投資を防ぐことができる。

6. 株主構成に関する課題

課題	解決策・対応策
持株比率に対する不満	ストックオプション制度や成功報酬ワラントなどの活用

　我が国においては、創業間もないベンチャー企業が金融機関から融資を受けたり、出資を広く募ることが困難であるため、特定のスポンサーによる出資をそのまま創業資金とすることも多い。

　起業家にとって、創業時における資金的な不安をある程度解消することができることから、持ち株の大半を特定のスポンサーが保有することに、当初はさほど不満を感じていない場合が多い。しかし、事業が順調に成長して、将来の株式公開が視野に入ると、本来は最大の功労者となるべき経営者に対する金銭的な見返りが、スポンサーに比べると非常に少ないことに気付く。中には、オーナーであるスポンサーと利害が対立して、あらためて別の会社を創業する起業家もいるが、再度の事業の立ち上げは相当な苦労を伴うこととなる。

　経営チームの構成員が不満を抱く、あるいは将来的に問題が生じる可能性がある持株比率に対して、急成長期のできる限り早い段階で、ストックオプション制度や成功報酬ワラントなどの活用によって問題の解決を図るべきである。

7. ビジネスプランに関する課題

課題	解決策・対応策
変化できる体制	3パターンのシナリオ

　急成長期にビジネスプランを練り直す場合には、変化できる体制を踏まえて検討する必要がある。楽観シナリオ、標準シナリオ、悲観シナリオといった3つの予想ビジネスプランを作っておくことも重要である。

2―ベンチャー企業の成長段階と3つの死の谷

1. 4つの発展段階

出川（2004）は、技術の成果を商品化してゆく過程を、「研究」「開発」「事業化」「産業化」の4つのステージに分類している（図表4.1）。

第一は「研究」段階で、世の中にないシーズの創出が、主に研究所で行われる。費用としては企業によって異なるが、ベンチャー企業の場合、数百万円から数千万円の場合が多い。

第二は「開発」で、マーケティングによって製品仕様を絞った製品開発をする段階になる。研究から開発へ、マインド転換が必要になる。開発センターや開発プロジェクトで対応することが多く、費用規模も数千

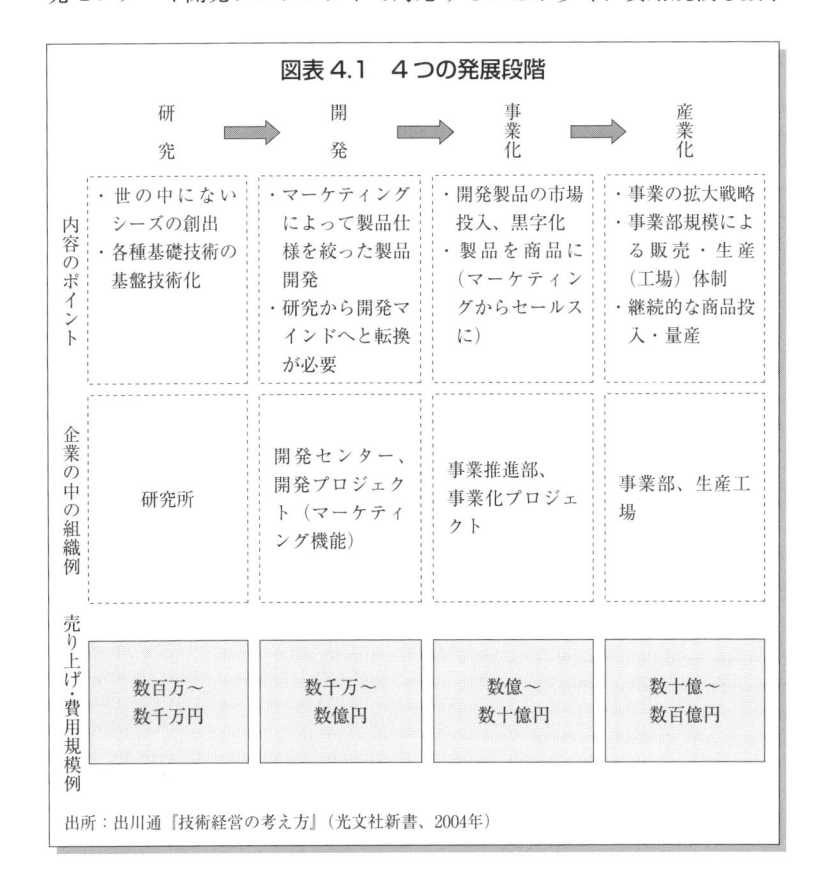

図表4.1 4つの発展段階

	研究	開発	事業化	産業化
内容のポイント	・世の中にないシーズの創出 ・各種基礎技術の基盤技術化	・マーケティングによって製品仕様を絞った製品開発 ・研究から開発マインドへと転換が必要	・開発製品の市場投入、黒字化 ・製品を商品に（マーケティングからセールスに）	・事業の拡大戦略 ・事業部規模による販売・生産（工場）体制 ・継続的な商品投入・量産
企業の中の組織例	研究所	開発センター、開発プロジェクト（マーケティング機能）	事業推進部、事業化プロジェクト	事業部、生産工場
売り上げ・費用規模例	数百万～数千万円	数千万～数億円	数億～数十億円	数十億～数百億円

出所：出川通『技術経営の考え方』（光文社新書、2004年）

万円から数億円と跳ね上がることになる。

　第三は「事業化」で、開発製品を実際の市場へ投入する段階である。製品を商品に変えることができるかが勝負となり、事業推進部や事業化プロジェクトが担当することになる。ここでいう「製品」とは、マーケティングに基づいて、顧客のニーズに合った機能を持たせて開発したものをいい、「商品」とは実際の顧客がお金を出して買ってくれるものをいう。

　最後は「産業化」の段階である。事業の拡大戦略をとり、生産体制・販売体制を確立して、継続的に商品を供給、販売する仕組みを作り上げることになる。この段階になると、事業部や生産工場が作られ、売り上げ・費用規模も数十億円から数百億円になっていることであろう。

2.3つの「死の谷」

　しかし、この研究・開発成果を産業化に至らせ、完成させるまでにはそれぞれの間に障壁があり、その障壁を越えないと次の段階にいけないのが技術ベンチャー企業である。

　ここでは研究と開発の間の障壁を「魔の川（デビルリバー）」、開発と事業化の間の障壁を「死の谷（デスバレー）」、事業化と産業化の間の壁を「ダーウィンの海」と呼ぶことにする（図表4.2）。この名は、もともと米国でベンチャー企業の育成補助金を出しているNIST（National Institute of Standards and Technology＝米国標準技術局）が、財務省からベンチャー立ち上げ予算を獲得する説明の中で示した概念である。

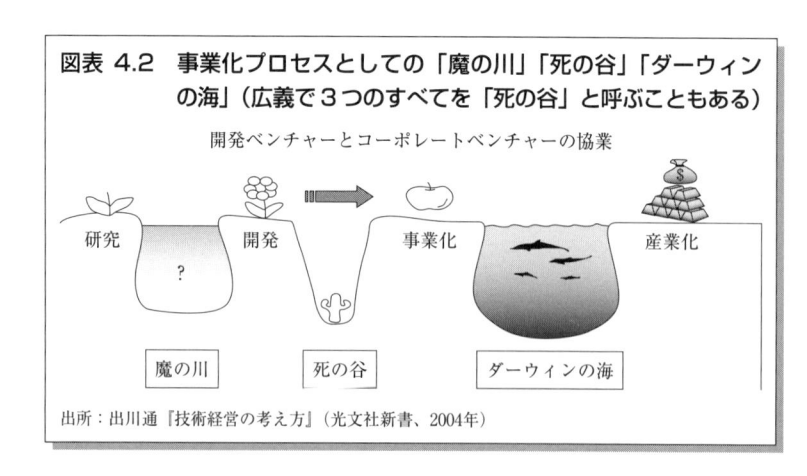

図表 4.2　事業化プロセスとしての「魔の川」「死の谷」「ダーウィンの海」（広義で3つのすべてを「死の谷」と呼ぶこともある）

開発ベンチャーとコーポレートベンチャーの協業

研究　開発　事業化　産業化
魔の川　死の谷　ダーウィンの海

出所：出川通『技術経営の考え方』（光文社新書、2004年）

(1) 魔の川(デビルリバー)

　実際の研究開発の現場においては、人によって「研究」と「開発」の認識が異なる。このことが、研究開発現場の作業や評価の混乱を招くこととなる。研究は技術シーズ志向で進めることになり、開発はニーズ志向であることからコンセプトが異なる。「研究」は科学の成果を基にいろいろな試みを行い、新たなシーズを見つけていく発散型の作業で、いかに多くの技術シーズを試せるかがポイントになる。

　一方、「開発」は、研究で得られたいろいろなシーズを基にして、大きなニーズを見込めるであろうターゲットへ絞り込んでいく、いわば収束型の作業がポイントになる。

　この対照的な性格の「研究」と「開発」を明確に区別し、うまく組織的に役割分担するか、あるいはベンチャー企業の場合、数人の「研究」者が発想を切り替えて「開発」者に変化できないと、「魔の川」を越えられず資金的に行き詰まることになろう。

(2) 死の谷

　開発が進み、「製品」が完成しても、顧客が実際にお金を払って購入してくれなければ事業にはならない。事業化ステージでは、対外的には「生産、販売・マーケティング、アフターサービス」機能、対内的には「ヒト、モノ、カネ」の調整が重要になってくる。「製品」を「商品」に移行させることが、「死の谷」を乗り越える最大のポイントである。

　また、技術ベンチャーの製品開発計画は、予測どおりに進まないことが多く、計画を実行して初めてわかる予測外の事態も発生する。製品開発自体の遅れ、当初予測していた顧客ニーズの変化、競合他社の製品の販売先行など、次々と新たな課題を突きつけられる。

　さらに、早急に黒字化を達成するよう株主から要求されることもある。この段階では、これまでの技術の領域から経営の領域に主眼を移す必要があり、移行しきれない企業はどれだけ優れた「研究」「開発」をしても、深くて大きな「死の谷」に落ち、資金ショートを起こすことになろう。

(3) ダーウィンの海

　所定の成果が挙がり、黒字化の目途も立った後に、本格的な産業化のステージに移行するには、生産体制、販売体制、マーケティング体制、アフターサービス体制が一体となった事業経営体制を築く必要が出てく

る。例えば、製造設備への本格投資や販売人員の増員となることでキャッシュフロー分析や損益分岐点分析などを駆使して、バランスの良い競争をしなければならなくなる。製品が販売され、技術ベンチャーが急成長を開始しても、製品生産に必要な資金は支払いが先行、資金回収の時期は3～6カ月後という構造があるため、キャッシュフローは厳しい状態が継続する。原材料購入支払→加工による経費支払→製品在庫の保有→販売し売掛金の発生→売掛金回収というプロセスを踏むからである。

多くの金融機関が、赤字で担保のないベンチャーには融資をしない現状では、赤字累積のままこの状況にはいると、確実に資金難に陥る。

また、この時点では競争相手が多数存在しているであろうから、スピードある対応が必要となってくるのに、従来のマネジメント体制では社内調整に追われて、意思決定が遅れ、シェアの低下、利益率の低下を経て、「ダーウィンの海」に沈む企業が出てくることであろう。

3. 死の谷の回避策

「魔の川」「死の谷」「ダーウィンの海」を回避するために、最も重要なのは、起業時の予測を誤らず、スケジュールどおり事業を進めることだが、現実には難しい。緻密な事業計画が重要であるということはいうまでもない。

(1)「魔の川」の回避策

開発計画のズレを見越した潤沢な資金の調達　技術ベンチャーは、先行投資が必須で、収益を生み、利益が計上できるまでタイムラグが出る。技術ベンチャー設立時に、「魔の川」を克服できるだけの十分な資金調達をすることが理想である。特に、ベンチャーキャピタルからの資金調達にはしっかりした事業計画が必須である。

研究段階で大学や政府研究機関を活用　大学や政府研究機関の基礎技術を民間に出すTLOなどを活用し、大学の技術との連携を積極化することが大切である。多くの基礎技術や高い要素技術を必要とする研究領域は大学に任せ、その技術をマーケティングによって絞り込んで製品開発をするところに、ベンチャー企業は本領を発揮すべきである。

この段階では、大学や大企業などが開発した基礎技術に基づく「シーズ」に対して、「このような用途に活用したら大きなニーズがあるのではないか？」という仮説をいくつか立て、先駆的で感度の高い潜在顧客

にヒアリングをかけるなどして、「真のニーズ」がある分野の研究テーマに絞り込むという、「仮説立案→小さく検証→仮説の修正」の手法を採用することが必要である。

このような「ニーズ志向」を徹底し、必要な技術のみを取り上げ、顧客ニーズに対応できるように開発を進めることが重要である。間違っても、ベンチャー企業は株主から資金を集めて会社をスタートした後に、研究を始めてはならない。顧客ニーズが不明の中で開発に着手することは非常に危険であり、「魔の川」にはまる可能性が高い。

(2)「死の谷」の回避策

社内メンバーの担当入れ替え　製品開発が終わり、実際に商品化していく段階で発想が切り替えられず、伸び悩むことが多い。例えば、これまで研究段階、開発段階で大きな役割を果たしてきた最高技術責任者（CTO）は要素技術にこだわり、もっと優れた機能の製品開発を続けようとする意向が強いが、事業化段階においては、機能よりも軽量化や小型化、低価格化、高いデザイン性などが重視されるようになる。この役割の変化を推進するためにも、プロジェクトの主要メンバーを入れ替え、商品化や顧客マーケティングに近いメンバーに権限を持たせるようにするのも、「死の谷」のひとつの回避法である。

保有特許等の専用実施権の販売　資金繰り難の回避のため、ベンチャーが所有している知的所有権（特許権、意匠権など）のうち、一部の専用実施権を第三者企業に賦与し、ロイヤリティーを得ることで、若干でも収入を確保することである。

もちろん、ベンチャー企業の差別化の根源である要素技術は自社で保有し続けたほうがいいが、「死の谷」を越える時間がかかりすぎるのを防ぐ意味でも、一部分を販売し、マーケティング化は販売した企業に任せて、普及した波及効果により、ベンチャー企業のコア商品の販売にも好影響を与えることを期待するものである。

技術力を活かした受託開発　対象技術領域を深く理解していて技術企画力があるベンチャー企業の場合、大手企業などから研究開発を受託納入することができる。これによって、資金を得ながら、潜在顧客になりうる大企業に対してテスト導入や営業促進活動をすることができる。しかし、ベンチャー企業によっては、このような受託開発を始めたものの、大企業の要求レベルが高く、その対応に時間と人的資源の大半を使

第4章 成長段階

ってしまい、本来のコア製品の開発をする余裕がなくなることもある。結果として、下請け的な企業になり下がった会社も多く、十分、留意が必要である。

(3)「ダーウィンの海」の回避策

大手企業との事業アライアンス　大手企業との共同開発や共同販売など、アライアンスの可能性を検討する。開発した部品を他の企業の製品に組み込んで販売する、大手企業を販売代理店として活用する、大手企業で使用可能実験を行った成果を共同販売するなど、方法は多様である。事業アライアンス先のブランド力や販売力を活用することも、ベンチャー企業にとっては重要となろう。

工場を持たないファブレス企業　技術ベンチャーでも、開発した製品を自ら生産するとは限らない。自ら生産工場を持たないモノづくり企業をファブレス企業という。研究→開発→生産→販売のプロセスのうち、生産を第三者に依頼する場合が通常である。要素技術を自ら研究せず、製品企画とそれに必要な技術・部品を探索して製品設計を行い、その生産を外部に依頼し、販売ネットワークに注力するデル株式会社は、究極のファブレス企業といえよう。

OEM生産方式　受託開発方式は、製品開発や研究の受託開発であるが、OEM生産方式は、相手先ブランドの受託生産をする方法である。モノづくりに特化した生産技術力のあるベンチャー企業ならば、第三者の受託生産によって高い設備生産稼働率を維持することにより、固定費負担を下げ安定した収益力を確保できる。

支払い・回収のサイト差を活用　ベンチャー企業は、商品を採用してもらうことに全精力を注いでしまい、納入に際しての取引条件に配慮を払わないことも多い。初期導入企業に対して、納入実績を作りたいと焦るあまり、採算に合わないお試し価格といった取引をしがちで、資金回収条件も非常に不利な場合が多い。ベンチャー企業からすれば、これは初期導入企業だけの特例であり、追加注文や、追随して増加してくる新規顧客からは正規の販売価格や取引条件にするつもりであろうが、得てして最初の条件が継続してしまうものである。

ベンチャー企業の経営者は交渉が大変であるが、最初の段階から販売価格や取引条件に対して強気を貫くべきである。例えば、生産に伴う原材料の支払いは購入2カ月後、労務費等の経費は発生の月末に支払う

が、製品販売後の回収は出荷後4カ月支払というベンチャー企業が多い。しかし、このような条件では、販売が増加すればするほど資金繰りは苦しくなり、「ダーウィンの海」は渡れない。この支払い・回収サイト差を緩和できれば資金繰り上有利となるので、ベンチャー企業は初期の段階から交渉すべきである。

3──ベンチャー企業の存続率

ベンチャー企業の存続率（Survival Rates）はどのくらいであろうか？ また、創業後の年数によって、その比率はどのように変化するのであろうか？

この存続率について日本の統計は少ないが、海外の論文で見てみたい。

1. 米国の事例

米国の存続率について、Teiz他（1981）[1]の分析を見てみよう。創業時に0〜19人の小規模でスタートした会社の1年後の存続率は約8割程度、4年後の存続率は4〜5割程度である。これが100人以上の大規模な会社としてスタートした場合は、1年後の存続率は95％以上、4年後の存続率でも7割程度と高くなる（図表4.3、4.4）。当たり前ともいえるが、周到な準備をして、ヒトもカネも集めて大規模スタートした会社は存続率が高く、逆に比較的身軽に小規模で創業した場合、1年で約2割、4年で半数以上の会社が退場を余儀なくされている。従業員の数は、会社の存続率に影響を与えているといえよう。

次に、Liao, Welsch, and Moutray（2008）が行った830人のアントレプレナーの調査を見てみよう。[2]

この調査は、2000年にThe Panel Study of Entrepreneurial Dynamics（PSED）が行ったデータに基づいたものである。米国において64,622人のアントレプレナーの中から830人を選び出して、1年後における事業の中断率（Discontinuance）を分析している（図表4.5、4.6）。この中断

1──Michael B. Teiz et al. "Small Business and Employment Growth in California" Working Paper No.348, University of California at Berkeley, March 1981.
2──Jiawen Liao, Harold Welsch, Chad Moutray（2008）"Start-up Resources and Entrepreneurial Discontinuance: The Case of Nascent Entrepreneurs" Journal of Small Business, Vol.19, Number2 Fall/Winter 2008/2009.

図表4.3　企業規模別1年後の存続率

企業規模（従業員、人）	存続率（％）
0-9	77.8
10-19	85.5
20-99	95.3
100-249	95.2
250以上	100.0

出所：Michael B. Teiz et al. "Small Business and Employment Growth in California" Working Paper No. 348, University of California at Berkeley, March 1981, p.42.

図表4.4　企業規模別4年後の存続率

企業規模 （従業員、人）	Teiz他による今回調査 （1969-76年、％）	カリフォルニアの調査 （1976-80年、％）
0-19	37.4	49.9
20-49	53.6	66.9
50-99	55.7	66.9
100-499	67.7	70.0

出所：Michael B. Teiz et al. "Small Business and Employment Growth in California" Working Paper No.348, University of California at Berkeley, March 1981, p.22.

率は、100％から存続率を引いたものに相当する。

　この調査によると、経営者の平均像は、大学卒業で年齢40歳前半、仕事の経験は18年で経営者としての経験は9年、88％の企業は自身が設立時に出資しており、17％は家族、友人に出資をお願いしている。

　図表4.6には、技術系企業（モデルⅡ）と非技術系企業（モデルⅢ）および全サンプル（モデルⅠ）において、各項目と創業から1年後における事業の中断率（Discontinuance）との関係を分析している。項目は(1) 教育（学歴）から(8) 両親の創業経験までが経営者の人物に関する質問、(9) ソーシャルキャピタル（これまでで援助してきた人数）に関する質問、(10) 自分自身の出資、(11) 友人・家族の出資という、ファイナンスに関する質問で構成されている。

　全サンプルにおいては、経営者の年齢（係数がマイナスなので年齢が高いほど中断率が下がる）と当該産業における経験年数（産業における年数が長くなるほど中断率が上がる、これは新しい革新的企業を始めるに際して、当該業界での経験が長すぎると既存概念に凝り固まる傾向が

図表 4.5 説明変数の定義、平均値、標準偏差

項目	平均値	標準偏差	
(1)教育（ポイント）	4.94	1.98	1：中卒、2：高卒、3：高専、6：大卒、8：MBA、9：博士、中間にもいくつかあり
(2)年齢（年）	40.37	10.12	現在の年齢
(3)経営者としての経験（年）	9.23	7.61	これまでの経営者としての経験年数
(4)管理していた従業員数（Log）	2.61	1.25	経営者として管理していた従業員の数のLog
(5)仕事の経験年数（年）	18.31	9.70	これまでフルタイムで働いていた年数
(6)創業する産業での勤務年数（年）	10.88	11.21	創業する産業で働いていた年数
(7)それまでの創業経験（回）	1.33	2.19	ビジネス創業の経験回数
(8)両親の創業経験（指数）	0.57	0.50	1：両親が自営・経営者 0：そうでない
(9)ソーシャルキャピタル（人）	3.56	4.32	これまでで援助してきた人数
(10)個人的提供資金（指数）	0.88	0.32	1：創業に際し個人財産を提供した 0：しなかった
(11)友人・家族の資金提供（指数）	0.17	0.37	1：家族、友人に資金提供をお願いした 0：お願いせず

出所：Jiawen Liao, Harold Welsch, Chad Moutray (2008) "Start-up Resources and Entrepreneurial Discontinuance: The Case of Nascent Entrepreneurs" Journal of Small Business, Vol.19, Number2 Fall/Winter 2008/2009を基に筆者作成

あるので中断する傾向が高いと推定される）、自分自身も創業時に出資したこと（出資したほど中断率は下がる）が影響していると統計的に証明されている。ソーシャルキャピタルについては、全サンプルでも技術系、非技術系とも中断率には影響を与えていない。

技術系企業では、学歴（学歴が高いほど中断率は低い）、経営者としての経験（経験年数が長いほど中断率は低い）、自分自身および友人・家族の出資（出資しているほど中断率は低い）が特徴的である。このことは、技術系企業においては、技術の背景となる教育レベルや経営能力の高さを要すること（技術だけ高くてもマーケティング能力もないと中断しやすい）、創業段階から意味ある規模の資金量が必要であることを意味していよう。

図表4.6 事業の中断率（Discontinuance）の分析

項目	Model I Full Sample		Model II TECH 企業		Model III Non-Tech 企業	
	標準化偏回帰係数	Wald 統計量	標準化偏回帰係数	Wald 統計量	標準化偏回帰係数	Wald 統計量
教育（ポイント）	−0.123	2.260	−0.260	2.753*	−0.134	1.440
年齢（年）	−0.308	5.251**	0.055	0.056	−0.589	9.357***
経営者としての経験（年）	−0.047	2.646	−0.136	5.775**	−0.016	0.130
管理していた従業員数（Log）	0.153	1.224	0.280	0.894	0.093	0.268
仕事の経験年数（年）	−0.008	0.100	−0.014	0.129	−0.034	0.762
創業する産業での勤務年数（年）	0.056	11.547***	0.056	2.415	0.087	13.549***
これまでの創業経験（回）	−0.033	0.174	−0.064	0.114	−0.039	0.130
両親の創業経験（指数）	0.220	0.487	0.978	2.268	−0.196	0.228
ソーシャルキャピタル（人）	0.025	0.533	0.111	2.645	−0.017	0.158
個人的提供資金（指数）	−1.036	5.260**	−2.386	6.339**	−0.073	0.015
友人・家族の資金提供（指数）	−0.551	1.571	−1.566	3.190**	−0.567	0.895
定数	4.37	8.051	1.385	0.248	7.643	11.995
カイ2乗	37.344***		22.473**		36.655***	
Cox&Snell	0.150		0.253		0.221	

注：*** $p<0.001$、** $p<0.05$、* $p<0.1$
出所：Jiawen Liao, Harold Welsch, Chad Moutray（2008）"Start-up Resources and Entrepreneurial Discontinuance: The Case of Nascent Entrepreneurs" Journal of Small Business,Vol.19, Number2 Fall/Winter 2008/2009.

　一方、非技術系企業では、経営者の年齢（係数がマイナスなので年齢が高いほど中断率が下がる）、当該産業における経験年数（産業における年数が長くなるほど中断率が上がる）が特徴的である。非技術系企業においては、技術系のような背景となる教育や経営能力、資金量よりも、いろいろな社会経験を積みながらも、やろうとする業界に対する既存概念が少ない、革新的概念を持てることが大切となっていることを意味していよう。技術系企業と非技術系企業との違いが興味深い。

2. ドイツの事例

　次に、ドイツにおける企業の存続率についての先行研究を見てみよう。Fritsch, Brixy, Falck（2006）が西ドイツ地域の社会保険統計を使って1984年から2000年にかけての企業の存続率を分析している（84年に創業した企業は2000年に企業を続けていれば16年存続していたことにな

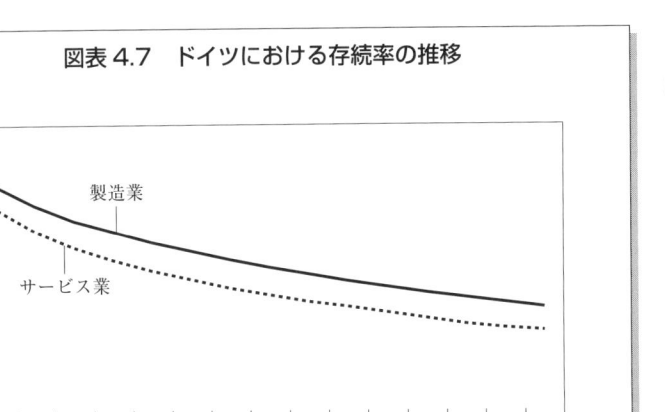

図表4.7 ドイツにおける存続率の推移

(%)

縦軸:0〜90、横軸:1〜16(年後)

製造業
サービス業

注:1984年から2000年の平均値。西ドイツ地域のみ。
出所:Michael Fritsch, Udo Brixy, Oliver Falck (2006) "The Effect of Industry, Region, and Time on New Business Survival–A Multi-Dimensional Analysis" Review of Industrial Organization, 28:285-306.

る)。その結果、最初の1年後での存続率は約80%であり、16年後には製造業で33.4%、サービス業で25.8%となっている。存続率が50%となるのは、サービス業で5年前後、製造業で8年前後となっている。この存続率は前述した米国の事例の統計よりも高いものとなっている。また、存続率は一貫して、サービス業のほうが製造業よりも低いことがわかる(図表4.7)。

図表4.8には、企業の存続率に影響を与える要因について、サービス業、製造業に分けて回帰分析している。その結果、企業の存続率には、地域の特徴が最も重要な役割を演ずることを結論づけている。すなわち、地域の雇用の変化が大きいほど、新興企業の必要性も高く、また、人口密度が低くて、その地域の産業構造の変化が起きているほど、新興企業のビジネスチャンスも大きいため、企業の存続率は高くなると推察される。

サービス業においては、企業が小さいほど、研究開発人員が少ないほど、地域に同業のスタートアップ企業が少ないほど、存続率が高くなる傾向が読み取れる。固定費を軽くしてライバル企業が少ない地域で活動したほうが存続率は高いことがわかる。一方、製造業は研究開発人員が多い企業で、同じ地域に同業のスタートアップ企業がいる地域において創業した企業のほうが存続率は高くなる。製造業とサービス業で違いが

図表4.8 ドイツ企業 存続率の要因分析

	全民間企業			サービス業			製造業		
	2年存続率	5年存続率	10年存続率	2年存続率	5年存続率	10年存続率	2年存続率	5年存続率	10年存続率
最小効率サイズ (it)	0.0044* (2.15)	-0.0101** (-3.95)	-0.0156** (-5.26)	-0.0370** (-7.89)	-0.0860** (-14.09)	-0.1001** (-13.84)	0.0039 (1.62)	-0.0045 (-1.54)	-0.0062 (-1.71)
R&D社員の割合 (irt)	0.1846** (4.11)	0.1046 (1.82)	0.1219 (1.49)	0.0842 (1.22)	-0.2572** (-2.79)	-0.4474** (-3.42)	0.2024* (3.62)	0.1561* (2.07)	-0.0079 (-0.08)
地域及び隣接地域のスタートアップ合計 (In) (irt)	-0.0140** (-13.98)	-0.0186** (-14.97)	-0.0179** (-11.79)	0.0080** (-5.10)	0.0191** (-9.60)	-0.0250 (-10.39)	-0.0057** (-3.39)	-0.0051** (-2.47)	-0.0079** (-3.05)
人口密度 (r、数年平均)	-0.0161** (-10.29)	-0.0284** (-14.38)	-0.0326** (-14.58)	0.0083** (-3.60)	-0.0136** (-4.63)	-0.0208** (-6.20)	-0.0183** (-8.80)	-0.0302** (-11.77)	-0.0340** (-11.15)
粗付加価値の年成長率 (調査期間平均)	0.1531** (7.80)	0.2712** (11.97)	0.1036** (3.05)	0.5372** (17.76)	0.6633** (19.44)	0.2902** (6.49)	0.1034** (4.04)	0.2194** (7.30)	0.1835** (3.71)
地域雇用変化 (r、調査期間平均)	0.0387 (1.53)	0.1260** (6.16)	0.1254** (4.95)	0.1164** (3.81)	0.0386 (1.52)	0.1082** (4.67)	0.1943** (4.75)	0.1622** (5.33)	0.1608** (5.13)
産業雇用変化 (i、調査期間平均)	0.1232** (5.51)	0.0066 (0.50)	0.1132** (3.11)	0.1287** (4.79)	0.0921** (6.57)	0.0876** (3.93)	0.3592** (10.87)	0.2760** (10.73)	0.2240** (7.33)
観察数	117,488	100,386	58,466	45,921	39,012	22,681	61,441	52,769	30,777
R^2	0.184	0.208	0.203	0.277	0.445	0.426	0.164	0.193	0.156
Durbin-Wu-Hausmanテスト	6.37	-0.29°	-2.04°	7.87	0.01	3.25	0.07	9.34	-22.85°

ロバスト標準誤差によるOLS回帰

i:産業別、r:地域別、t:年別、*:1%レベルで統計的有意、**:5%レベルで統計的有意
注:西ドイツ地域のみ。
出所:Michael Fritsch, Udo Brixy, Oliver Falck (2006) "The Effect of Industry, Region, and Time on New Business Survival-A Multi-Dimensional Analysis" Review of Industrial Organization, 28: 285-306.

読み取れ、興味深い。

4──ベンチャー企業と社内ベンチャーでの存続率の違い

　起業家にとって、どの分野が生き残りやすい市場であろうか？　商品や市場の特性によって、起業した後の存続率に差は生じるのであろうか？　それはベンチャー企業と大企業の社内ベンチャーとでは、違いがあるのであろうか？

　図表4.9は、欧州の調査会社3社が米国のベンチャー企業3万社について行った統計分析の結果である。[3] 独立したベンチャー企業と社内ベンチャーにおいて、商品・市場の特徴と、企業の存続率の関係についてまとめている。

　独立したベンチャー企業が存続する可能性が高いのは、①「サービ

---

[3] Hay, Verdin, Williamson (1993) "Successful New Ventures : Lessons for Entrepreneurs and Investors", *Long Range Planning*, Vol.26, Iss.5, pp.31-41.

図表 4.9　独立したベンチャー企業における商品・市場の特徴と企業の存続率の関係

存続しにくい　　存続しやすい

① サービス要件が高い
② 購買頻度が低い
③ 従業員のスキルが高い
④ 受注生産比率が高い
⑤ 顧客の細分化の度合いが大きい
⑥ チャンネル依存度が高い

−1　−0.8　−0.6　−0.4　−0.2　0　0.2　0.4　0.6

出所：Hay, Verdin, Williamson (1993) "Successful New Ventures：Lessons for Entrepreneurs and Investors", *Long Range Planning*, Vol. 26, Iss. 5, pp. 31–41.

図表 4.10　社内ベンチャーにおける商品・市場の特徴と企業の存続率の関係

存続しにくい　　存続しやすい

⑦ プルマーケティング比率が高い
② 購買頻度が低い
③ 従業員のスキルが高い
④ 受注生産比率が高い
⑧ プッシュマーケティング比率が高い
⑨ 購買頻度が高い

−0.3　−0.2　−0.1　0　0.1　0.2　0.3　0.4　0.5　0.6

出所：Hay, Verdin, Williamson (1993) "Successful New Ventures：Lessons for Entrepreneurs and Investors", *Long Range Planning*, Vol. 26, Iss. 5, pp. 31–41.

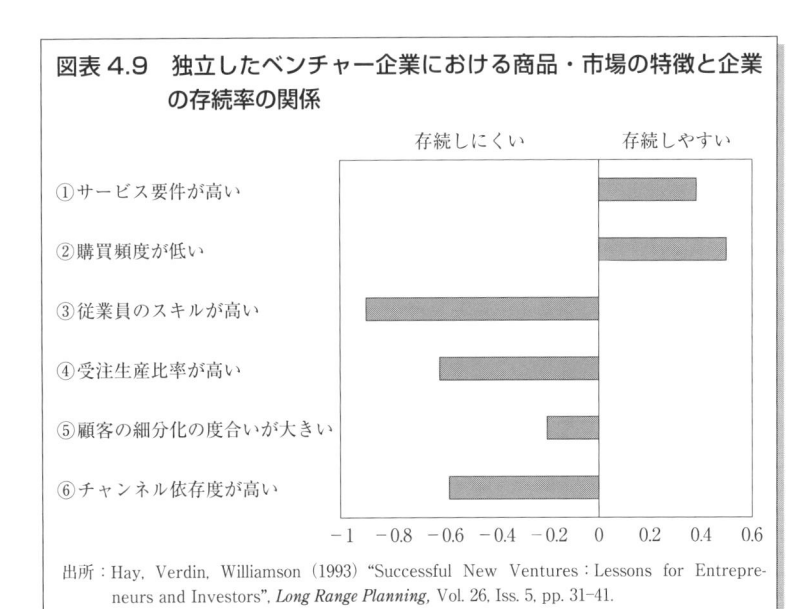

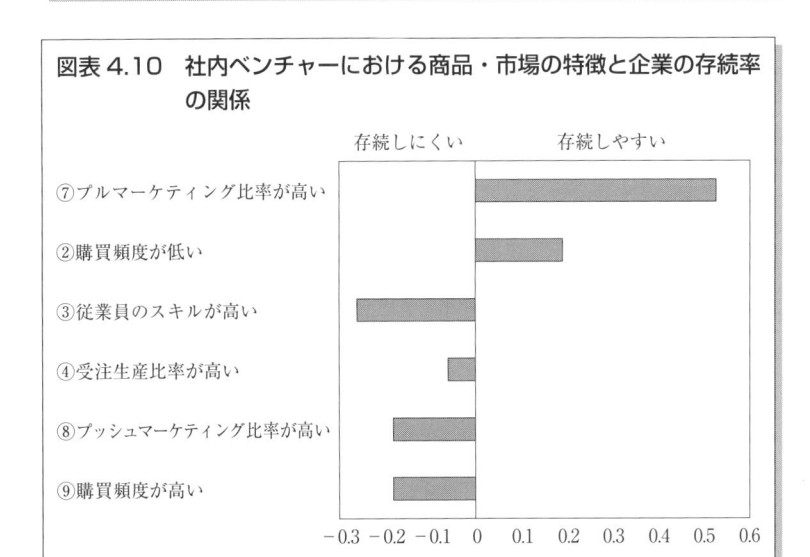

要件が高い」セグメント、②「購買頻度が低い」セグメント、の2つである。①「サービス要件が高い」セグメントは、顧客ニーズや柔軟性を

重視することで、既存企業よりも強みを発揮するからであろう。また、②「購買頻度が低い」セグメントは、購買がたまにしか行われない商品・サービスについて、顧客が属性を評価しなおす傾向が見られるため、新しい情報に注目したり、別の新商品を試したりする可能性が大きくなるからである。

逆に、独立したベンチャー企業が避けるべきなのは、③「従業員のスキルが高い」セグメント、④「受注生産比率が高い」セグメント、⑤「顧客の細分化の度合いが大きい」セグメント、⑥「チャンネル依存度が高い」セグメントである。

その理由は、③「従業員のスキルが高い」セグメントは、経験豊富な社員の採用や、大がかりな従業員研修が必要になるため、独立したベンチャーにはハンディがでる。④「受注生産比率が高い」セグメントも、確実なキャッシュフローと利益率が確保できるので飛びつきやすいが、長期間で見ると、生産設備への投資規模に比例してベンチャー企業の売上高が決まるため、避けたほうがよいであろう。また、⑤「顧客の細分化の度合いが大きい」セグメントは、すでに既存企業が市場でシェアを握っている可能性が高く、ベンチャー企業が割り込むのは難しい。むしろベンチャー企業は、顧客の細分化が可能であるにもかかわらず、未だその顧客のニーズにマッチする商品・サービスが提供されていない市場にいち早くそれらを投入し、大企業が後からそのセグメントに入りにくい参入障壁を築く戦略をとるべきである。⑥「チャンネル依存度が高い」セグメントについては、ベンチャー企業が効果的なマーケティングを実行するには、資金力と専門的なマーケティングの経験者が必要になるからである。

一方、大企業の社内ベンチャーが存続する可能性の高いセグメントは、②「購買頻度が低い」セグメントと、⑦「プルマーケティング比率が高い」セグメントである。これは、マスマーケティングの活用が必要であり、親会社の評判も大いに活用できるからである（図表4.10）。

逆に、⑧「プッシュマーケティング比率が高い」セグメントは、顧客と緊密なネットワークの構築が必要であり、時間が長期間にわたることが多いため、避けたほうがよい。成果が出るまで長期間かかるプロジェクトは、大企業の社内ベンチャーには社内的に許されないことが多いからである。

成長に必要な機能 II

第5章
最適な起業家や経営チームの組成

　この章では、成功する経営者の条件、経営理念、経営チームの組成などについて学ぶ。

この章の課題

1. 成功する経営者の条件とはどのようなものか？　それは日本の経営者と、米国、欧州、アジアで異なる要素があるのであろうか？
2. 経営理念はなぜ重要なのだろうか？　経営理念の重要性を示す事例があればそれを述べなさい。
3. ベンチャー企業が経営チームを組成する場合に、どのような役割のチームメンバーを集めたら妥当であろうか？　理想とする経営メンバーを入れ込んだ組織図を描きなさい。
4. ベンチャー企業を創業するに際して、どのようなメンバーと一緒に創業したらいいと思うか？　また、会社を創業した後も、なかなか思うような優秀な人材が採用できない、との悩みをよく聞く。なぜ採用できないかをまとめたうえで、その克服策について、考えを述べなさい。
5. ワイズセラピューティックス株式会社のケースを読み、経営メンバーの会社設立時の組成や設立後の変化についてまとめなさい。
6. 社長およびトップ・マネジメント・チームの交代が、ベンチャー企業の業績パフォーマンスに与える影響をまとめなさい。

1―成功する起業家

1. 成功する起業家の特徴

　成功する起業家はどのような特徴を持つ人であろうか？　この質問の回答は非常に難しい。多くの経営者を見ていて、必要条件は挙げられるが、十分条件を挙げるのは特に困難である。

　起業家に求められる能力としては、以下の7つが挙げられよう。

(1)過去の経験と起業タイミング

　日本の起業平均年齢は40歳だが、最近では若者と中高年の起業が増加しており、特に25〜35歳の若い起業家が増加している。また、企業経営者や自営業、さらに大企業であっても管理職の子弟から起業家が輩出される割合が高い傾向にある。

　成功する起業家は一夜にしてできるわけではなく、生まれ育った環境、受けてきた教育、起業する前の職場環境などさまざまな条件によって起業のスキルが育まれていく。

　教育課程においては、起業教育により、起業疑似体験（ゲーム、ケース演習、インターンシップ、社長による体験授業など）を積むことで、起業についてのセンスが養われる。

　職場経験は、起業スキルの向上につながる実践体験を積む場となる。勤務者の時代に、常に自己の目標を持って積極的に仕事に取り組んでいたかどうかが、起業への大きな分岐点になるといえよう。職場体験の中でも、新しいプロジェクト、新規事業、社内ベンチャーなどに取り組む経験ができれば、起業家の予備軍として得がたい体験ができるであろう。

　参考までに、筆者が出合った成功している米国のベンチャー経営者のパターンを紹介したい。彼らの多くは大学卒業後いったん就職し、3〜5年後に経営管理学修士（MBA）で学び、その後起業したいと考える成長業種の100〜200人規模の企業にマネジャーとして就職し、幅広い経験を積む。このようにして、起業時のパートナーを探しながら、大学を卒業して15年前後までに3社転職し、起業している。

(2) 起業時の志(夢・ロマン)の高さ

　無名なベンチャー企業が優秀な人材を集め、組織としての活動を進めていくため、また、エンジェルなどの出資者から資金調達をするためには、夢を語り、その夢を実現するためのプロセスを明確に語るとともに、その思い入れの強さを外部にアピールしなければならない。

　その「志」や「夢」、そしてそれを実現するためのプロセスを明記したのが「ビジネスプラン」である。

(3) 経験に裏打ちされた感性の鋭さ

　成功する起業家は直観力に優れている。同じ事象が目に入ってきた時に、社内の誰よりも的確な判断をし、経営環境などの外部的な変化を察知し、その事象が自社のビジネスに及ぼす影響を素早く察知して、タイミングを失わない決断ができる能力を持つ必要がある。

　この能力は、どのような思考プロセスを経てその結論や判断にたどり着いたのかを明確にするのが難しいため、第三者を論理的に説得できるようなものではない。しかし、これは起業家の長く深い経験に裏打ちされた感性やスキルが集積した結果であり、起業家にとっては極めて重要な能力といえよう。

(4) 先を読み取る力

　ベンチャー企業が成長するためには、将来成長の可能性がある未開拓、未知の市場や技術領域に参入する必要がある。また、既存市場がある場合には、既存の競争相手とは全く違った経営のやり方を行う必要がある。自社が成長し、生き残ってゆくために、外部の環境を把握し、それらが自社にどのような影響を持ちうるのかを素早く把握する力は必須となる。

(5) タイミングの良い決断力

　起業家が将来の成長領域に参入するのは当然のこととして、「いつ参入するか」は大変重要な決断である。市場が完全に未成熟な段階で参入してしまっては、経営資源の乏しいベンチャー企業は市場が立ち上がる前に倒産してしまう。いわゆる、「早すぎた」状態である。逆に、参入した時には、すでに同じビジネスチャンスに気付いた競合他社が乱立しているケースもある。経営資源に乏しいベンチャー企業は同じく苦戦を強いられるであろう。「遅すぎた」状態といえる。

(6) 組織やチームをまとめるリーダーシップ

　企業が立ち上がり、さまざまな能力のある人材をひとつにまとめ上げ、一定の方向性に向かわせるためには、起業家のリーダーシップが不可欠となる。

　特に事業のスタートアップの時期にこそ、きちんとした根拠に基づいた信賞必罰を重要視することが必要である。ベンチャー企業がその拡大期に急激に崩壊することがあるのは、社内のコミュニケーションが希薄になり、トップが裸の王様になっていることが多いからである。起業家は、社内の状況、経営チーム、従業員の状況に目を配り、きめの細かいコミュニケーションをとってゆく必要がある。

(7) 常に全体を把握するバランス感覚

　日本の起業家の多くは、企業は自分のものという意識が強すぎて、バランス感覚に欠けることがしばしばある。ベンチャー企業といえども、経営に必要な機能は大企業と変わりがなく、技術、営業、管理、システムの4つの要素をマネジメントしてゆくことが必要である。どんなに能力が高くても、この多岐にわたる機能を1人ですべてやることは不可能であり、自己を冷静に見つめ、自己に不足する機能をどのように補充してゆくのかを考えるのが起業家のバランス感覚である。

　技術に強い社長であれば、どうしてもその他の機能についてはおろそかになりがちである。そのような場合、社長が思いもよらなかった技術以外の部分から経営が崩壊してゆくことが少なくない。自分の得意分野以外について信頼できる人材を発掘し、任せるとともに、自分の得意領域に埋没することなく、一段上の視点を持って全体を把握する能力が必要となる。

　米国の成功する起業家に見られる重要な特徴として、バイグレイブ＆ザカラキス（2009）は、夢ビジョン、果敢さ、素早い実行、強い意思、事業への献身、事業への愛情、注意深さ、運命を切り開く自主性、金銭的欲求、分配の10条件があると指摘している（図表5.1）。日本の成功する経営者と比べて、大きな違いはないが、Destiny（運命）「起業家は雇い主に自分の運命を委ねるよりは自分の運命は自分で責任を持ちたいと思っている」という項目が日本よりも強いように感じる。

図表5.1　成功する起業家に見られる最も重要な特徴

Dream（夢）	起業家はビジョンを持たなければならない。ビジョンとは彼らにとって、そして彼らの事業にとって未来はどのようなものになるかということである。さらに重要なことは、その夢を実現できる能力を持っていることである
Decisiveness（果断さ）	起業家はぐずぐずしない。決断は素早く行う。この素早さが成功するための鍵となる要素である
Doers（実行）	起業家は一連の行動をいったん決めたらできるだけ素早く実行する
Determination（意思）	起業家は事業にのめり込む。乗り越えられないような困難にぶつかった時でも、めったに諦めない
Dedication（献身）	起業家は事業にすべてを捧げる。時には、友人や家族との関係を犠牲にすることもある。疲れを知らないかのように1日24時間、1週間7日間働くことは珍しくはない。特に、事業を軌道に乗せるまでは、そうである
Devotion（愛情）	起業家は自分が行っていることを愛している。辛い時に彼らを支えるものは事業に対する愛である。そして、効率的にそれを販売できるのは、製品やサービスを愛しているからである
Details（細かさ）	起業家は細かなことでも重要なものについては把握している。悪魔は詳細に潜むとはよくいわれることであるが、事業を始め、成長する時ほど、この格言が当てはまる時はない
Destiny（運命）	起業家は雇い主に自分の運命を委ねるよりは自分の運命は自分で責任を持ちたいと思っている
Dollars（金銭）	起業家はお金を成功の尺度と考える。お金は第1の目的や動機ではないものの、成功したならば、報酬を与えられてしかるべきと考えている
Distribute（分配）	起業家は、事業の成功に貢献した人たちに対して事業の所有権を分配する

出所：ウィリアム・バイグレイブ、アンドリュー・ザカラキス『アントレプレナーシップ』（日経BP社、2009年）

2 ― 起業家のバックグラウンド

　ベンチャー企業の起業には、起業家自身の経歴を含むバックグラウンドが重要となる。各種のアンケートの結果を見てみよう。

1. 起業家の学歴

　起業家の学歴、起業の動機については、1997年に早稲田大学アントレ

図表 5.2　起業家の学歴

(単位：%)

最終学歴	1997年					2003年
	米国	英国	ドイツ	韓国	日本	日本（技術）
義務教育	1.1	16.4	10.9	3.5	11.7	2.8
高等学校	17.6	23.6	15.2	10.4	36.2	13.1
専門学校・短大	5.1	16.4	15.2	1.7	9.7	12.4
大学	43.7	20.0	17.4	61.7	39.6	52.0
大学院（修士・博士）	32.1	23.6	41.3	22.6	3.8	17.2
有効回答数	261	55	46	115	301	396

出所：早稲田大学アントレプレヌール研究会『世界5カ国の起業家輩出の現状と課題』（1997年）および創業・ベンチャー国民フォーラム『日本の技術ベンチャーの調査』（2003年）

図表 5.3　起業家の起業動機

(単位：%)

起業動機	1997年					2003年
	米国	英国	ドイツ	韓国	日本	日本（技術）
家族や一族の幸福	79.1	68.1	45.9	34.8	42.8	28.8
自己の人生に挑戦	60.1	38.1	64.6	74.1	63.1	81.3
自己能力を伸ばす	56.8	39.6	55.1	61.6	55.7	63.1
高い収入の確保	65.3	48.1	31.9	35.4	33.7	32.3
新製品や新技術の開発	23.6	20.9	22.9	53.1	32.3	77.0
存在感のある企業	21.3	20.4	20.9	29.1	46.4	18.9
社会や人々の幸福	20.2	4.1	8.1	24.6	22.9	61.4
創業資金の存在	12.4	22.9	4.2	7.5	6.2	14.9
有効回答数	247	50	49	106	349	396

注：「全く関係なし1」から「ずばりその通り5」までの5段階評価中上位2段階の割合および「該当する」の割合。
出所：図表5.2と同じ

　プレヌール研究会が行った、米国、英国、ドイツ、韓国、日本の国際比較調査[1]と、2003年のベンチャー企業に特化した日本企業の調査[2]によって、明らかにできる（図表5.2、5.3）。

1──1997年に早稲田大学アントレプレヌール研究会が行った、米国、英国、ドイツ、韓国、日本の国際比較調査は、各国の大学と連携した調査結果。
2──2000年から始まった「創業・ベンチャー国民フォーラム」（当時）（会長・江崎玲於奈）の03年度の調査提言委員会（委員長・松田修一）「技術ベンチャーの実態調査」で、創造的中小企業促進法の認定を受けた企業が対象。約2,000社のベンチャー企業から396社の回答。

第5章 最適な起業家や経営チームの組成

　まず、起業家の学歴については、日本を除く4カ国では、大学院（修士・博士）修了の高学歴者が全体の20％を超えており、ドイツに至っては、41.3％に達している。対して、日本は大学院修了の起業家が全体のわずか3.8％にすぎず、逆に、最終学歴が大学・大学院以外の起業家の比率は57.6％で、5カ国の中で最も高い割合を示している。

　この原因として、日本が米国等とは対照的に、高学歴者の大企業志向が強く、ベンチャー企業に高学歴の人材がなかなか供給されないといった状況が考えられる。

　しかし、技術ベンチャー企業の場合には、高学歴の起業家が多くなっている。1997年調査と時点が違うが、2003年時点で創造的中小企業促進法の認定を受けた技術ベンチャー企業の起業家の最終学歴は大きく変わって、大学院（修士・博士）以上の学歴が17.2％に達し、文科系5.1％、理工系12.1％になっている。技術ナレッジの集積が必要であるためであろう。

2. 起業家の起業動機

　次に企業設立の動機だが、日本では、他4カ国と比較して「存在感のある企業を創る」「社会や人々の幸福を実現する」という要因が強いことがわかる。逆に、「高い収入の確保」といった動機はそれほど強くなく、金儲けを必ずしも快く思わない日本の社会風土が反映されているようである。ちなみに、高い収入の優先順位を明確に挙げているのが米国。また、欧米の国は、「家族や一族の幸福」という項目に高いプライオリティーを置いていることがわかる。

　日本の技術ベンチャー企業は、日本の一般ベンチャー企業よりも、「自己能力を伸ばす」ことや、「新製品や新技術の開発」への挑戦や「自己の人生」への挑戦意欲が極めて高いことがわかる。さらに、技術を「社会や人々の幸福」にいかに活かすかに腐心している姿が浮かび上がる。技術ベンチャー企業は、超高齢化社会・ハイコスト日本の経済面の救世主となる可能性がある。

3──会社理念の重要性

1. 会社理念の意義

　経営理念とは、企業経営上の価値観ならびに行動規範を、企業の顧客、従業員をはじめ利害関係者に示すものである。この経営理念が浸透することによって、顧客満足（Customer Satisfaction：CS）と従業員満足（Employee Satisfaction：ES）を両立させる効果があるとされている。ベンチャー企業の起業家は、高い会社理念を構築し、保持することが非常に重要である。

　企業の経営環境が一層複雑化する中で、とりわけ、トップマネジメントの経営姿勢に対する社会からの評価が厳しくなっている。このことは、市場が企業に対し、法令遵守（コンプライアンス）の徹底をはじめとする経営活動の見直しを要請している。バーナードは、「組織の存続は、それを支配している道徳性の高さに比例する。すなわち、予見、長期目的、高遠な理想こそ協働が持続する基礎なのである」と述べ、「高い道徳性、高い理想に基づいた強力なトップの信念が従業員の欲求や社会的環境の要請と一致し経営理念となる」と指摘している（Barnard, 1938）。

　経営理念の構造については、奥村（1994）は、「経営理念という抽象的な概念について、これを実効あらしめる階層性（理想としての上位概念から、実践原理としての下位概念に至る目的と手段までを網羅した構成をもつ）と、これを重点的に指定する経営の領域性（企業理念、企業環境理念、管理・行動理念という3つの重要領域をカバーし、各信念の確立を明示した構成を持つ）によって、われわれは経営理念の働きや機能について確信を持っている」と主張している。

　また、経営理念が果たしうる機能として、伊丹・加護野（2003）は、「モチベーション、判断、コミュニケーションという3点のベースの提

3──松葉博雄（2008）「経営理念の浸透が顧客と従業員の満足へ及ぼす効果」経営行動科学第21巻2号、89–103頁
4──Barnard, Chester I.（1938）"The Function of the Executive," Harvard University Press（山本安次郎ほか訳『新訳　経営者の役割』ダイヤモンド社、1968年）
5──奥村惠一『現代企業を動かす経営理念』（有斐閣、1994年）

供」を挙げている。[6]

経営理念は、日常の経営活動の末端まで浸透を図る必要がある。清水（1996）は、「経営者個人が抱く高い道徳性をもった信念と、従業員の欲求・動機、社会的環境の要請が相互作用して見出された経営理念が浸透すれば、組織内の人々はトップの意思決定を理解でき、共通目標と矛盾していないことがわかり、そして自らの欲求と両立しうるものと信じることが出来る」と述べている。[7]

2. 会社理念の成功例、失敗例

経営理念は、具体的に企業がどこに向かうかを示すものでなければならない。

例えば、「人類の平和と幸福に貢献する企業となる」とか「平和と健康を愛し、心のかよう企業を目指します」という経営理念は壮大であるが、どこの企業にも当てはまり、社員はその企業・組織が将来どのようになろうとしているかという青写真、そこへ至るまでの大まかなロードマップのイメージがわいてこない。

だからといって、「ソフトウェア業界において3年以内にナンバーワンの地位とブランドを確立する」というものは、妥当な経営理念であろうか？　これは企業の当面の目標は示しているが、「なぜ我々の企業は存在しているのか？」という問いには答えていない。経営理念は、何らかの理想に向けて進もう、という鼓舞するようなイメージが伝わらなければならないのである。

筆者が成功した経営理念の例として、第2章でも事例研究したジャパン・ティッシュ・エンジニアリング（再生医療の研究販売企業）を紹介したい。ここの経営理念は、「再生医療の産業化を通じ、社会から求められる企業となる。法令・倫理遵守の下、患者様のQOL向上に貢献することにより、人類が生存する限り成長し続ける企業となる。その結果、全てのステークホルダーがより善く生きることを信条とする」である。ポイントして、第一に、世界でも最先端技術分野である「再生医療」において、単なるシェアアップを目的にするのではなく、自らがフロントランナーとして、ひとつの産業を作り出すという、壮大なチャレ

6――伊丹敬之・加護野忠男『ゼミナール経営学入門〈第3版〉』（日本経済新聞社、2003年）
7――清水馨（1996）「企業変革に果たす経営理念の役割」『三田商学研究』第39巻第2号

ンジを表明している。また、第二に、社会から求められる企業とならねばならないということで、単なるシーズ志向の研究開発企業で終わってはいけないという決意が込められている。第三に、人類が生存する限り成長し続ける企業、少なくとも100年から200年後のために社業を進めている、という志の高さを示している。

このように経営理念がしっかりと策定され、また、経営理念の定着に経営陣が注力しているため、多くの厚生労働省の承認に係る困難や資金調達の苦しみなどを乗り越え、再生医療で初めての上市、保険収載と株式上場を成し遂げることができた。また、人材も日本中から高度な技術者が採用できている。会社設立から10年間で役員を除いて112人が入社し、退職したのはわずか24人にすぎない。しかも、地元就職志向の強い愛知県において、約6割は志を持って引っ越してきた愛知県以外の出身者で構成されている。これらは、経営理念の大きな効果が出ているものと思われる。

4──最適な経営チームの組成

チームによる経営について、ティモンズ（1994）は事例を基に、ベンチャー企業の成長性とチームによる経営との間には高い相関関係があると指摘した。ベンチャー企業を起業した直後に待ち受ける「孤独感、ストレスなどのプレッシャー」と戦うためには、気の許せるパートナーを得て、起業のプレッシャーを分担し、挑戦する勇気を喪失しないことが必要になる。また、パートナーとの共同作業により経営の問題を複数の目で洗い出し、問題を予測することが不可欠であるとしている。さらには、起業家の専門性を補ううえでも、チームによる経営が適切であるとしている。

1. 最適な経営チームの構成メンバー

スタートアップ段階のベンチャー企業が持つ経営チームの一般的な構成は、図表5.4のようになろう。ベンチャー企業にとって必要な機能がまとめられている。ただ、ベンチャー企業の場合、最初から機能・役割の数だけ人数が必要なわけでなく、兼務で対応することになろう。最初から大人数の経営陣を抱えると、コスト高になるだけでなく、コミュニ

ケーションがうまくいかず、かえって経営が混乱することになりかねないからである。しかし、成長してゆくにつれて、機能・役割を兼務している弊害が出始め、構成メンバーの得意分野や性格に応じて経営チームの人数を増やしていくことも必要になってこよう。会社の事業規模や展開領域が大きくなり、また、多くの社員を抱えるに至って、少人数の経営チームでは目が行き届かなくなることも多くなってくる。

初期の段階では専門的経験を持った経営メンバーを入れるほどではないので、経験がなく特別に好きでもないが、器用で小回りの利く役員がCFOを兼務していることが多い。あるいは、研究開発段階の企業におけるマーケティング、営業機能は重要でないため、COOが片手間で行っていることも多い。どちらもスタートアップ段階では適切な判断であったであろうが、成長してゆくにつれ、専門的な能力が必要とされてきて、それぞれその分野が得意な専門経営メンバーを入れなければならない段階がくる。しかし、CEOにその重要性が認識されない、あるいは資金不足などの理由から、専門的な経営メンバーを迎え入れないため、スタートアップ段階では非常に注目を浴びたイノベーティブな事業をしていたベンチャー企業が伸び悩んでいく事例を、筆者は多く見てきた。

ベンチャー企業の経営チームは、複数分野のプロフェッショナルの集合体であり、企業成長の段階、外部競争状況、資金状況などによって、

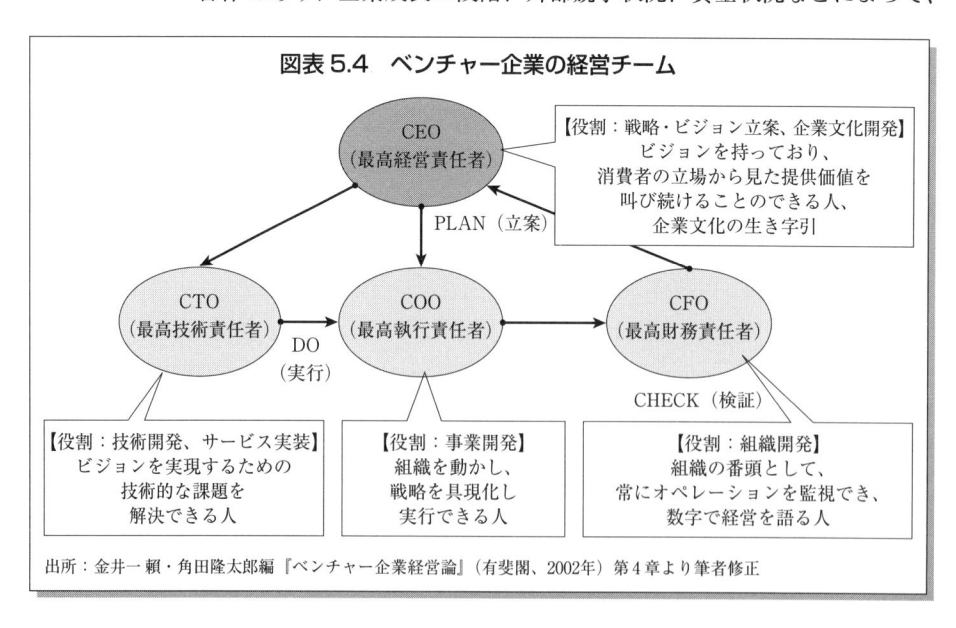

図表5.4　ベンチャー企業の経営チーム

- CEO（最高経営責任者）
  - 【役割：戦略・ビジョン立案、企業文化開発】ビジョンを持っており、消費者の立場から見た提供価値を叫び続けることのできる人、企業文化の生き字引
- CTO（最高技術責任者）
  - 【役割：技術開発、サービス実装】ビジョンを実現するための技術的な課題を解決できる人
- COO（最高執行責任者）
  - 【役割：事業開発】組織を動かし、戦略を具現化し実行できる人
- CFO（最高財務責任者）
  - 【役割：組織開発】組織の番頭として、常にオペレーションを監視でき、数字で経営を語る人

PLAN（立案）／DO（実行）／CHECK（検証）

出所：金井一賴・角田隆太郎編『ベンチャー企業経営論』（有斐閣、2002年）第4章より筆者修正

柔軟に変化させなければならない。この段階のこの業種であれば、このような経営チームを組織すれば成長することができる、という必要十分条件がないということも、ベンチャー経営の難しさでもあり、面白さでもある。

2. ケース：ワイズセラピューティックス株式会社における経営チームの組成

　ベンチャー企業のスタートアップ段階から、異分野のプロフェッショナルが集結して理想的な経営チームを編成した事例として、ワイズセラピューティックス株式会社を挙げる。

　ワイズセラピューティックス（以下、ワイズ）は、東京大学医科学研究所およびテキサス大学MDアンダーソンがんセンターの森本幾夫教授と、テキサス大学MDアンダーソンがんセンターのN. H. Dang准教授の研究シーズを基に、アンジェスMG株式会社元代表取締役社長の村山正憲氏が中心となり、2003年3月に設立された。

　ワイズが開発している医薬品のひとつが、各種がん細胞で発現しているタンパク質（CD26分子）の働きを抑制する抗体医薬であり、当時、注目された開発分野のひとつであった。同社は日本だけでなく、米国を含めた世界のバイオ市場で一流のグループに仲間入りするという壮大なビジョンを掲げており、「ジェネンテックのような会社になるのが夢です」というのが、村山氏が時々口にする言葉であった。

　森本教授は1973年に慶応義塾大学医学部を卒業後、同大学の内科学教室で助手を務め、その後、ハーバード大学医学部に移り、88年に同大学の准教授に就任。95年に東京大学医科学研究所のウイルス疾患診療部の教授、2000年に同研究所の免疫病態分野の教授となり、01年にテキサス大学MDアンダーソンがんセンターのリンパ腫・骨髄腫分野の客員教授に就任した。森本教授は免疫学の権威であり、ワイズの事業化の中心的なシーズであるCD26分子に関する研究だけでも、過去5年間に欧米の主要学術雑誌に40近い論文を発表するなど、この分野で最先端の研究者であった。東京大学から兼業の承認を得て、03年にワイズを設立、取締役に就任した。

　一方、代表取締役CEOの村山氏は、1986年に慶應義塾大学経済学部を卒業後、ドイツ証券、ゴールドマン・サックス証券といった外資金融機

第5章 最適な起業家や経営チームの組成

関勤務を経て、92年に個人の運用会社を設立した。その後、アンジェスMGの創業者である現大阪大学・森下竜一教授と出会い、同社を2002年に大学発バイオベンチャーのIPO第1号に導いた人物である。

その後、アンジェスMGを2003年初に退社した村山氏は、人を介して森本教授と出会った。村山氏は森本教授の研究の質の高さと「難病で苦しんでいる人に良い薬を届けたい」という考えに感銘し、一方、森本教授は村山氏のバイオベンチャー育成の経験に注目し、世界的なバイオ企業を創りたいというビジョンに共鳴した。この2人の出会いによってワイズの創業が実現したのであり、それがなければ、森本教授の研究の事業化はずっと遅れたかもしれない。

経営メンバーとしては、COOとして青柳貞吉氏、CFOとして冨田鋼一郎氏が、CTOには金島秀人氏が参画した。COOの青柳氏は、1981年に大阪大学大学院薬学研究科博士課程を修了。明治製菓、アムジェン、ジェネンテック等で医薬品開発に携わり、所属企業のM&Aの影響で日本ロッシュ、中外製薬の製品企画グループ出身。バイオベンチャーは大手製薬とのアライアンスが経営戦略の根幹を占めるので、ベンチャーと大手製薬の双方の内情を熟知している青柳氏のような存在は極めて貴重であった。CFOの冨田氏は70年に横浜国立大学経済学部を卒業し、同年に日本長期信用銀行に入行。同行ロスアンゼルス支店、長銀ニューヨーク信託社長を歴任し、99年に同行を退職。2001年に日本ドレーク・ビーム・モリンのマネジメントコンサルタントを経験。銀行員、コンサルタントの経験とともに、海外での長期のキャリアを活かして、ワイズの管理部門を担当。当初から海外での業務展開を考えている会社は、ライセンス等の法務関連の交渉、管理が重要で、この部門に優秀な人材が必要である。

CTOの金島氏は1978年に名古屋大学医学部を卒業。同大医学部の病理助手を経て渡米し、現在まで20年近く米国に居住。その間、86年にスタンフォード大学病理学客員研究員に就任。88年にカリフォルニアのバイオベンチャーのシステミック社の細胞移植研究部ディレクター、2000年から東京大学シリコンバレーオフィスのディレクターを経験している。

ワイズの経営陣は、会社のパフォーマンスを上げるうえで、適切な人材ポートフォリオを形成している。ファイナンス・ビジネス（村山

CEO)、研究開発（森本取締役）、臨床開発（青柳COO）、管理・総務（冨田取締役）、技術評価・海外ネットワーク（金島取締役）という、ほぼ理想に近い組み合わせが会社の創業に近い時期に組成できた。その結果、スタートアップ段階から多くのベンチャーキャピタルから資金を集めることができ、2003年12月時点までに約15億円の資金を調達して、順調なスタートをきった。

　ところで同社は短期間に株式上場をすることができたであろうか？

　2005年6月20日付けで東京証券取引所が刊行する「マザーズ上場の手引き」の中の「V. 上場審査に関するQ&A」において、創薬系バイオベンチャー企業のマザーズ上場準備における留意点や審査上のポイント等を追加する改訂が大きな影響を与えた。

　それは、上場に当たって整備するポイントとして、パイプライン（創薬の開発する薬のテーマ）に臨床試験による薬理効果が確認されているものが含まれているか、それぞれのパイプラインの開発優先順位の明確化と適切な管理がなされているか、主要なパイプラインの製薬会社とのアライアンス等による将来の開発と事業化の担保があるか、主要なパイプラインにかかる知的財産権の保護があるか等、7項目が列挙された。実質的にひとつのパイプラインではだめで、複数のパイプラインを持っている必要があり、かつ、そのパイプラインは大手製薬会社と開発契約が締結されていなくてはならない、ということを意味しており、バイオベンチャー企業にとっては、非常に高いレベルを要求するものであった。

　このように当初の上場を短期間で達成することができなくなるような、大きな危機に直面して、2005年11月には大規模な希望退職を募集することとなり、また、05年12月にはCEOとして加藤伸朗氏（味の素株式会社の医薬開発部部長、臨床開発部部長）、COOとして東園基治氏（いすゞ自動車株式会社海外商品企画部長、北米品質担当部長）に経営メンバーを入れ替えることになった。

　理想的な経営チームを組成して資金も潤沢に集めながらも、規制の変化による会社の危機に面した時に、本来、期待されるようなプロフェッショナルとしての役割を果たすことができなかった要因は何であったのか？　いろいろな要因があったのであろうが、経営メンバーの理念の共有性などの面で問題があったのではないかと筆者は考える。

5──社長の交代が企業成長に与える影響

　ベンチャー企業の最高責任者である社長や、トップ・マネジメント・チーム（TMT）の権限移譲はベンチャー企業にとって大きな出来事である。これがどのようにベンチャー企業のパフォーマンスに影響を与えるのであろうか？

　中内基博「株式上場に際するベンチャー創業社長の交代およびTMT構成がパフォーマンスに与える影響」（早稲田大学産業経営研究所『産業経営』2004年第36号）および「新興企業における創業社長の交代とTMT構成が組織の成長性に及ぼす影響」（『組織科学』、2005年、39（2））が詳しいので、その内容を基に説明したい。

　急速に成長するベンチャー企業は、経営者の経営能力にそぐわないほど大きくなったしまうため（Willard et al., 1992）[8]、企業進化に合わせてマネジメント・スタイルも、起業家型マネジメントからプロフェッショナル・マネジメントへ変更すべきである（Rubenson and Gupta, 1992）[9]。

　社長交代についての先行研究によると、会社のパフォーマンスが良い場合や、これまでの戦略を継続する意図がある場合には、内部者が新社長になることが予想されるが、逆にパフォーマンスが悪く、戦略を変更する意図がある時には新社長として外部者を招聘することが期待される（Brady and Helmich, 1984）[10]。

　創業社長のステイタス（創業時の社長が現在の社長である）とパフォーマンスの関係についての実証結果は多様であり、未だ確たる結論を得られない。正の関係を見出したものとして、Begley（1995）[11]の研究がある。小規模企業239社を対象とした分析の結果、創業社長のいる企業は

---

[8] Willard, Gary E., David A. Krueger, and Henry R. Feeser（1992）"In order to Grow, Must the Founder Go: A Comparison of Performance between Founder and Non-Founder Managed High-Growth Manufacturing Firms" Journal of Business Venturing, 7: 1, pp.81-194.

[9] Rubenson, George C. and Anil K. Gupta（1992）"Replacing the Founder: Exploding the Myth of the Entrepreneur's Desease" Business Horizons, 35（6）: pp.53-57.

[10] Brady, G. and D.Helmich（1984）"Executive Succession" Englewood Cliffs, NJ: Prentice Hall.

[11] Begley, Thomas M.（1995）"Using Founder Status, Age of Firm, and Company Growth Rate as the Basis for Distinguishing Entrepreneurs from Managers of Small Business" Journal of Business Venturing, 10: pp.249-263.

図表5.5 創業社長が組織にとどまるメリットとデメリット

メリット	デメリット
創業者固有のモチベーション	企業が進化するにつれ、会社経営に必要な専門能力、情報処理能力、意思決定能力を持たなくなる。
保有株式の多さからくる株主価値最大化の行動	創業社長は指揮権を手放すことを望まない
組織特有の知の保有	環境変化へ不適応
長期的投資を行う視野	過去の成功体験に引きずられやすい
マネジメントチーム、社員の性格と能力を熟知	社内に苦言を呈してくれる人がおらず、判断が独断になりがち
強いコミットメントを引き出す力と影響力	

出所：筆者作成

非創業社長企業に比してROAが高かったとしている。また、Fortune500の企業を対象にしたAdams et al.（2003）[12]は、創業社長のステイタスとトービンのqおよびROAが正の関係にあることを見出している。

他方、Daily and Dalton（1992）[13]は、急成長した小規模公開会社を対象とした分析を行い、創業社長と非創業社長との間にはROEやROAなどの財務パフォーマンスにおいて、統計的有意な差は見られなかったとしている。また、Jayaraman, et al.（2000）[14]は、重回帰分析の結果として、企業規模および社歴が創業社長ステイタスと財務パフォーマンス（3年間の株式収益率）との関係を負にモデレートすることを見出しているが、創業社長と財務パフォーマンスに関しては有意な結果を得ていない。

このように実証研究の結果は必ずしも一致した結論を得ていないが、その理由としてベンチャー創業社長が組織にとどまることのメリットとデメリットのトレードオフの存在が考えられる。

12——Adams, Renee B., Heitor Almeida, and Daniel Ferreira（2003）"Founders-CEOs and Firm Performance," Working Paper.
13——Daily, Catherine M. and Dan R. Dalton（1992）"Financial Performance of Founder-Managed versus Professionally Managed Small Corporation" Journal of Small Business Management, 30(2): pp.25-34.
14——Jayaraman, Narayanan, Ajay Khorana, Edward Nelling, and Jeffery Covin（2000）"CEO Founder Status and Firm Financial Performance" Strategic Management Journal, 21: pp.1215-1224.

創業社長のメリットがデメリットを上回れば創業社長の留任とパフォーマンスの関係は正となり、逆にデメリットのほうが大きければ負となり、拮抗すれば有意な関係性が得られないという結果になると推定される。いずれはプロフェッショナル・マネジメントへの移行が不可欠であろうが、創業社長以外には代替がきかないメリットもあるため、これらのメリットを減殺することなく、デメリットをトップ・マネジメント・チームが補完することによって、移行をスムーズに行うことが可能となろう。

　組織の成長に比してマネジメント能力が不足する課題に対しては、新メンバーの加入により解消できる可能性がある。例えば、組織外部の大企業で勤務経験があるものなどである。新しいメンバーは新しいスキルを習得しているし、社内の惰性にとらわれない意思決定を行う可能性もある。

　しかし、創業社長が留任していて、新メンバーを加入する場合に、その新メンバー比率をどのようにしたらよいかは難しい。新メンバー比率の高さは創業社長のTMT内部におけるパワーを弱め、結果としてTMT内部にコンフリクトを生み、創業社長のメリットを活かすことができなくなるからである。したがって、中内氏は「創業社長が留任しているとき、新メンバー比率とパフォーマンスの関係は逆U字型となる」（中内2004）と指摘している。

　つまり、あるところまでは新メンバー比率を高めたほうがパフォーマンスは上昇するが、ある比率以上になると、かえってパフォーマンスは低下することになると予測される。筆者の経験でも、この新メンバー比率は、会社がうまくいっているかどうか、社長の社内での発言力の程度、従来の会社メンバーの同質性などによってその分岐点が出てくると感じる。

　この新メンバー比率、もっといえば新メンバーとして、どのような性格で、どのような経験と能力を持った人を新メンバーとして参画させたらよいか？という問題は、非常に重要であるが難しい問いかけである。しかし、この問いかけに対する実行次第で、ベンチャー企業の成長スピードが決まるといっても過言でないと実感する。

　図表5.6は、新興3市場に1994年4月から2001年12月までに株式上場した企業のうち、データの入力可能で、かつ、大企業の子会社でない284

図表 5.6　上場後売上高成長率を従属変数とした回帰モデル

	モデル1	モデル2	モデル3	モデル4
社長年齢	***－0.28 (0.23)	***－0.23 (0.24)	***－0.22 (0.24)	***－0.25 (0.23)
社長在任期間	－0.05 (0.23)	－0.11 (0.26)	*－0.12 (0.26)	*－0.13 (0.24)
役員数	*0.11 (0.85)	**0.13 (0.88)	0.08 (0.85)	0.1 (0.84)
役員平均在職期間	－0.09 (0.07)	－0.08 (0.07)	－0.08 (0.07)	*0.1 (0.07)
役員持株比率	0.1 (0.09)	0.03 (0.09)	0.04 (0.09)	0.03 (0.09)
金融機関持株比率	*0.12 (0.44)	*0.12 (0.43)	0.09 (0.43)	0.1 (0.42)
従業員数（ln）	**－0.12 (0.)	**－0.15 (2.12)	**－0.12 (0.)	**－0.12 (0.84)
上場年度ダミー（99）	0.07 (5.76)	0.08 (5.68)	0.06 (5.68)	0.04 (5.62)
上場年度ダミー（00）	0.09 (4.15)	**0.13 (4.16)	**0.13 (4.14)	*0.11 (4.05)
マザーズダミー	*－0.12 (7.09)	**－0.16 (7.18)	**－0.14 (7.04)	**－0.15 (6.95)
ヘラクレスダミー	0.01 (4.91)	－0.04 (4.66)	0 (4.87)	－0.02 (4.81)
創業社長ダミー		**0.16 (4.76)		
役員内新メンバー比率			**0.16 (0.08)	
役員内創業メンバー比率				**－0.17 (0.11)
創業社長 ×新メンバー比率			***0.66 (0.23)	
創業社長 ×新メンバー比率2乗			**－0.6 (0.)	
創業社長 ×創業メンバー比率				***0.67 (0.26)
創業社長 ×創業メンバー比率2乗				***－0.41 (0.)
定数	(12.53)	(15.87)	(13.51)	(12.48)
調整済みR2乗	0.14	0.16	0.17	(0.19)
F値	***5.00	***5.21	***5.05	***5.61

注：＊＊＊1％水準で有意、＊＊5％水準で有意、＊10％水準で有意。
　　カッコ内は標準誤差。
出所：中内基博・稲村雄大「新興企業における創業社長の交代とTMT構成が組織の成長性に及ぼす影響」（組織科学、2005年、39（2）、94-106頁）

社を対象に分析したものである（成長性は公開年と、1年後、2年後の売上高成長率の幾何平均を採用）。売上高成長率に影響を与える可能性のある項目について、4つのモデルを作り、分析している。

モデル1は、主なコントロール変数が売上高成長率に与える影響を分析したものである。社長の年齢が1％有意で負の相関を示しており、若い社長がいる会社ほど成長性が高いといえる。また、従業員数が5％有意で負の相関がある。小規模の会社が株式公開した場合には、その後の成長性が高いことが窺える。またTMT規模である役員数については10％有意ながら正の相関を示しており、TMT規模が成長性を押し上げる可能性が示唆された。

モデル2において、創業社長が5％有意で正の相関を示している。したがって、創業社長の留任が成長性に正の影響を与えている。

次にモデル3は創業社長と新メンバー比率のインタラクションおよび創業社長と新メンバー比率の2乗項のインタラクションを組み入れたモデルである。創業社長と新メンバー比率とのインタラクションは1％有意で成長率と正の相関を示し、創業社長と新メンバー比率の2乗項とのインタラクションは5％有意で成長性と負の相関を示した。したがって、創業社長が留任している場合、新メンバー比率と成長性の関係は逆U字型であることが証明された。

最後に、モデル4は創業社長と創業メンバー比率のインタラクションおよび創業社長と創業メンバー比率の2乗項のインタラクションを組み入れたモデルである。創業社長と創業メンバー比率とのインタラクションは1％有意で成長率と正の相関を示し、創業社長と創業メンバー比率の2乗項とのインタラクションは1％有意で成長性と負の相関を示した。したがって、創業社長が留任している場合、創業メンバー比率と成長性の関係は逆U字型であることが証明された。

ちなみに、中内氏が2008年に大企業における社長交代と新社長の出身との関係を分析した結果、日本においては、前任の社長が解雇され（会長として残留しない）、新社長が内部出身者であった場合に、交代後のパフォーマンスが高いということが実証されている。欧米の先行研究で

15——中内基博、飯尾隼人（2008）「日本の製造業における社長交代とパフォーマンスの関係性」経営力創成研究、Vol.4、No.1、19–36頁

は、前任者が解雇され、新社長が外部出身者である場合にパフォーマンスを向上させるという実証結果が得られているが、日本の場合には反対に負の相関が得られており、興味深い。日本企業が欧米企業に比べて同質性の高い集団で構成されていることや、日本独自の社会的文化的価値観や組織プロセスが関与しているためであると考えられる。

　同質性が高いがゆえに、異質な社長を受け入れがたい風土が日本にあることは知られている。しかし、ベンチャー企業の場合、もともと社歴の浅い人間が、企業理念に基づき集まってきた集団であり、また、成長過程で起業家型経営からプロフェッショナル型経営に移行せざるを得なくなることから、日本の大企業のような結果ではなく、欧米のように能力の高い外部出身者に交代することも、パフォーマンスをプラスに働かせることになるのではないかと筆者は思う。

第6章
優秀な人材の確保、教育育成

　この章では、ベンチャー企業の人材の確保と報酬制度、教育制度などについて学ぶ。

> **この章の課題**
> 1．ベンチャー企業において、人材の適正規模をどのように考えたらよいか？　思うような質の採用ができない中、どのような考え方で採用人数、採用の質を考えたらよいのか？
> 2．ベンチャー企業の報酬制度はどのようにしたらよいか？　中途採用が多い中、前職の年収に引っ張られた個別報酬になりがちな中、会社全体の報酬体系をどのように構築したらよいと思うか？
> 3．ベンチャー企業の報酬制度として、年齢や勤続年数に応じた固定給に基づく報酬と、成果報酬との割合について、あなたの考え方を述べなさい。また、現金報酬とストックオプションの比率についても述べなさい。
> 4．ベンチャー企業の教育、人材育成制度について、重要だと思うか？　中途採用に基づく即戦力の補充と、売上高や利益などの成果至上主義に基づく実力主義の風土さえあれば、特に教育や人材育成制度は必要ない、人材定着率の低さはしょうがないとの意見について、どのように考えるか？

1―持続的成長のために必要な人材戦略

1. 人的資本こそ持続成長の源泉

　大企業に比べると一般に事業の安定性に乏しく、ブランドが低いベンチャー企業にとって、大企業と伍して優秀な人材を採用することは大きな困難が伴う。ベンチャーキャピタルが投資を行っているベンチャー企業に対して、2007年に経済産業省が行ったアンケート調査の結果によれば、これら企業のうち、約71％が自社の人材確保について不十分と感じている（図表6.1）。

　しかし、採用が困難である環境であればこそ、優秀な人材が人的資本であると認識して、その強化に成功したベンチャー企業は大きな差別化ができ、大企業にも負けない競争力を確保できると考えるべきである。特に、近年のベンチャー企業を見ていると、短期的に急成長して株式公開までは成し遂げるものの、持続的成長を続けることができない企業が多い。

　その理由の大きなものとして、人的資本が公開後も拡大し続けていないことが挙げられよう。すなわち、人的資本の質と量が企業成長のスピードを上回っている状態をいかに続けるかに、経営者は最大の関心を払うべきである。

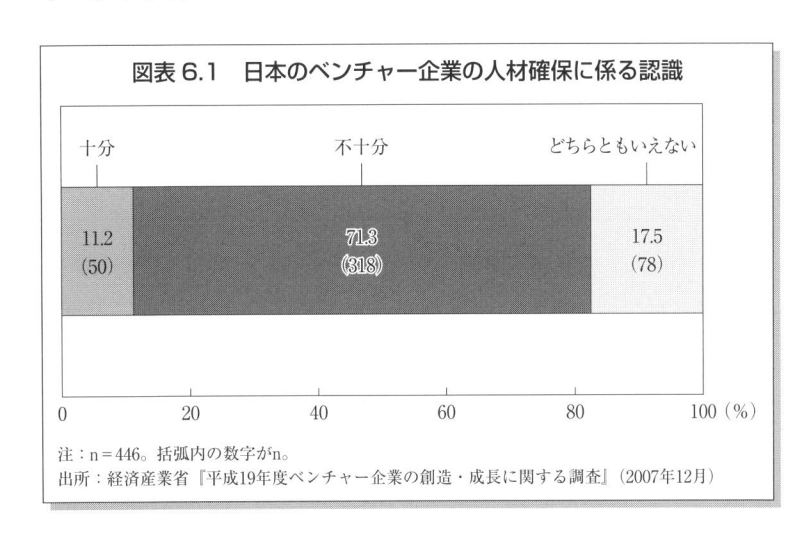

図表6.1　日本のベンチャー企業の人材確保に係る認識

十分	不十分	どちらともいえない
11.2 (50)	71.3 (318)	17.5 (78)

注：n＝446。括弧内の数字がn。
出所：経済産業省『平成19年度ベンチャー企業の創造・成長に関する調査』（2007年12月）

第6章 優秀な人材の確保、教育育成

図表6.2 人的資本の成長率と企業成長率とのバランス（望ましいステップ）

```
                  企業成長率
                    ↑
        Ⅲ. 収穫型～衰退型  │  Ⅳ. 安定成長型
        ←――――――――――――――→
                        │
        ――――――――――――――――――――――→
                        │
        Ⅰ. スタートアップ型 │ Ⅱ. 先行投資型
                    ――――――――――→
                          人的資本の質と量の成長率
```

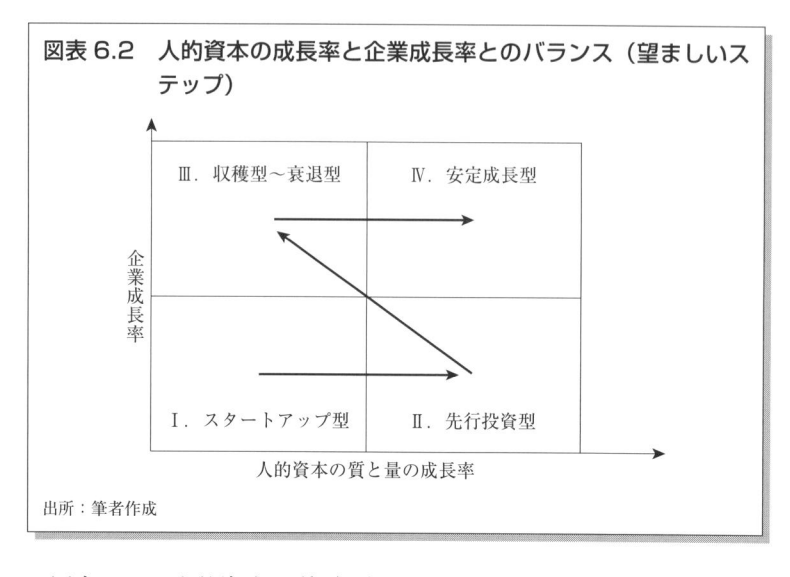

出所：筆者作成

　図表6.2は、人的資本の質（人材のレベル）と量（従業員数）の成長率を横軸にとり、企業成長率を縦軸にとったイメージ図である。ベンチャー企業は最初、左下象限（Ⅰ象限）である「スタートアップ型」から始まる。優秀な人材も採用できず、また、生産性向上への取り組みも進んでいないため、人数的にも不足する状況が続いている。そのため、企業成長率も低いものにとどまっている。

　その後、ベンチャー経営者が人的資本の拡充に注力する会社は右下象限（Ⅱ象限）へとシフトする。すなわち、将来の飛躍のため、人的資本の拡充に努め、優秀な人材の採用と社内教育の充実、業務を徹底的に任せることによるOJTなどにより、人材の強化を図ることを徹底する。

　このような人的資本の質・量の伴った拡充に努めたベンチャー企業は、左上象限（Ⅲ象限）へとシフトしていくことができよう。すなわち、人的資本の質・量の成長率を上回るような企業の売上高、利益などの成長を達成できるようになるのである。いわば収穫期を迎えるわけである。このような時点で株式公開を達成すると会社の勢いがあり、時価総額などの企業評価においても、高い評価を得られることであろう。

　しかし、そのうち、売上高や利益額について目標達成が苦しくなり、いわばノルマの達成に人材が必死になってくるところから、衰退が始まっていくことになろう。人的資本の充実以上の成果達成を外部から強いられることから、社内がぎすぎすしたり、不正が行われたりすることも

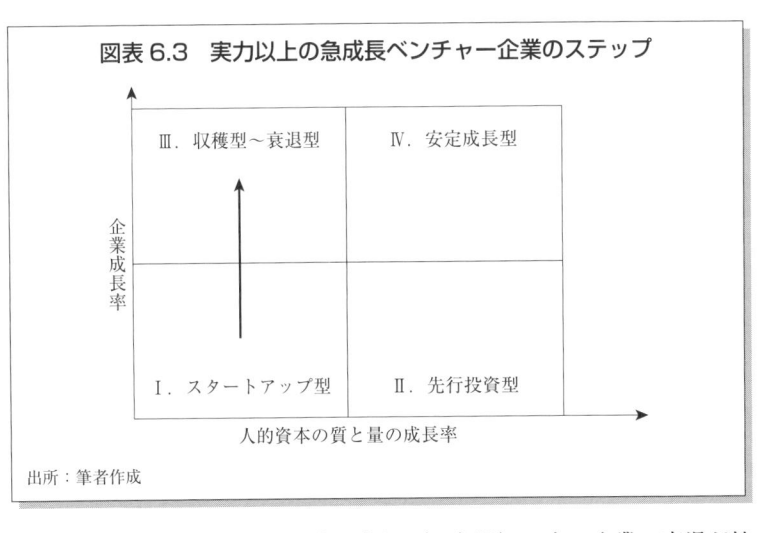

図表6.3 実力以上の急成長ベンチャー企業のステップ

Ⅲ. 収穫型〜衰退型	Ⅳ. 安定成長型
Ⅰ. スタートアップ型	Ⅱ. 先行投資型

縦軸：企業成長率　横軸：人的資本の質と量の成長率

出所：筆者作成

あり得る。このように、同じ左上象限（Ⅲ象限）でも、企業の衰退が始まった企業もあるので十分に留意すべきである。

　このような衰退を回避するためには、左上象限（Ⅲ象限）に入ってからも、引き続き人的資本の質・量の拡充を続けることによって、持続的な安定成長を目指す右上象限（Ⅳ象限）に入る努力を続けることが重要であろう。ベンチャー企業の場合であれば、成長段階に応じて、採用する人材のレベル・役割を変えながら成長してゆく戦略をとるべきである。

　このように図表6.2に見るようにⅠ象限からⅡ象限、Ⅲ象限を経てⅣ象限に至るようなステップを経て成長するベンチャー企業は安定感があり、少しくらいの危機や環境変化にも、十分対応できる。

　しかし、図表6.3のように、商品が偶然にヒットしたり、業界環境の好転などから、期せずして企業が急成長してⅠ象限からⅢ象限に入った場合には、人材の質・量ともに追いついていないために、急速に企業成長が止まってしまうケースもよく見かける。

　このような実力以上に急成長してしまったベンチャー企業の場合、継続して売り上げを伸ばすために、新規事業に進出してみたり、得た資金を梃子としていくつもの企業を買収して傘下に入れたりする戦略をとりがちだが、管理できる人材が不足しているため、結果として、ほとんどの新規事業に失敗し、また、買収した企業もほとんどが赤字を出し続け、こらえ切れなくなって低価格で売却または閉鎖することになりかね

ない。得られた資金は、優秀な人材の採用や人材教育に充てるという基本戦略をとるべきであると考える。

2. 適正な人材規模とは

　スタートアップ後の経営者にとって悩ましい問題は、どのような組織にして、人員の配置をどのようにするかであろう。創業したばかりの経営者にとっては、組織や人材の適材配置をあれこれと考えている余裕もないし、また、行うべき項目が単純であり、従業員もきびきびと働くものである。経営者がどうするかを一人で考えて、少ない社員に指示を出し、社員は与えられた課題をただ単にこなすだけで、十分成果は上がることであろう。しかし、スタートアップ後で、ある程度の売上高が立ち始めると、経営者一人では社員がどのように働いているのかがだんだんとわからなくなる。筆者の経験では、社員が20人を超えたあたりで、従来のように社員がきびきびと働かなくなった、社員が何をしているのかわからなくなった、自分が目を光らせていないと彼らが何をするかわからず不安である、という経営者の声を聞くようになる。

　それでは、ベンチャー企業において、適切な人材規模についてどのように考えればよいのであろうか？

　これは、属している業種や成長段階、経営陣の能力が高いかどうか、社長一人で成り立っている企業かどうか、などによって変わるので、一概に適正規模について断定できない。ただ、筆者が多くのベンチャー企業の成長過程を見た限りでは、社員20人、50人、100人を超えた企業規模において、それぞれレベルが変わるように思う。その段階が変化するたびに、仕事を創造してゆくタイプの人と、指示された仕事だけをして余分な仕事はしないタイプの人が出てくる。

　ベンチャー企業は優秀なコア人材と出会った時には迷うことなく採用しておく必要があるが、そうでない人材については採用を急がず、常に人出不足状態で進んでいくのがいいのではないだろうか？　経営者は1人当たり売上高、付加価値を常に把握しておき、従業員数と売上高、利益、付加価値の関係を理解して経営に当たるべきだと考える。

3. 採用の工夫

　リスクの高い事業に取り組むベンチャー企業が、優秀な人材を採用す

るには、リスクに見合ったリターンを、採用したい人材に対してどのように提示してゆくかが重要である。金銭面では、ストックオプション等の活用などベンチャー企業ならではの手法を用いるケースもあるが、一般に大企業に比べて資金的余裕の小さいベンチャー企業が、金銭面だけで大企業以上の条件を提示することは困難なことが多い。経営者とのビジョン共有や採用される側の自己実現、キャリアパスとして有効なスキル形成など、いかに非金銭的なリターンを提示・提供できるかが重要な要素となっている。また、採用される側に、ベンチャー企業で働くことのリスク面だけが実態以上に認識され、キャリアパスがもたらす多様な可能性が必ずしも十分に認識されていないとの指摘もある。特に、日本では過度に安定志向が強く、リスクをとってチャレンジする姿を尊敬する社会的風土に欠けていると思われる。

　ベンチャー企業が優秀な人材を採用する際しては、大企業や公官庁で働くことに比べてのメリット、デメリットを明確に指摘して、そのメリットを経営者が身をもって実践することが非常に大切である。経営者

図表6.4　ベンチャー企業で働くメリット・デメリット

メリット	デメリット
・会社が急成長する。成長が社員にも実感できる。 ・リーダーシップに富むアントレプレナーに率いられている。 ・企業理念やミッションが明確。 ・刺激的な仕事が多い。若いうちから多くの重要な仕事を任され、実力がつく。 ・小さな組織であり、競争意識は強いものの全体としては一体感がある。 ・実力主義で、報酬も成績次第では大企業をはるかに上回ることができる。 ・株式公開を狙っている場合が多く、株式公開したら多くのキャピタルゲインを獲得できる。 ・スピードが速い。社内業務が少なく、外部に対する仕事に専念できる。 ・自由裁量を認められていることが多い。管理されている部分が少なく、比較的自由。 ・働くことに夢中になれる。	・社歴が浅い。 ・財務基盤が弱く、大きな環境変化に対応できないことが多い。 ・中途採用が多く、人材のレベルも幅が大きい。 ・体系的な昇進、教育システムが出来上がっておらず、個別事例に差がある。 ・ベンチャー企業で働いていることに対して、社会的な評価が低い。 ・給料や福利厚生、年金などが大企業より劣っていることが多い。

出所：筆者作成

が自信に満ち、ベンチャー企業のデメリットをものともしないで、逆にベンチャー企業のメリットを活かして、生き生きと活躍している姿を示すことができれば人材は集まってくる。短期的には経済的な待遇を良くするとか、福利厚生に工夫をする、実績のある人材採用支援会社を使う、などの手法も効果があろうが、中長期的にはベンチャー企業のそのような対策の効果は薄い。本当に優秀で、経営者にとって頼りになる人材は、はっきりとメリット、デメリットを明示したうえで（図表6.4）、どのような社会、会社にしたいかというビジョンを示し、それに共感を持った場合以外には採用できないものと経営者は覚悟すべきである。

人的資本としてベンチャー企業の成長を左右する人材の採用に関して、工夫をしている事例としては、①女性人材の活用、②正式採用前のインターン制度の活用、③外国人の活用、④既存社員からの紹介推薦制度、が挙げられる。

(1) 女性人材の活用

女性の活用は、ベンチャー企業が優秀な人材を確保するうえで重要なポイントである。女性は、妊娠や出産、育児などで離職することも多いが、子どもの成長に従って、再度働きたいと考える女性も多い。離職するまでは大企業で働いていたが、再就職するに際して、自由度の高いベンチャー企業で働き始めた女性の事例も多い。ベンチャー企業にとっては、新入社員を採用したり、他業界から中途採用した人材を教育するのに比べ、大企業の関連業界で働いていた経験のある女性を積極的に活用する価値は大きい。

課題としては、大企業には子育て支援などの福利厚生が整った企業が増えている中、どのようにしてベンチャー企業のほうがやりがいと仕事の自由度が多くなるような条件を提示できるか、が挙げられよう。

(2) 正式採用前のインターン制度の活用

オイシックス株式会社（東京都品川区、高島宏平社長）では、正式採用の前に必ずインターンとして働いてもらって、その評価に基づいて採用を決めている。オイシックスのインターン受け入れは、2005年、産業能率大学経営学部からの依頼で夏期に2週間インターンを4名受け入れたことに始まる。3年生と2年生をインターン対象に含め、期間は2週間であるが、その後、長期インターンとすることを可能とする、補助的存在ではなく、独立した戦力としてインターン生を扱う、という取り決

めのもと、現在では積極的にインターンを受け入れている。

　一緒に働くことにより、会社側は学生の能力ややる気がよくわかり、また優秀な学生の早期囲い込みが可能となる。また、学生も会社の雰囲気や将来性などを冷静に判断したうえで入社の意思を決められるため、ミスマッチが極めて少なくなっている。

　また、単なる労働力の確保という面だけでなく、新鮮な観点から事業を見つめられるというメリットもある。野菜販売に続く多角化戦略として考案された、お菓子を扱う「Okasix（おかしっくす）」というサイトは、インターン生が発案した新規事業である。また、レシピブログサイト「Oixi（オイシィ）」もインターン生から生まれたアイデアであり、サイトの企画から運営もインターン生に任されるなど、メリットが活かされている。

(3)外国人の活用

　近年、日本のベンチャー企業においては、IT技術者を中心に、高い能力と起業家精神を有するアジア系外国人の人材を活用するケースが増えてきている。

　ベンチャー先進国の米国においても、ベンチャー企業の創出・成長に果たす海外人材の役割は大きい。例えば、カウフマン財団の「起業家経済への道―研究・政策ガイド」（2007）によれば、インドと中国からの移民者がシリコンバレーの技術ベンチャー企業の24％の創業に貢献しており、米国ベンチャーキャピタル協会加盟会員の1990年以降の投資先の25％が移民者によって創業されているとのことである。

　翻って日本のベンチャー企業において、どのくらいの外国人が活躍しているのであろうか？　就労ビザが取りにくいなどの問題もあろうが、それ以上に、外国人が日本のベンチャー企業で十分に実力が発揮できるような、コラボレーションの仕組みができていないのではないだろうか？　特に、日本人だけでは思いつかないようなイノベーションのアイデアや、新規事業のヒントなどは、生活や生活様式の異なる外国人と日本人が、真にディスカッションするところから生まれることが多いものである。そのようなディスカッションをしやすい環境、例えば英語の文化や新規アイデアの創出に対するインセンティブなどを整えることは大切である。

　株式会社ミクシィ（東京都渋谷区、笠原健治社長）は、創業後しばら

くして、成長限界に際して新規事業を模索していた折に、拓殖大学からのインターン生だったインドネシア出身の衛藤バタラ氏（2007年に日本国籍取得）が米国でSNSがはやり始めている、というヒントを伝え、それを基にディスカッションしたことが、現在のミクシィの成功につながったといわれている。日本人だけで現在のようなSNSが発想できたか、を考えると、単なる労働力ではなく、ベンチャー企業に必要なイノベーションを生み出すための、クロスカルチャーを前提にしたディスカッションパートナーとしての外国人の役割がますます重要になってくる。

(4)既存社員からの紹介推薦制度

　株式会社サイバーエージェント（東京都渋谷区、藤田晋社長）においては、数年前から既存の社員が新入社員・中途社員を紹介、推薦できるシステムを取り入れている。もちろん数回にわたる面接のステップがあり、必ずしも紹介、推薦された人が入社できるわけではないが、晴れて入社した場合には、紹介、推薦した人に数十万円が支払われる仕組みであり、実際に効果を挙げている。これは、外部の人材紹介会社では最低50万円程度は費用がかかるのに比べて格安であるうえ、それ以上に、既存社員が大学の同僚や取引先でその能力をよく理解している人を推薦することから、その人の実態をよくわかるというメリットが大きい。短時間の面接や履歴書で人材を見抜くことは難しいが、長期間にわたって付き合ってきた人のコメントは確かなものである。また、既存社員自身がベンチャー企業で働くことに満足していなければ、自分の知人に紹介、推薦しないという事実も重要である。

　如何に優秀な新入社員・中途社員を採用するかを考える前に、既存社員が生き生きと満足して働くようにするにはどうしたらよいかを考えるべきである。既存社員が満足していれば、自然と紹介、推薦も多くなるし、仮に紹介、推薦がなくてもそのような会社に入社したいという人材が多く押しかけるようになるだろう。この例は、すべてのベンチャー経営者が認識しておくべき重要なメッセージが含まれている。

　また、ベンチャー企業の強みとして、機敏な対応ができることが挙げられる。採用に当たっても、経営トップ自らが最重要戦略と位置づけ、良いと思われる採用の新手法も即座に実践することができる強みがある。例えば、サイバーエージェントの藤田社長は、採用説明会には自分

から説明に出向き、採用を迷っている人材とはじっくり話し合いをして、就職内定者とは就職までに数回食事会をしたり、実家の両親や妻などにも挨拶したりしている。大企業に就職しようかベンチャー企業に就職しようかと迷っている学生や中途入社の人材にとって、社長の考え方や人柄に直接触れることができるのは有意義であり、非常に強力な採用戦略といえる。従業員1万人を超える大企業の場合、人事部採用グループと面談するばかりで、入社しても年に数回の会合でテレビモニター越しに社長を見ることが多いが、そのような関係に不満を持つ有志はベンチャー企業を選ぶことであろう。

2—人事マネジメントと報酬制度の整合性

1. 人事マネジメントシステムの構築

　ベンチャー企業の人事マネジメントシステムの構築は、非常に重要である。一般的に大企業よりも人材の質量ともに劣っているベンチャー企業が打ち勝つためには、採用戦略と採用後の教育、人事評価と報酬制度、人事配置などの人事マネジメントシステムをしっかりと構築し、社長自ら率先して実行してゆくことが大切であろう。採用戦略と採用後の教育、人事配置は他の節で説明するとして、ここでは報酬制度と人事評価について、考えてみたい。

　多くのベンチャー企業の場合、大学卒業時に採用する、いわゆる新卒採用は少なく、多くは中途採用である。しかも社長や経営陣の人脈で採用することが多い。その場合の待遇は、前職での年収を基準として、それと同等か少し下回る水準で決める場合が多い。「現金での報酬は若干、少なくなるが、ストックオプションは十分に割り当てるので、将来、株式公開できるように一緒に頑張ってほしい」というセリフが常套である。したがって、採用する社員の役割や能力に応じた報酬にはなっていないことが多い。例えば、30代から40代においては、金融機関出身や外資系出身者の年収は製造業系出身者の年収の2倍くらい高いことも多い。

　しかし、そのように前職での年収を基準としてばらばらな水準で報酬が決定されているため、会社がスタートしてから数年経過すると、年収

が高いのに意味ある仕事をほとんどしていない人がいる一方で、逆に低い年収で会社の屋台骨となっている人もいるという状況になる。

　会社としては個別の年収を発表していないので知られていないつもりであろうが、実際に働いている社員たちは、ほとんど正確に全体像を把握しているものである。明らかにアンバランスな状態が続いており、最悪の場合、会社全体のやる気をなくす原因になりかねない。

　さらに、社長の情実で採用した社員の年収が、他の優秀な社員の年収よりも相当割高である場合なども、会社全体に「お手盛り主義」「社長のワンマン主義」の空気が漂い、企業成長を阻害する要因になる。

　それでは、どのようにしてマチマチな報酬体系を是正したらよいであろうか？　いろいろな手法があり得るが、ここでは役職に基づく報酬体系を紹介したい。まず、組織図を明確にして、担当役員、部長、課長、主任、担当など役職を明確にする。そしていったん、現在の年収を白紙にして、その人の役割に応じて組織図に名前を入れ込んでゆき、役職に応じて年収水準を明確に決めるという原則を徹底させるのである。

　この作業によって、中には大幅に年収が下がる人も出るし、逆に、相当上昇する人も出てくる。しかし、この原則を早めに作っておかなければいつまでも個別交渉で年収が決まることが続き、公平観のない会社になってしまう。

　ここで留意すべきことは、社長自ら全社員にこの制度改革の趣旨と目的をきっちり説明することと、会社の理念、ビジョンを合わせて徹底させること、従業員組合または従業員のリーダーと話し合って合意を得ること、その場合に、報酬総額は制度改革前よりも増えるように計算することである。抜擢人事も大切であるが、さりとてあまりにも若い社員を部長にするのは問題がある場合には、「プロジェクトリーダー」などとして実際の仕事の責任と部下を任せるようにするほうがよい。得てして若い有能な社員は、報酬月額や肩書にはそれほどこだわりがなく、むしろ仕事を任せられることと、仕事の成果が成果報酬によって報われる制度のほうを評価するものである。

　次に、毎年行われる人事評価の評価制度について考えよう。採用して数年は基準とした年俸に対して、「よく頑張ったので少しアップさせる」「期待よりも成果が少なかったので10％ダウンさせる」「頑張って成果を上げてくれたが、会社全体が減益となったので15％ダウンさせる」な

ど、客観的な人事評価と連動した報酬制度になっていない企業が多い。

問題がこれだけであれば、大企業で採用されている人事評価制度を導入すればそれで事足りるわけだが、ベンチャー企業の場合、従来の大企業以上の成果を期待される。全従業員がアントレプレナーマインドを持ち、生き生きと企業理念に向かって急成長してゆくように導くためには、大企業の人事制度とどこを変えたらいいのであろうか？

まず、人事制度のフレームワークとしては、決算期のスタートまでに、会社側から会社理念は当然のこととして、中期計画、今期の重点施策や目標数値などを明確に提示する必要がある。それに基づいて、各人が自分の役割・立場を考慮して、今期に達成する定量項目・定性項目について、まずは自分で目標を立てることとなる。次に、この目標に対して、上司が期待する定量項目・定性項目について意見を述べ、目標のレベル合わせをすることになる。

例えばある人が、今期、前年比10％増の売り上げを目標とする、という計画を提出したのに対して、上司は会社全体の目標数値や会社における位置づけなどを考慮して、前年比20％増をしてもらいたいと意見を述べたとする。双方で他の定量項目や定性項目の達成目標、置かれている営業環境なども加味しながら、今期の目標として前年比15％増を目標数値として合意することになる。このようにして合意された今期目標数値（図表6.5参照）に対して、3カ月ごとに達成度合いについて本人と上司で話し合う機会を持ち、目標が達成できるようにするための手法を議論

図表6.5 目標達成シートに入れ込む項目の事例

定量項目	定性項目
部門売上高（万円、前年比） 個人売上高（万円、前年比） 貢献利益（万円、前年比） 顧客開拓件数（件、前年比） 新製品紹介セミナー開催回数（目標達成率） 月次決算作成スピード（決算締め切り後の日） 資金調達金額（目標達成率） 人事制度改革の達成度（％） 研究開発レベルの達成度（％）	部下の教育訓練 顧客との関係強化 新しい販売ルートの開拓 間違いの少ない経理決済システムの工夫 内部統制制度への対応 採用者のレベルアップ 新規開発テーマの探索

出所：筆者作成

する。そして、半期とか年間を通して、その定量項目・定性項目の達成度を本人と上司がともに評価して、その達成度合いをもって人事評価をする方法が基本である。

　このような人事評価の基本に対して、ベンチャー企業ならではの特色をどのように仕組みとして入れ込むのか、という点が重要である。これについても、いろいろな手法が考えられるが、筆者が見てきた多くのベンチャー企業の中から、参考になる例を挙げてみたい。

(1) 目標達成度のウェイトを変化させる

　第一に、会社全体の目標達成度とチームの目標達成度、個人の目標達成度のウェイトを、企業の成長ステージによって変えてゆく例である。

　報酬評価＝役職による基本報酬＋ a（会社全体の目標達成度）＋ b（チームの目標達成度）＋ c（個人の目標達成度）

　スタートダッシュを切りたいスタートアップ段階のベンチャー企業の場合、個人の能力に依存して成長を加速しながらも（cを重視）、入社間もない社員の一体感をもたらすためにaのウェイトも大きくしてゆく。他方、bのウェイトはほとんど加味しない。図表6.6で目標達成度の係数のイメージを示しているが、aが40％、bが0％、cが60％というウェイトである。

　やがて、商品の完成度も上がり、マーケティング戦略も明確になってきた急成長段階になったベンチャー企業では、bのウェイトを上昇させ、その分、cのウェイトを減少させている。個人の能力に依存するのではなく、チームの力や販売の仕組みで販売を拡大させていくことに力点を置くからである。むしろこの段階になっても、個人の力量に頼りきった販売を続けていた場合には、そのベンチャー企業の継続的な成長は期待できない。係数のイメージとしては、aが30％、bが40％、cが30％というウェイトをつけた。

　さらに企業ステージが上がり、安定成長段階になった場合には、会社全体の目標達成度、チームの目標達成度、個人の目標達成度を均等に重要視するべきで、係数イメージはa、b、cとも33％のウェイトとした。

　上記のような企業の成長段階に応じた変化だけでなく、起こそうとしているイノベーションのタイプによっても、ウェイトは変わってくるこ

とであろう。技術集約度が高く、技術的な差別化を志向するベンチャー企業は、開発者が実力を発揮できるような人事評価システムや、それと連動した報酬システムを作るべきである。近年の技術開発は、日亜化学工業元社員の中村修二氏のような個人的なスター開発者が抜群な成果を出せるような技術領域は極めて少ない。むしろ、チーム力で開発を進めてゆくことが多くなっているため、チームとしての目標達成度を高く評価すべきであり、aが30％、bが50％、cが20％というウェイトをつけた。一方で、サービス系イノベーションの場合には、どのような応用分野で需要があるかをいち早く開発して販売できるチームを構築することが大切なため、aが20％、bが40％、cが40％というウェイトをつけた。

大企業の一般部門においては、通常、個人プレーはむしろ回避される風土の会社が多く、会社全体およびチームの目標達成度合いを加味することが多いことであろう。この図表では、aが45％、bが35％、cが20％というウェイトをつけた。しかし、人事評価の高い人材は昇進が早い、というシステムで優秀な人材を遇している企業も多いことであろう。

それに対して、大企業の新規事業分野においては、新規事業部門というチームの成果評価を大きく評価する仕組みを取り入れるべきである。さすがに大企業の社内で行われている事業だけに、技術系イノベーションのベンチャー企業の場合ほど大胆にチームの達成度合いの評価を大きくするわけにはいかないが、それでも急成長段階のベンチャー企業並みの評価をすべきである。これだけの思い切った人事評価システムと報酬体系を新規事業部門に与えることがないと成功しないが、このような決

図表6.6 目標達成度の係数イメージ

(単位：％)

	a	b	c
スタートアップ段階	40	0	60
急成長段階	30	40	30
安定成長段階	33	33	33
技術系イノベーションのベンチャー企業	30	50	20
サービス系イノベーションのベンチャー企業	20	40	40
大企業の一般部門	45	35	20
大企業の新規事業部門	30	40	30

出所：筆者作成

断のできる経営トップは極めて少ない。多くの新規事業部門の人事評価は他の一般部門の評価方法と同一でありながらも、リスクの高い新規事業部門で成果を上げることを問われている大企業のほうが多いことであろう。

(2) 目標水準を高く設定する

　ベンチャー企業では規模が小さいこともあり、成長率は高くなるのは当然であるが、経営者が意図的に高い数値を目標に掲げ、その達成感を会社の活力に変えるという仕組みである。単年度が無理でも、「3年後に10倍の売上規模にする」とか、「5年後には業界最大手になっている」など、大企業ではあり得ない目標を提示することも可能である。

　もちろん、経営者が思いつきで威勢のよい目標を掲げるのは危険であるが、経営者は思いめぐらしたうえで、実現が一見、達成が難しいと思われるような高い目標でも達成することで、社会に対する貢献ができるなど企業理念との関連性を訴えることで会社に勢いを持たせるようにすべきである。リーダーシップに優れた経営者に率いられた社員は、自分の立てる目標も自然と高いものとなり、達成には相当の努力が必要であるが、目標が達成できた時の達成感は大きな喜びとなる。このような高い目標の設定とその達成感は大企業の人事評価ではほとんど稀である。

(3) 経営者が人事評価に関わる

　ベンチャー企業は、目標の設定や達成度の評価の場面において、会社の経営者が関わる。大企業の場合、直接の上司と、管轄の部長が評価することがほとんどで（最近では360度評価として複数の評価者が加わることも増えているが）、社長や常務取締役が担当者の目標設定とその人事評価に立ち会うことはほとんどないであろう。

　ベンチャー企業では従業員100人くらいまでの会社ならば、社長が直接、担当者の目標設定とその人事評価に立ち会うことも可能である。この小回りの良さが、スピードを生み、不平や不満をなくして、優秀な社員の育成にもつながることになる。もちろん、社長や常務取締役が公平な評価を心掛けないとかえって不公平の温床になりかねないことや、中間管理職の裁量や権限を奪うことになりかねないことには十分、留意すべきである。

前を向いてけがをした人は救う

　野村ホールディングスの渡部賢一社長兼CEOは、米リーマン・ブラザーズから買収した部門出身者と旧来からの野村證券の部門出身者の人事評価・報酬制度を、旧リーマンの制度に一本化したことに関して、朝日新聞のインタビューの中で、「評価は数字だけではありません。前を向いてけがをした人は救う、後ろを向いて逃げて損した人は救わないという意味での成果主義です。正しく働いた社員には正しく報いる。働かなくてもずっと部長、というのはないということです。終身雇用を悪く言うつもりはありません」と述べている。カルチャーの異なる組織において、共通のルールを作る時に明確な理念・方針が必要であることを示している一例である。ベンチャー企業や新規事業の責任者にも参考になろう。

2. 報酬制度

　ベンチャー企業の報酬制度の設定は、どのようにしたらよいのであろうか？　また、大企業の新規事業部門の報酬制度は、ベンチャー企業の制度とどのように違えたらいいのであろうか？　ストックオプションなどの成果報酬と、固定報酬との割合の適正値の出し方について考えてみたい。

　一般的に、報酬としては、①労働契約書または労働協定に基づく月額報酬額（固定報酬）と各種手当、残業代、②成果に基づく報奨報酬（例えば、月額獲得売上高の30％を翌月の給料に加算するなど）、③半年、年間の貢献に応じたボーナス報酬（一般的なボーナスでも、会社の状況に応じて基本的にもらえる部分と、成果に応じて個人別に増減する部分とに分かれるが、ここでいう変動報酬は後者をいう）などが挙げられる。このほかに、④ストックオプションなどを無償で付与する、⑤自社株の引き受けを割り当て、株主となる機会を与える、⑥交際費や住宅手当などの会社負担を増やす、⑦退職金の積み立て金額を成果の上がっている社員には増やすことなども、インセンティブ制度として活用している企業もある。

　ベンチャー企業の場合、固定報酬・準固定報酬に比べて、変動報酬・

成果報酬に関心が強くなる。「一攫千金」狙いの人材は変動報酬・成果報酬に対する割合が多いほうが喜ぶであろうが、継続的な企業成長を志向する場合にはふさわしくないことが多い。あまりにも変動報酬・成果報酬に対する割合が多いと、実力ある社員はさらに上を目指して独立または他社に移動することになり、また、成績の上がらない社員は居づらくなって退社してしまう。何よりも個人プレーが多くなり、チームで成績を上げようとする機運が低くなり、社員の定着率がかえって低くなってしまう、という弊害も出てくる。

例えば、起業時の営業スタッフの報酬は、歩合制（売り上げに応じた成功報酬）であることが多い。確かに歩合制によるインセンティブを用いた場合には、手数料が十分魅力的で商品の潜在能力が高ければ、営業スタッフは驚くほど意欲的に取り組むが、それはある時点までのことである。「ある程度の良い暮らし」を獲得するために必要な手数料を自分のテリトリーから得られるようになると、既存の顧客で満足し、会社によるテリトリーの変更に対して必死になって抵抗するようになる。それは、新たな顧客の獲得より、既存顧客の維持のほうがずっと楽であるからである。固定報酬よりも成功報酬の割合が多くなればなるほど、営業スタッフは個人主義的考え方になり、既存顧客の維持で満足する傾向が強くなるといえよう。

この問題の解決策は、新規顧客の獲得と既存顧客の維持についての手数料率を変えてゆくことである。ある顧客との初年度の取引には高い手

図表6.7　ベンチャー企業・大企業の新規事業部門の報酬制度

固定報酬・準固定報酬	変動報酬・成果報酬
①労働契約書または労働協定に基づく月額報酬額、各種手当、残業代	②成果に基づく報奨報酬 ③半年、年間の貢献に応じたボーナス報酬 ④ストックオプションなどを無償で付与する ⑤自社株の引き受けを割り当て、株主となる機会を与える ⑥交際費や住宅手当などの会社負担を増やす ⑦退職金の積み立て金額を成果の上がっている社員には増やす

出所：筆者作成

数料率を適用し、その後は下げてゆくことも一案である。

　また、会社側と営業スタッフの「インセンティブの一致」が重要である。例えば、販売価格に基づいて報酬が支払われるのか、粗利益（販売価格－変動費）に基づいて報酬が支払われるかによって、営業スタッフの行動が変わってくる。仮に報酬のベースが販売価格であれば、なるべく売りやすいものを売りやすい価格で販売し、会社の利益がどうなろうが、売上高を最大にしようとするだろう。

　この場合に、実際の粗利益を計算したうえで事前に営業スタッフに提示することは難しい。ただ、この場合、必要なのは商品間の収益性の違いの情報である。そこで、個々の商品の販売ポイントに基づく販売報酬体系を採用すればよいであろう。例えば、商品Aは1万円につき4ポイント、商品Bは2ポイントと差をつければ、営業スタッフの行動は会社の収益拡大と一致する。

　筆者の見たところ、このような商品別粗利による報酬体系を採用している会社は少なく、売上高でのみ、管理している会社がほとんどである。売上高のトップ表彰をした営業スタッフをよく調べてみたら、実際には販売コストを多くかけ、かつ、粗利益率の低い商品ばかり販売していたため、実は会社に損失を与えていた、という極端な例もある。報酬体系の設定の難しさを示す例であろう。

　では、具体的にどのような報酬制度を構築したらよいのであろうか？

図表6.8　固定・準固定報酬と変動・成果報酬の割合のイメージ

（単位：%）

目的、状況	固定・準固定報酬の割合	変動・成果報酬の割合
基本的なベンチャー企業の配分割合	80	20
大企業の一般部門の配分割合	90	10
大企業の新規事業部門	80	20
スタートアップ段階、営業部門	70	30
急成長段階、営業部門	60	40
安定成長段階、全部門	80	20
株式上場が視野に入った段階	70	30
売り上げが伸び悩み、資金繰りに窮した段階	70	30

注：ボーナスなどのうち、会社の状況に応じて年次に応じて基本的にもらえるものは固定報酬に入れ、成果に応じて個別に増減するものを変動報酬に入れた。
出所：筆者作成

会社によって比率は異なるだろうが、筆者のイメージする固定・準固定報酬と変動・成果報酬の比率は、図表6.8のようになる。

また、大企業と中小企業、ベンチャー企業の年間報酬のモデルを図表6.9に示した。従業員1,000人以上の大企業における大学卒業総合職の基本給、各種手当合計は約524万円、年間ボーナス約144万円、合計約668万円であるのに対して、従業員300人未満の中小企業においては、基本給、各種手当合計は約428万円、年間ボーナス約94万円、合計約522万円と大企業に比べて約22％低い水準である。

これに対してベンチャー企業においては、30歳くらいが実際の中核的な役割の仕事をしており、また、大企業で活躍していた優秀な人材に来てもらうことも増えるであろうから、基本給、各種手当合計は450万円、年間ボーナス150万円、合計600万円（すべてを年俸として月次で払うベンチャー企業も多い）と大企業に比べて若干低いものの、遜色ない水準にすべきである。もちろん、ベンチャー企業の場合には企業への貢献度に応じて、成果報酬が加算されることであろう。

さらに、ベンチャー企業の場合、ストックオプションが付与されることも見逃せない。働く側にとっては、これはベンチャー企業で働くインセンティブになるのは間違いない。しかし、付与される株数や、そのストックオプションを行使してどのくらいのキャピタルゲインが実現できるかは会社によって大きな違いがあるし、近年の株式市場の低迷によって、株式公開しても大きなキャピタルゲインがストックオプションから出ないケースも増えている。さらに、近年、ストックオプションを発行した時に、社員への報酬の一部として「株式報酬費用」という勘定科目

図表6.9　年間報酬モデル（30歳男子）

（単位：円）

	大企業	中小企業	ベンチャー企業（イメージ）
基本給、各種手当	5,243,000	4,277,000	4,500,000
年間ボーナス	1,439,000	944,000	1,500,000
ストックオプション	基本的になし	なし	あり
合計（税金控除前）	6,682,000	5,221,000	6,000,000

注：大学卒業総合職平均。大企業は従業員数1,000人以上、中小企業は300人未満。ベンチャー企業は筆者のイメージ
出所：労務行政研究所編『モデル賃金・年収と昇給・賞与』2010年版（労政時報 別冊）を筆者修正

で評価単価と権利確定予想数だけ、費用としなければならなくなったことや、一度に多くのストックオプションを特定の社員に付与すると、後で入社した社員との不公平感が出て、かえって働くインセンティブを阻害する可能性があること、株式公開してストックオプションを行使した後に、優秀な幹部が退職するリスクが増えることなどについても、十分に配慮すべきである。ストックオプションの効果にあまり期待することなく、企業成長や働きがいといったベンチャー企業本来の魅力を感じさせるべきで、報酬やストックオプションにつられてベンチャー企業に入社する社員は頼りにならないものである。

　西郷隆盛は「徳さかんなるは官を盛んにし、功さかんなるは賞をさかんにす」と述べている。[1] 役職と報酬の区分けを述べていて印象深い。

「年俸制と残業代の関係」に注意

　ベンチャー企業において、年俸制と残業代の考え方が整理できていないことが多い。
　「年俸制の導入＝残業代の支払い免除」と考え、社員がどれだけ残業や休日出勤をしても、あらかじめ取り決めた年俸だけ支払えば問題ないと考えている経営者も多い。労働基準監督署から残業代の支払いの有無を質問されて、「うちの社員は深夜、休日までよく働いてくれる」「年俸制を採用しているので、タイムカードによる就業時間の把握などという、時代遅れの拘束は全くしていない」と胸を張る経営者もいるが、大きな間違いである。実際には、年俸の取り組みを決定した時に前提としている労働時間を超えて労働させた場合には、想定労働時間を超えて働いた分の残業代を支払わなければいけない。このような場合、労働基準監督署から是正を勧告される可能性がある。サービス残業の場合、最大2年前までさかのぼって残業代の支払いを命じられることがあり、ベンチャー企業の資金繰りに大きな影響を与えることにもなりかねない。
　労働時間の取り決めに際して、時間外労働が毎月ほぼ一定の場合には、あらかじめ割増賃金を年俸に固定残業代として含めて支給することも認められている。

1——西郷隆盛『西郷隆盛「南洲翁遺訓」ビギナーズ日本の思想』（角川学芸出版、2007年）

第6章 優秀な人材の確保、教育育成

しかしこの場合でも、実際の時間外労働に見合う割増賃金の額が、定額で支払う固定残業代を上回る場合には、その差額を毎月の給与で清算し、追加して支払わなければならない。また、「残業代の基礎」となる給料は「月給」に加えて、ほとんどの手当も含めて計算する（家族手当、通勤手当、別居手当、子女教育手当、住宅手当、一定期間ごとに計算される歩合給、臨時に支払われる決算賞与などは除外していいことになっている）ことに留意しなければならない。

この場合に「賞与」は、年俸制以外の場合は残業代の計算根拠にならないが、年俸制を採用している場合は残業代の計算の根拠になることに注意すべきである。

具体的に、年俸制の社員の例で解説する。

年俸：640万円、月給：40万円×12カ月（＝480万円）、賞与：80万円×2回（6月、12月）

1カ月の総労働時間：166時間、166時間×12カ月＝年間2,000時間

この社員の「残業手当を計算する場合の単価」はどうなるのであろうか？

〈月給のみで考えた場合〉
40万÷166時間×1.25※＝3,012円（1時間当たり）
※「残業代　＝　通常の給与単価　×　1.25」
〈賞与も含めて考えた場合〉
640万円÷2,000時間×1.25＝4,000円（1時間当たり）

このように、賞与の金額が「残業代の計算の根拠」に算入されると、同じ残業代でも支払うべき時間単価が大きく変わってくる。このような場合、「年俸制の見直し」を検討する価値があろう。具体的には、「賞与の定義」を見直すことである。

そもそも「年俸制における賞与」とは、毎年決まった時期に支給していて、事前に金額も決まっているものを指す。この賞与について、支払時期を事前に決めない、事前に金額も決めないとする就業規則に改訂すると、賞与は残業代の計算の根拠とならなくなる。ただし、この就業規則の変更が、従業員にとって明らかな不利とならないように、むしろ現実の経済実態につりあったものとなるように、十分留意すべきである。専門の社会保険労務士と相談するべきである。

3―教育育成の仕組み

1. ベンチャー企業での教育の仕組み

　ベンチャー企業は人を育てないともいわれる。確かに、即戦力志向で人材を採用し、その後の人材育成に力を注いでこなかったベンチャー企業もある。経済産業省が2007年に、ベンチャーキャピタルが投資を行っているベンチャー企業を対象に行ったアンケート調査によれば、内部人材の育成手段として、社内研修・トレーニングを実施している企業が58.1％、外部業者を利用している企業が41.9％、OJTを実施している企業が67.5％、特に何も実施していない企業が11.0％となっている。大企業に比べて、採用後の教育研修の仕組みは十分でないものと思われる。

2. 経営者が本腰を入れる人材育成

　ベンチャー企業の人材育成は、今後もOJTを中心としたものとなるであろう。さすがに何も実施していないことは問題であり、多少は内部・外部講師による研修・トレーニングを実施したほうがよい。しかし、座学を中心とした研修プログラムをいくら実施しても、大きな成果は挙がらないであろう。

　むしろ、経営トップが広い意味でOJTを実施してゆく中で、人材を本気で育てよう、という強い意志を持つことが非常に大切である。例え

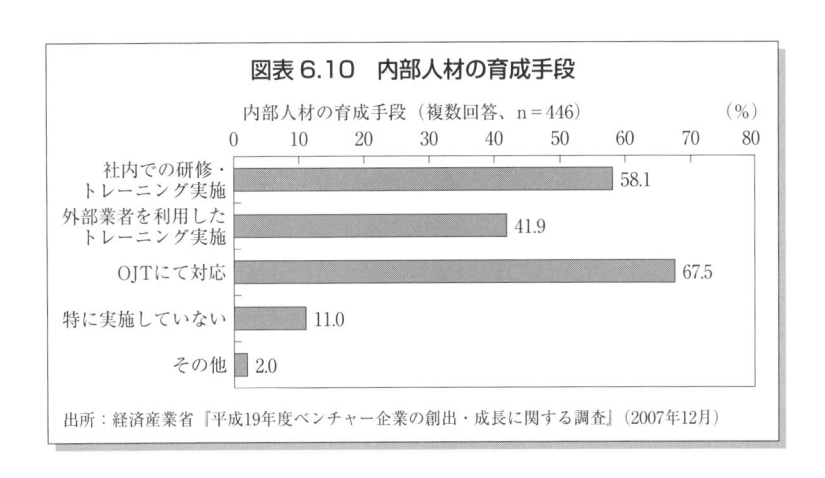

図表6.10　内部人材の育成手段

内部人材の育成手段（複数回答、n＝446）　（％）

育成手段	％
社内での研修・トレーニング実施	58.1
外部業者を利用したトレーニング実施	41.9
OJTにて対応	67.5
特に実施していない	11.0
その他	2.0

出所：経済産業省『平成19年度ベンチャー企業の創出・成長に関する調査』（2007年12月）

第6章 優秀な人材の確保、教育育成

ば、株式会社セプテーニ・ホールディングス（東京都新宿区）の七村守会長は、自社から2011年までに必ず100人の商人（経営者）を生み出す、と経営方針の中でも明確にしている。また、その意欲のある社員には提案書の作成からプロジェクトチームの編成、実際の事業の推進までを実行させている。

　当然のことながら計画どおりに進まなくて悩む社員が多い中、七村会長は社員に試練を与えながらも、適時にアドバイスを与えることで遠くから見守り、育てている。「このような試練を乗り越えた経験から仕事の面白みや達成感が得られて、社員は大きく伸びるものである」と七村会長は述べているが、本気で社員を育てようとしており、真の人材教育の在り方であろう。

第7章
知的財産の確保

　この章では、ベンチャー企業にとって知的財産の価値がどれくらいあるか、どのように知的財産を確保したらよいか、大学や大企業とどのように知的財産の面で連携したらよいかなどについて学ぶ。

この章の課題
1. 知的財産とは何か？　その種類と、その申請の仕方について述べなさい。
2. ベンチャー企業にとって、知的財産を確保することが大企業と競争や連携するに際して、なぜ大切なのか？
3. 日本の大学発ベンチャー企業の現状はどのような状況にあるかを述べなさい。現在の状況は望ましい状況にあるか、海外の状況と比較できるのであれば比較して述べなさい。
4. テラ株式会社の事例を読み、ベンチャー企業と大学との知的財産の面での連携についてまとめよ。

1―知的財産の定義と出願

1. 知的財産の定義と種類

　知的財産権とは、「知的創造活動に対する無体財産権」と定義され、技術的創造物についての権利としての工業所有権（特許権、実用新案権、意匠権、商標権）と、文学的、美術的創作物についての権利（著作権）に大別される。

　技術的分野における知的財産は工業所有権が中心となり、それぞれの

第7章 知的財産の確保

図表7.1　知的財産の種類

権利の種類	権利の内容
特許権	新規の発明をした人が、その発明の利用を限られた期間独占する権利。自然法則を利用した技術思想のうち高度なもの。（権利期間は出願から20年）
実用新案権	物品の形状、構造、または組み合わせに関わる考案（権利期間は出願から6年）
商標権	文字、図形もしくは記号、これらの結合であって、商品やサービスについて使用するもの。（権利期間は登録の日から10年、更新可能）
意匠権	物品の形状、模様、もしくは色彩、またはこれらの結合で、視覚を通して美観を感ずるもの。（権利期間は登録から15年）

出所：寒河江孝允『知的財産権の知識』（日本経済新聞社、2003年）

権利は図表7.1のように定義づけられる。

2. 知的財産の構築ポートフォリオ

　大企業に比べて、ヒト、カネ、モノ、情報という経営資源に劣るベンチャー企業が世界の大企業と伍して競争するためには、特許などの知的財産を構築することが競争の源泉となる。しかし、ベンチャー企業にとって、なんでも特許化することが望ましいかといえば、そうとも限らない。

　もちろん、特許化することにより、他人の模倣を排除できる権利を取得できるが、同時に、その技術内容を他人に教えることになるため、盗用のリスクが生じる。ベンチャー企業が先に特許を出願しても、権利化されるまでに数年かかることもあり、出願中に他社がその技術を模倣して先に多くの顧客を押さえてしまい、業界の標準的な製品・サービスの地位を築いてしまう事例も多い。そうなると、数年後にベンチャー企業の知的財産権が権利化できても、すでにその時点ではベンチャー企業が顧客に食い込む余地はなくなっており、大企業に特許侵害である旨を告知して、ロイヤリティーの支払いを要求するのが精一杯である。しかも、ベンチャー企業は特許侵害の訴訟費用も乏しく、また、大企業が周辺特許を押さえているために、単に基本特許をベンチャー企業が保有しているからといって、一方的にベンチャー企業が大企業からロイヤリティーをもらえるとは限らない。他人が模倣できないような技術であれば、その技術をノウハウなどとしてブラックボックス化して、盗用を排除するほうが有効である。

図表 7.2　特許出願、営業秘密に対する戦略

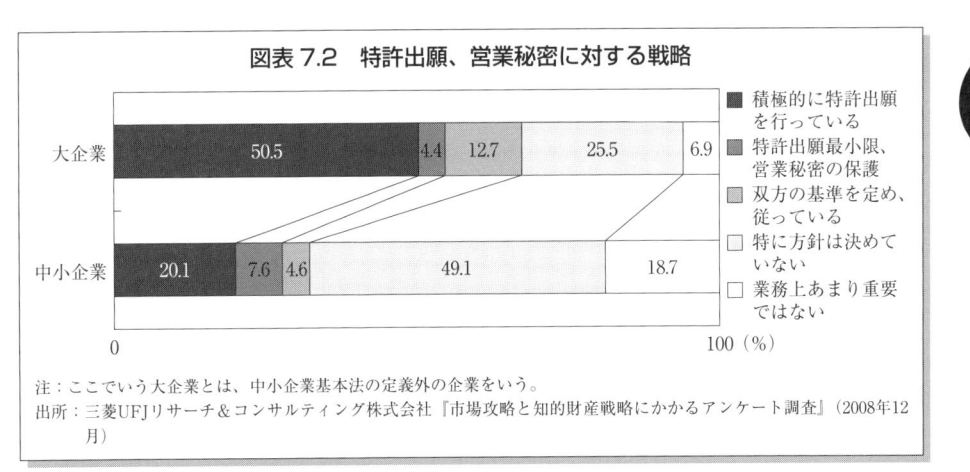

	積極的に特許出願を行っている	特許出願最小限、営業秘密の保護	双方の基準を定め、従っている	特に方針は決めていない	業務上あまり重要ではない
大企業	50.5	4.4	12.7	25.5	6.9
中小企業	20.1	7.6	4.6	49.1	18.7

注：ここでいう大企業とは、中小企業基本法の定義外の企業をいう。
出所：三菱UFJリサーチ＆コンサルティング株式会社『市場攻略と知的財産戦略にかかるアンケート調査』（2008年12月）

図表 7.3　特許出願の最小化、営業秘密戦略

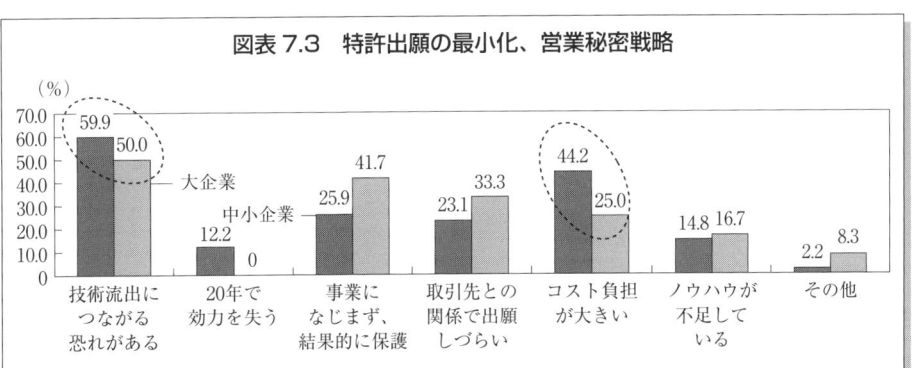

	大企業	中小企業
技術流出につながる恐れがある	59.9	50.0
20年で効力を失う	12.2	0
事業になじまず、結果的に保護	25.9	41.7
取引先との関係で出願しづらい	23.1	33.3
コスト負担が大きい	44.2	25.0
ノウハウが不足している	14.8	16.7
その他	2.2	8.3

注：「特許出願は最小限にとどめ、できるだけ営業秘密として保護している」と回答している企業のみ集計。ここでいう大企業とは、中小企業基本法の定義外の企業をいう。複数回答のため、合計は100を超える。
出所：三菱UFJリサーチ＆コンサルティング株式会社『市場攻略と知的財産戦略にかかるアンケート調査』（2008年12月）

　また、知的財産の確保に注力するものの、それ以上に、早い段階で顧客にアプローチして、顧客の高い評判を獲得することにエネルギーを使うべきである。

　他方、ノウハウなどとしてブラックボックス化したものは、一度、他人に知られ、または、他人に特許などが取得されたときには一挙にその模倣防止力を失い、他人が特許を取得するときには、かえって自社の技術の実施が阻害されるリスクを負う。

　図表7.2で見る限り、中小企業は、特許出願に対して「特に方針は決めていない」としている企業が多い。また、大企業に比べて特許出願を絞り、営業秘密とする傾向がある。その理由は、技術流出につながる恐

れがあることのほか、コスト負担の大きさを中小企業は挙げている（図表7.3）。

　弁理士の佐藤辰彦（2010）は、「バイオなどの創薬分野の発明は他の類似の発明で代替することが難しいことが多く、ひとつの特許でもその発明について強力な市場専有可能性を与える。他方、機械・IT技術のような分野では、基本特許はその技術を包括的に独占できる一方、その応用技術の特許なくしては成り立たない。このため、基本特許に続く応用特許を戦略的に構築することが必要となる。このように、ベンチャー企業の持つ技術の分野に応じたポートフォリオが求められる。機械・IT技術のような発明では、基本発明を除き、その応用技術として、多くの代替技術や迂回技術が生まれるので、基本発明の特許を中心として、これらの代替技術や迂回技術を排除できるような特許の群として特許化することが必要である」と述べ、ベンチャー企業が特許に関するポートフォリオの方針を構築する必要を説いている[1]。

2——大学発ベンチャー企業の現状

　知とイノベーションの創出拠点として大学の役割は大きい。2001年5月に発表した「大学発1,000社計画」（平沼プラン）など、産学官を挙げた積極的な取り組みを続けている。08年度末時点で、事業活動を行っている大学発ベンチャー企業の総数は1,809社となっている（図表7.4）。大学発ベンチャー企業1,809社の経済効果は、市場規模では約2,700億円、雇用者数では1万7,000人。間接効果を含めた経済波及効果は約4,800億円、雇用誘発効果は約3万3,000人と推計される。

　2008年度の経済効果を07年度と比較すると、市場規模は直接効果で約200億円増加、経済波及効果で約360億円増加し、雇用効果は直接効果で約1,200人増加、雇用誘発効果で約2,500人増加となっている。

　大学発ベンチャー企業の業績について、直近の1社当たりの売上高は、1億4,670万円であり、共同研究ベンチャーでは前年比増となったが、営業利益は依然赤字が続いている。業種別ではIT系が収支均衡程度となったほか、「その他」（機械・素材等）業種は前年に比べ若干赤字

1——佐藤辰彦ほか『ベンチャー支援ダイナミズム』（白桃書房、2010年）

図表 7.4　大学発ベンチャー企業の累計設立社数と事業分野

年度		2001	2002	2003	2004	2005	2006	2007	2008
累計設立社数		566	747	960	1,207	1,430	1,627	1,755	1,809
コアベンチャー		369	515	688	887	1,031	1,260	1,378	1,429
年間設立社数		146	181	213	247	223	197	128	N.A
事業分野(%)	バイオ	26.8	32.2	28.6	26.0	24.5	24.1	19.0	16.7
	ITハード	9.8	7.8	5.4	7.3	6.3	4.0	6.9	4.2
	ITソフト	24.2	15.2	15.4	23.7	17.6	17.4	23.1	22.2
	素材材料	8.8	7.0	7.5	7.9	7.5	11.1	12.1	8.3
	機械装置	9.3	11.1	12.1	15.0	13.4	13.0	10.4	16.7

注：「コアベンチャー」とは、大学で生まれた研究成果を基に起業したベンチャーで、大学と深い関係のある学生ベンチャー、ほかに「共同開発ベンチャー」がある。事業分野の構成比は主なものを挙げた。
出所：(株)日本経済研究所「大学発ベンチャーに関する基礎調査実施報告書」2009年より松田修一氏作成

幅が改善したが、バイオ系の赤字額は増加している。また、繰越損益も改善はあったものの、赤字額は高い水準が続いている。

事業ステージについては、「研究開発段階」が43.2％、「事業段階」が56.8％となり、2007年度に引き続き「事業段階」に分類される割合が「研究開発段階」に分類される割合を上回っている。業種別に見ると、IT系は「事業段階」の割合が66.7％と全体と比べて高く、バイオ系では「事業段階」の割合は54.6％となっている。07年度調査と08年度調査の両年度とも回答した77社の変化を見てみると、事業ステージは約27％の企業で進展する一方、約17％の企業で後戻りしている。

1. 直面する課題

大学発ベンチャー企業が起業から研究開発、さらには製品化を図るといった一連の成長過程で直面する主たる課題は、人材の確保・育成、資金調達、販路開拓の3点である（図表7.5）。

これらの課題が発生する要因としては、大学発ベンチャー企業の特性として、「人材に起因する脆弱性」（大学の教員等、一般的には企業経営の経験に乏しい者が経営者に就く機会が多い）とともに、「技術に起因する脆弱性」（新規性が高く、シードに近い研究成果を基に事業化が図られるケースが多く、この場合、リードタイムが長いという技術面での

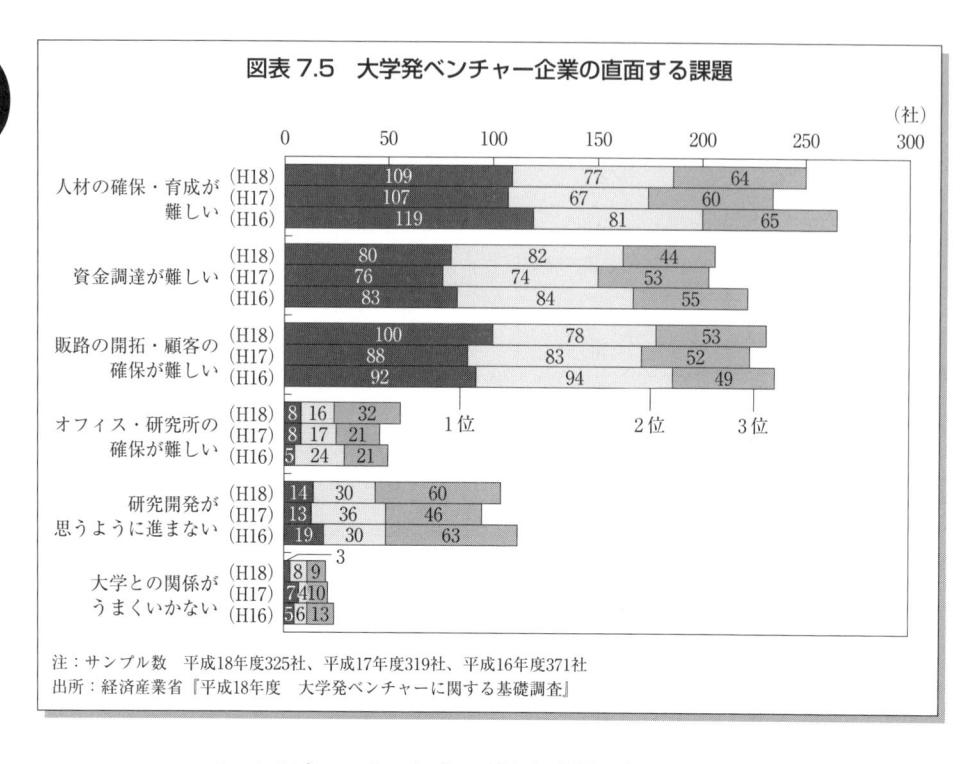

図表 7.5 大学発ベンチャー企業の直面する課題

課題	年度	1位	2位	3位
人材の確保・育成が難しい	(H18)	109	77	64
	(H17)	107	67	60
	(H16)	119	81	65
資金調達が難しい	(H18)	80	82	44
	(H17)	76	74	53
	(H16)	83	84	55
販路の開拓・顧客の確保が難しい	(H18)	100	78	53
	(H17)	88	83	52
	(H16)	92	94	49
オフィス・研究所の確保が難しい	(H18)	8	16	32
	(H17)	8	17	21
	(H16)	5	24	21
研究開発が思うように進まない	(H18)	14	30	60
	(H17)	13	36	46
	(H16)	19	30	63
大学との関係がうまくいかない	(H18)	8	9	3
	(H17)	7	4	10
	(H16)	5	6	13

注：サンプル数　平成18年度325社、平成17年度319社、平成16年度371社
出所：経済産業省『平成18年度　大学発ベンチャーに関する基礎調査』

リスクが高いことに加え、新たな市場開拓が必要になるなど、事業化までのリスクが高い）などがある[2]。

(1) 人材面での課題

大学発ベンチャー企業の経営者には大学教員や学生が就くことが多く、企業経営経験の不足から経営が十分には機能していない。また、事業が進展してもその成長段階に応じた経営者への交代が進まない。こうした経営者を補完する「右腕」についても、研究開発能力を補完するために研究分野の人材は比較的採用できているが、経営や財務機能を補完するための「右腕」はなかなか採用できていない。

(2) 資金面での課題

大学発ベンチャー企業は基礎研究の成果を基に事業が進められることが多く、その研究内容が先端的かつ高度であるため、その事業価値を理解・評価できる「目利き」が少ない。また、先端的な研究開発成果の事業化であるため、概して製品化までのリードタイムが長い。事業のリス

---

2 ── 経済産業省『ベンチャー企業の創出・成長に関する研究会　最終報告書』（2008年4月）より引用

ク評価が難しく、特にこれまで大きな成功事例が少ないため、ベンチャーキャピタルなど外部からの資金調達が得にくいという問題もある。

(3)販売面での課題

大学発ベンチャー企業は「ほかでは行われていない研究開発」の成果を基に「新たな市場」を目指す場合も多い。新市場や販路の開拓は、研究などを通じた知人の人脈による紹介や共同研究を行った企業による紹介を通じて行われる場合が多いが、販路開拓面での経営資源に乏しい大学発ベンチャー企業にとっては容易ではない。また、大学発ベンチャー企業の製品にはビジネス向けが多く、顧客が実績や知名度を優先する傾向が強い我が国では、販路の確保をさらに困難なものとしている。

2. ケース：テラ株式会社における大学とベンチャー企業との関係

会社名	テラ株式会社
本社	東京都千代田区
社長	矢﨑雄一郎
会社設立	2004年6月
資本金	40,634万円（2009年12月末現在）
役員・従業員	36人（2009年12月末現在）

東京大学の研究成果などを基に起業したバイオ系ベンチャー企業のテラは、2009年3月26日にジャスダック証券取引所（JASDAQ）NEOに上場した。東京大学関連ベンチャー企業がIPO（新規株式公開）し、事業を本格化させるための通過点をクリアした点に注目が集まっている。

テラは、「樹状細胞ワクチン療法」と呼ばれる、患者の免疫を使ったがんの治療法の技術ノウハウを医療機関に提供するのが主力事業である。薬ではなく、提携する医療機関の医師が通常の医療行為として患者に施している。

収入の仕組みは、同社が契約医療機関に樹状細胞ワクチン療法に関する技術ノウハウの提供や細胞培養施設の貸与等を行い、その技術ノウハウ料や利用料などを受け取るかたちである。同社の提供するサービスに影響を与える主な法令としては、薬事法、医師法があるが、同社が技術・ノウハウを提供する「樹状細胞ワクチン療法」は、契約医療機関の医師が医師法に基づき患者に提供しているもので、同社は患者への治療の提供や契約医療機関の経営には関与しない。また、細胞培養は契約医

療機関の職員が同医療機関の医師の指導のもとで行い、細胞培養を含む一連の治療は同一の医療機関で完結するようになるというビジネスモデルである。

同社のサービスは、健康保険の対象ではないため、150万円から200万円程度かかるという治療費は全額患者の自己負担となるが、提携医療機関は拡大し、同療法を希望する患者も増えている。結果として、創業4期目の2007年12月期には営業黒字に転換している。

(1) 創業の経緯

矢﨑雄一郎社長は東海大学医学部を卒業後、大学病院で3年間、外科医として勤務したが、新しいがん治療法の必要性を痛感、自分の生き方をじっくり考えるために病院を辞めて1999年4月に欧州に約半年間旅行した。旅行中に、自分でなければできないこと、実現できる事業は何かを考え始めると同時に、自分の人生設計を深く考えた。

日本に戻って何を事業化するかを模索していた時に、あるバイオベンチャーに関する記事を読み、すぐに同社に連絡をとって訪問し、2000年11月に入社している。そこでは、経営企画や財務の仕事を担当していた。このバイオベンチャー企業が手掛ける新規事業を提案する一環として、東京大学医科学研究所の附属病院病院長（当時）の浅野茂隆氏に会い、提案したビジネスプランを実現するために03年3月に医科研究所の細胞プロセッシング研究部門（メンバーは高橋恒夫客員教授など）の客員研究員に転職した。

細胞プロセッシング研究部門は臍帯血移植などの基礎研究として、免疫担当細胞などを研究していた。研究テーマのひとつが、樹状細胞による細胞治療の可能性を追究するものである。樹状細胞とは、がん患者のがん細胞が持つ特徴（抗原）を認識する免疫細胞で、抗原提示によりがん抗原情報をリンパ球に覚え込ませる。これにより、リンパ球はがん細胞のみを狙って長期間にわたり攻撃する。がん患者自身のがん抗原を利用し、対象のがんだけを狙って治療するがん治療法である。

このような同社の技術は2000年から02年にかけて、東京大学医科学研究所で山下直秀教授と高橋恒夫教授によって開発されたもので、矢﨑氏はこの治療法の将来性を強く感じた。両教授の了承を得て、研究成果を基に04年6月にテラを設立した。当時の本社は東京都渋谷区恵比寿の自宅で、資本金1,000万円、1人で創業した。

(2)資金調達

　矢﨑氏は、銀行に事業計画を説明し、簡単に融資を断られるという体験をしたうえで、大学関連のベンチャーキャピタルからの資金調達を考えた。株式会社東京大学エッジキャピタル（UTEC、東京都文京区）の郷治友孝氏と創業時からの知り合いであり、一緒に事業計画を作り上げるところから相談に乗ってもらっていた。郷治氏は経済産業省の後輩から矢﨑社長を紹介されている。

　UTECは2005年1月に投資し、郷治社長が取締役に就任している。5,025万円を増資前時価評価額1億円で投資している。この時点での顕在株での持株比率は33％程度であったと推定される（ストックオプションなどの潜在株式があるので実質持株比率は33％よりも少ない）。また同年9月には、約5,500万円投資し、1月と合計で1億円強をスタートアップの段階で投資した。この資金調達によって、テラは樹状細胞の培養装置などの設備やシステムなどを用意できた結果、東京都港区白金台のセレンクリニックと、樹状細胞を利用するがん治療技術サービスを技術供与する契約を締結することができた。

　2007年には東京大学の技術移転機関である「東京大学TLO」と特許に関する情報を優先的に開示してもらうルートを確立した。優秀な学生を活用し、学内の技術シーズ情報の探索を効率的にかつ深化させる試みも始めた。08年には、有望な起業家について創業前から支援するEIR（アントレプレナー・イン・レジデンス）という仕組みも導入している。

　テラの資本政策は図表7.6に見られるように、UTECの増資以降の本格的な資金調達は2007年7月にUTECが1億512万円、新規事業投資株式会社が9,490万円、その他という増資を行っているのみである。増資での資金調達合計金額は3億円強であり、新薬上市までに50億円程度の先行投資が必要とされるバイオベンチャー企業の中では極めて少ない先行投資で株式公開までこぎつけた企業といえよう。

　ただ、会社の資金繰り上、最も大変な時期であった2006年3月には、矢﨑社長自らが個人的な借り入れをして3,656万円を増資していることも注目に値する。UTECというベンチャーキャピタルがついていながらも、社長自身が個人として十分すぎるリスクをとったことは、その後の事業発展に対する執念の面で大きな影響を与えていると推察される。

図表 7.6　テラの資本政策

年月日	出資内訳	投資会社	株数	株価(円)	取得総額(千円)	時価総額(百万円)
2004/ 6 /24	会社設立	個人	200	50,000	10,000	10
12/20	有償第三者割当	個人	200	50,000	10,000	20
2005/ 1 /31	有償第三者割当	株式会社東京大学エッジキャピタル	201	250,000	50,250	150
4 /13	株式の分割		5,409			150
4 /25	新株予約権の付与（発行）	個人	770	25,000		169
9 /6	有償第三者割当	株式会社東京大学エッジキャピタル他	1,467	37,500	55,013	309
2006/ 3 /10	有償第三者割当	矢﨑雄一郎	975	37,500	36,563	345
12/25	有償第三者割当	個人	160	37,500	6,000	351
2007/ 7 /30	有償第三者割当	新規事業投資株式会社他	1,470	146,000	214,620	1,584
9 /28	新株予約権の付与（発行）	個人	840	146,000		1,707
2008/ 8 / 1	株式の分割		1,157,508	1,460		1,707
2009/ 3 /26	株式上場			310		3,435
3 /26	初値			330		3,325

出所：筆者作成

(3) 創業後の苦労

　テラが提供するがん治療技術を病院などの医療機関の医療従事者に説明すると、決まって「治療実績を見せてほしい」と言われた。この点は、セレンクリニックが樹状細胞を利用したがん治療を始めた結果、やっと治療実績を蓄えることができ、事業が順調に進むように思われた。

　しかし、大問題に直面した。樹状細胞にがん患者のがんの特徴を覚えさせるには、がん組織そのものが必要になる。医科学研究所の臨床的研究ではがん患者からがん組織を取り出し、これを本人の樹状細胞に与えてがん抗原情報を覚え込ませる過程を経ていた。ところが、多くのがん患者は他の医療機関でがんを摘出した後に、がん治療にセレンクリニックを訪れる方が多く、摘出したがん組織が廃棄されて入手できないケースが多かった。樹状細胞に対象となるがんの抗原情報を覚え込ませる手段がないという大きな課題に突き当たったのである。

　解決策は、当時、徳島大学歯学部の口腔外科の講師だった岡本正人氏

（現在、テラ取締役）から得ることができた。彼は樹状細胞を直接、がん組織に注入する技術を開発していた。直接注入された樹状細胞ががん抗原情報を覚え、がん抗原情報をリンパ球に伝えるため、がん患者のがん組織は必要なくなった。

　その後、2007年8月には、大阪大学大学院教授の杉山治夫氏の発見した人工抗原「WT1ペプチド」に関する特許を、同社の樹状細胞ワクチン療法に独占的に使用できる実施権を取得した。この人工抗原「WT1ペプチド」は、ほぼすべてのがんに使用可能な抗原であるため、がん患者のがん組織が入手できない場合でも、樹状細胞ワクチン療法を提供することが可能となった。

(4) 経営メンバー

　創業から上場までの中心メンバーとしては、以下の5人と、上場直前まで取締役を務めたUTECの郷治友孝氏が挙げられる。

　矢﨑雄一郎：代表取締役社長（昭和47年生まれ）
　　東海大学附属病院勤務、バイオベンチャー企業、東京大学医科学研究所　細胞プロセッシング研究部門研究員を経て、2004年6月にテラを設立し、代表取締役社長に就任している。

　大田　誠：取締役副社長（昭和47年生まれ）
　　武蔵野銀行、TAC（株）を経て、2004年11月テラに入社、取締役管理部長を経て、取締役副社長兼管理本部長兼医療事業部長となっている。

　堀永賢一朗：取締役医療事業部長（昭和50年生まれ）
　　新東京インターナショナル（株）、ヒュービットジェノミクス㈱を経て、2005年3月テラに入社、医療事業部長として活動している。堀永氏とは1999年の欧州旅行中にドイツのミュンヘン市で開催されていた「オクトーバーフェスト」という祭りで出会った。がん治療技術サービスをどうしたら事業化できるかについてビジネスモデルの構築に大きな貢献があった。

　岡本正人：取締役（昭和37年生まれ）
　　徳島大学大学院口腔科学教育部講師を経て、2006年4月テラに入

社し最高科学責任者、研究開発部長として技術面を主導した。

山本龍平：取締役管理本部長経理財務部長（昭和40年生まれ）
（株）インプレス、（株）クレセントなどを経て、2007年7月テラに入社し、経理財務部長として公開事務に貢献した。

(5) 参考となる点

テラは、2004年6月に設立された後、約5年で株式公開ができた。多くの大学発ベンチャー企業が経営に悩む中、同社が公開できた理由は、以下の3点が挙げられよう。

第一は、複数の大学の知的成果を活用していることである。会社設立の出発点となった研究成果は東京大学医科学研究所が見出した「樹状細胞ワクチン療法」だったが、その後は徳島大学、大阪大学、がん免疫研究所などの研究成果を組み合わせて、優れたがん治療技術群のサービス事業に仕上げたことである。矢﨑社長が事業の基となったがん治療法の発案者ではなく、東京大学医科学研究所の技術にこだわりすぎなかったことが大きな成功要因であろう。大学発ベンチャー企業にありがちな自分の研究成果に固執しすぎて、事業内容の強化方針を見誤ることが多いのとは対照的である。

第二は、自分の力で優れたがん治療技術を事業化したいという矢﨑社長の強い意志と、その理念に共感して事業に参画した大田誠氏、堀永賢一朗氏、岡本正人氏という、コア人材が確保できたことである。この点も、多くの大学発ベンチャー企業が大学教授とその弟子たちが経営人材となっており、創業後も経営者の入れ替えが進まない企業が多いのとは対照的である。

筆者の考えでは、大学で編み出した基礎技術をコアにしながらも、外部の起業家（および起業チーム）に事業化を任せ、発明者はアドバイスに徹したほうがうまくいくという、日本におけるバイオベンチャーの成功モデルを示唆している。

また、多くのバイオベンチャー企業が薬事法、医師法および医療法等の適用を受け、承認をとることにあくせくするのに対し、同社は、薬事承認や健康保険収載を最初から狙わない戦略をとり、契約医療機関に対して技術・ノウハウの提供を行うのみで、契約医療機関の経営に関与するものではないというビジネスモデルを作り出せたのも、起業家および

ベンチャーキャピタルとしてのUTECが貢献した点であった。

　成功要因の第三は、大学ベンチャーキャピタルとしてのUTECの存在である。技術のシーズ段階で投資判断を迫られることの多い大学発ベンチャーへの投資はリスクが高いと見られがちで、外部のベンチャーキャピタルでは、敬遠される。その点、UTECは技術評価の過程において東京大学の知見が活用できることや、産学連携の案件を中心に投資することを主眼としており、投資リスクをとれる体制ができていた。

　また、郷治社長がシード段階、スタートアップ段階への投資においては、投資後の経営に積極的に関与することでリスクはコントロールできるという考え方をとっていることも大学発ベンチャー企業には向いている。テラの場合でも、官僚出身の強みを活かして厚生労働省との折衝や、弁護士、証券会社の上場担当者との交渉に大きな貢献をしている。

　今後、スケールの大きい技術イノベーションを伴った大学発ベンチャー企業を輩出してゆくために、大学も、発明者、経営者、ベンチャーキャピタルとはさらに相互の協創関係に関するノウハウを蓄積してゆくことが必要となろう。

第8章 資金調達

　この章では、ベンチャー企業の資金調達の各種手法のメリット、デメリットなどについて学ぶ。

> **この章の課題**
> 1. ベンチャー企業が資金調達する手法、特に、公的資金活用、エンジェル、銀行借入、ベンチャーキャピタル、大企業とのアライアンスなどについて述べなさい。
> 2. キャッシュフロー表とは何か？　どのような計算に基づき算出されるか？
> 3. 資本政策とは何か？　その過程で、創業者および経営チームの持株比率を将来にわたって何パーセント維持すべきか（特に過半数を維持すべきか）について意見を述べなさい。
> 4. グリー株式会社の事例を読んで、グリーの資本政策の特色をまとめよ。

1―ベンチャー企業の資金ニーズ

1. 会社の設立、事業化の時期

　独立した後、事業が軌道に乗るまでの期間が長くなれば長くなるほど、環境変化で不確実性は高まる一方、資金的負担も大きくなって、事業化に失敗した時のリスクは大きくなる。第2章でも述べたが、1年内に何らかの入金が確実に見込めるまで開発が進んだ段階、あるいは主な販売先が明確になる段階になるまでは独立せずに、それまでの企業、大

学、公官庁などに勤務していて、土・日曜日や休暇を最大限に使って、実務的な蓄積を独立準備をしながら起業タイミングを見極めるような、いわゆる、プレ独立も検討すべきであろう。少なくとも後先考えず、「今の会社が嫌になったから退職して会社を設立する」「思い立ったが吉日、深く考えず、とにかく会社設立する」ということはやめたほうがよい。資金的な目途が立っているかどうかを見極めてから創業することが重要である。

　ベンチャー企業の場合、通常は図表8.1に示すように、成長段階に応じて、資金提供者が変わることが多い。例えば、創業・シード期においては、創業メンバーの自己資金に加えて、家族・知人等が出資する。その後、ビジネスコンセプトやビジネスプランが固まり始めるスタートアップ期となって、ビジネスエンジェルが投資する。そして、本格的に開発や販売が始まるスタートアップ段階から拡大期に入ると、ベンチャーキャピタルが出資することになる。

　借り入れは、少額であれば創業時から信用保証協会などを中心に可能であるが、銀行を中心とした本格的な金額の借り入れができるのは、し

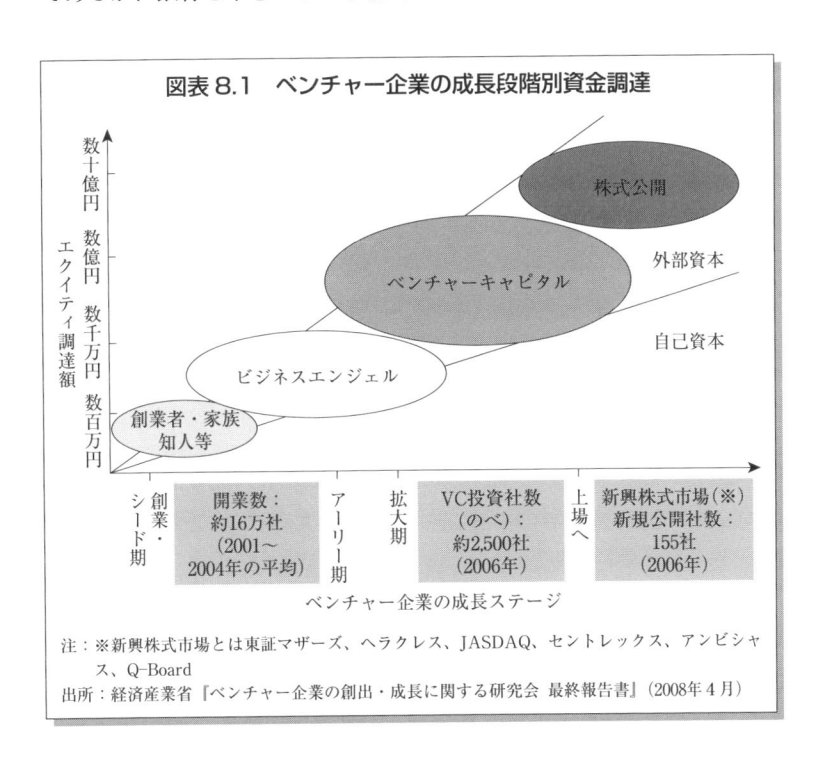

図表8.1　ベンチャー企業の成長段階別資金調達

縦軸：エクイティ調達額（数百万円／数千万円／数億円／数十億円）
横軸：ベンチャー企業の成長ステージ（創業・シード期／アーリー期／拡大期／上場へ）

- 創業者・家族・知人等
- ビジネスエンジェル
- ベンチャーキャピタル
- 株式公開
- 外部資本／自己資本

創業・シード期	アーリー期	拡大期	上場へ
開業数：約16万社（2001～2004年の平均）		VC投資社数（のべ）：約2,500社（2006年）	新興株式市場（※）新規公開社数：155社（2006年）

注：※新興株式市場とは東証マザーズ、ヘラクレス、JASDAQ、セントレックス、アンビシャス、Q-Board

出所：経済産業省『ベンチャー企業の創出・成長に関する研究会　最終報告書』（2008年4月）

っかりとした顧客が獲得でき、売上高の推移が確実に読める段階以降であり、通常はベンチャーキャピタルが投資した前後の段階からである。売上高、利益が急成長を始め、株式公開を達成できれば、株式市場を通じて本格的なエクイティ資金（リスクマネー）を調達できることになる。

2. 日本・米国における創業資金の調達の実態

創業時の資金調達手段としては、預貯金や退職金などの自己資金、配偶者や親族からの出資金や借入金という、いわゆる3F（Father、Family、Friend）からの資金が大半で、それに少し民間金融機関および公的機関からの借入金が加わる、という状況である（図表8.2）。

興味深いのは、会社設立がしやすいといわれている米国においても（図表8.3）、スタートアップ段階における資金は家族や親族からの調達が過半数を占めており、それに同僚や友人が加わる。彼らは200万円か

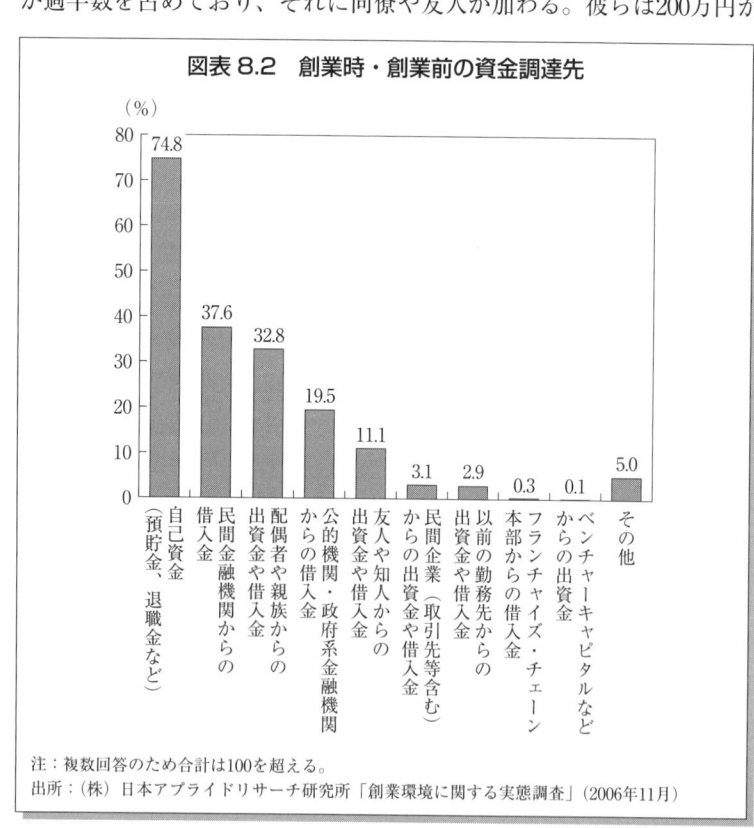

図表 8.2　創業時・創業前の資金調達先

項目	％
自己資金（預貯金、退職金など）	74.8
民間金融機関からの借入金	37.6
配偶者や親族からの出資金や借入金	32.8
公的機関・政府系金融機関からの借入金	19.5
友人や知人からの出資金や借入金	11.1
民間企業（取引先等含む）からの出資金や借入金	3.1
以前の勤務先からの出資金や借入金	2.9
フランチャイズ・チェーン本部からの借入金	0.3
ベンチャーキャピタルなどからの出資金	0.1
その他	5.0

注：複数回答のため合計は100を超える。
出所：（株）日本アプライドリサーチ研究所「創業環境に関する実態調査」（2006年11月）

図表8.3　米国におけるスタートアップ段階での調達金額と期待リターン

	構成割合（％）	平均投資額（単位：ドル）	期待回収期間（年）	投資金額に対する期待回収金額の倍率（中央値）
家族	49.4	23,190	2	1x
家族以外の親戚	9.4	12,345	2	1x
同僚	7.9	39,032	2	1x
友人・近隣の人	26.4	15,548	2	1x
面識のなかった個人	6.9	67,672	2-5	1.5x
非公式投資家全体	100.0	24,202	2	1x

出所：ウィリアム・バイグレイブ、アンドリュー・ザカラキス『アントレプレナーシップ』（日経BP社、2009年）

ら400万円程度の資金を2年間くらい、提供する。

　一方で、比較的大きな資金を提供するといわれる面識のなかった個人（エンジェル）は700万円弱を2～5年のうちに、投資額の1.5倍で回収しようとして資金提供していることがわかる。しかし、この調査ではその比率は6.9％にすぎない。

　日本における創業時・創業前の資金調達先は、図表8.2に示す調査によると、約75％が自己資金であり、他には親族（32.8％）、知人（11.1％）など、米国と同様に創業者本人と3Fが大半である。一方日本政策金融公庫（旧国民生活金融公庫）の新規創業ローンや、信用保証協会の創業時保証（注：信用保証協会の保証付融資は、融資元は民間銀行となるので、図表8.2の調査ではどちらに回答されているか不明）があることもあってか、創業時から4～6割の会社が銀行等の融資を活用していて、日本の創業シーンのひとつの特徴となっている。また、創業時のベンチャーキャピタル出資は0.1％と、ほとんどない。

　この創業前、創業時に調達できる見込みの金額合計が、当面必要となる運転資金合計にほぼ合致して初めて、会社設立するタイミングであるといえよう。一番ダメなのは、とりあえず自分の預金から会社を設立して、その後に、各所に資金調達に回る、という創業者である。あまりにも計画性に欠けているといえよう。

2—資本政策

1. ベンチャー企業にとっての資本政策の重要性

　資本政策とは、株式公開に向けて、株主構成や資金調達等を最適化するための計画のことをいう。資本政策は、ベンチャー企業の成長のために非常に重要なものである。これは企業成長の青写真であるとともに、ベンチャー企業を取り巻く利害関係者の参加意欲（インセンティブ）を向上させることにもなるが、一方で、この資本政策を巡って、いろいろな思惑や期待が交錯し、場合によっては利害対立（コンフリクト）の火種にもなりかねない。会社の経営理念やベンチャー経営者の経営哲学、会社の成長段階や業績動向、ストックオプションなどの報酬体系、株式上場や会社売却などのタイミングなど、多くの要素が複雑に絡み合うものだからである。

　どのような資本政策が正しい、というものはなく、会社の将来の規模や業種、株主の性格などによって多種多様なものがあり得よう。ただ、会社を設立した時に「どのような会社にしたいか？」を考えるのと同じように、「どのような資本政策にしたいか？」をしっかりと考えることが重要であると強調したい。もちろん、最初から完璧な資本政策は決められないし、また、企業環境に応じて、適宜、変更していくことになろうが、経営者がポリシーを持って「この会社をどのような存在にしたいのか、どのような価値を社会にもたらそうとしているのか」ということを、一途に貫き通すという姿勢を持つべきであると強く思う。

(1) ベンチャー経営者

　ベンチャー経営者が考える資本政策の方針として、以下のポイントに留意すべきである。

　第一に、やろうとしている事業の累積キャッシュフローは最大で何億円の事業であるか、それは経営者および会社幹部などで50％を賄えるような規模であるかについて、明確にすべきである。もし、明らかに50％を賄えないのであれば、経営者および会社幹部の持株比率50％維持を放棄することも許容するべきである。それが嫌なら外部株主に高い株価で増資してもらうとか、ストックオプションなどの発行で調整できるが、

それも所詮、10％から20％程度であり、それ以上の調整をむりやり企画すると、後で大きな問題を生むことになろう。

　第二に、ベンチャー経営者は51％の持株比率をいつの段階まで維持し続けなければならないかについて、明確にすべきである。初期の段階では、ベンチャー経営者が技術開発をリードし、マーケティングを企画し、顧客との関係も対外的な顔として引っ張っていくことになろう。しかし、会社が発展成長してゆくにつれて、順次、その役割を幹部に代替させてゆくことが必要となる。その時に備えて、取締役など会社の幹部に何％の株式を持たせようとするかを検討すべきである。あくまで社長が引っ張る会社にするのか、経営幹部に任せる体制にするのかも、この持株比率に影響をもたらそう。

　第三に、外部の信頼の醸成、社内人材の採用教育のレベルアップのスピード以上に会社の成長スピードを速くしたいと思うのか、それとも内部成長率を上回る無理な成長はしないほうがいいと思うか、を明確にすべきである。急速な成長を志向するのであれば優秀な人材を外部から採用することが必須となり、その場合には思い切ったストックオプションの付与に加えて、ある程度の持株比率も与えなければ採用できない人材も増えてくることであろう。また、スタートアップ段階では危険であるが、急成長段階ならば、取引先になりそうな大企業を戦略提携先として株主に入れることも戦略のひとつとなろう。その場合には、創業メンバーの持株比率が低下する（ダイリューションが起きる）ことになるので、それをあらかじめ想定した資本政策を作る必要がある。

　第四に、株式公開だけでなく、大企業への会社売却（いわゆるＭ＆Ａでの出口戦略）の可能性を考えておくべきである。日本のベンチャー経営者は株式公開しか考えていないが、欧米では最初から大企業への会社売却のほうが株式公開よりも確率が高いと想定している。昨今のように、日本でも株式公開企業が極めて少なくなると、大企業への会社売却、あるいは資本提携をする可能性は今後、高まってくることであろう。それを前提とすると、株主の数はある程度、限定しておいたほうがいい。日本のベンチャー企業はスタートアップ段階で資金調達に苦労することもあり、多くの小口株主を作ってしまう傾向がある。しかしそうすると、いざ会社売却をしようとした時に、多くの株主の意見を調整するのは大変であるし、大企業もあまり個人株主が多く存在するベンチャ

ー企業の株式購入は敬遠するものである。

　その結果、ベンチャー企業の経営者は以下の3通りの選択肢をスタートアップ段階から選ぶ必要があろう。資本政策を作成する前に、自分の会社は3つのうち、どの選択をするかを創業メンバーでよく話し合う必要がある。

①第三者株主を極力排除した自己資金中心の調達

　スタートアップ期の先行投資を可能な限り引き延ばし、受託開発や下請け生産等で余裕資金を作り、その後に本格的に本来の開発に着手する方法である。自己資金の範囲内や企業が収益を蓄積した内部留保で開発を進めるため、資金調達の手間を省けるほか、外部株主との調整や報告も必要ない。また、株式公開の時期も含め、成長のスピードを自分でコントロールできるのもメリットである。しかし、一方で、事業化のタイミングを失うリスクもある。

②事業スピードを重視した外部者からの積極的調達

　ベンチャーキャピタルや事業会社などの外部者から多額の資金調達を実施し、素早く商品やサービスを開発して市場占有率を高め、早期に株式上場して社会認知を高める戦略である。スタートアップ段階からベンチャーキャピタルや事業会社などの外部者から資金を得るので、ベンチャー企業の創業者の持株比率は希薄化（ダイリューション）が起きることは覚悟のうえで、経営力によっていち早く企業価値を高めることができる。ICT産業のようにスピードが重視される業界や、バイオテクノロジーのように長期間にわたって巨額の先行投資が必要な産業の場合には、このような外部者からの積極調達をすべきである。

　ベンチャー経営者の中には、公開後においても50％以上の持株比率を維持しないと経営が安定しない、どのような事態が起きようが社長の意思決定に賛同してくれるような安定株主づくりをしなければいけない、という考え方を持つ人も多い。TOBや経営者の交代をさせられてしまう不安もあろう。また、公認会計士やベンチャーキャピタルなど資本政策をアドバイスする専門家も、必ず50％超の持株比率を維持するような戦略をとるべきである、との指導をする人も多い。

　しかし、これはやろうとしている製品・サービスの競合条件や産業の成長スピード、最低資本調達金額によって変わってくる。特に最近のビジネスモデルにおいてはスピードが重視されることが多く、社長の持株

比率50％超にこだわらないほうが成功する事業が増えてきている。また、経営権については、社長がベンチャー企業において、リーダーシップを持って付加価値を出している限りは心配する必要はない。逆に、社長がベンチャー企業の成長に何ら貢献していないのに、持株比率が51％超であることだけでリーダーであり続けるデメリットのほうが大きい。

③創業者のシェアも重視した第三者からの資金調達

　技術の独創性と経営システムの新規性はあるが、資金のない創業者は、第三者からの大型資金調達をする前に、創業者・取締役のシェアを確保するために、低価格で顕在株式の発行や新株予約権（ストックオプション）を発行しておくことである。

　換言すれば、ビジネスモデルが確立し、創業時の仮説の検証が終わる頃まで外部資金の導入を遅らせて、急拡大のための成長資金として第三者割当増資を行うものである。仮説の検証が終わっている、すなわちすでにファースト・ユーザーがいたり、単月黒字化を達成したりと、何らかの事業の目途があるから、創業者・取締役の増資時価よりも高い時価で第三者割当をすることが可能となる。銀行からの融資の期待もできるし、ベンチャーキャピタルからも資金を受けることも可能であろう。株式上場後も創業者を含む安定株主が過半数に近い株式を維持することによって、経営権を確保し、経営の安定を図るものである。

　日本の場合、株式公開しても未だ積極的な先行投資をする必要もあり、また、会社の運営システムも安定していないこともあるので、経営の安定を図らなければならない、という状況も十分、理解できる。

　反面、①と同様、もしくはそれ以上にタイミングを逃すリスクがある。特に会社規模が大きくなっているが故に、少しのタイミングのズレや環境の変化が致命傷となることもあるので、より細心かつ保守的な運営を要する。

　上記の３つの選択肢は全く独立しているのではなく、組み合わせの選択肢もあり得よう。

(2)ベンチャーキャピタル

　ベンチャーキャピタルは、ベンチャー企業の将来性が高いと思えば思うほど、早い段階から多くの株式シェアをとりたいと希望する。逆に、リスクが高いと判断すると出資しないし、出資金額は500万円から1,000万円と極めて少額になる例もある。筆者は金額を少なくしても全くベン

チャーキャピタルにとってリスクは低下しておらず、むしろ投資するのであればしっかりとコントロールかモニタリングができるようなまとまった金額を投資する必要があると考えるが、そうでないベンチャーキャピタルも日本には少なくない。

また、理論的には増資ラウンドが1回目、2回目、3回目……（米国であればシリーズA、シリーズB、シリーズC……）と進むにつれて、リードをとるベンチャーキャピタルが代わり、また、時価総額もその段階ごとに明らかに上昇してゆく、ということが望ましい。ベンチャーキャピタルは、その段階ごとの専門性を持ち、かつ、役割をそれぞれ果たしながらバトンタッチしてゆくことになる。日本でも、そのようなベンチャーキャピタルのシンジケートを作ることが必要となろう。

2. 資本政策の作成の仕方

ベンチャー企業の資本政策の作成の仕方としては、資本政策の方針が決まったら、エクセルを使い、下記のようなフォーマットで何度も試行錯誤を繰り返して資本政策を作ってゆくことになる。

図表8.4　資本政策の例

		第1期					
		設立	新株予約権			普通株第三者割当増資	
		引受	予約権	累計	シェア	割当	累計	シェア
発行価格	@			500			1,000	
資金調達額	百万円			0.0			2.0	
発行済株式数	株			8,000			9,900	
含む潜在株式数	株			10,000			11,900	
時価総額（POST）	百万円			5			12	
役員・従業員	株	8,000	(2,000)	8,000	100.0	900	8,900	89.9
エンジェル・第三者	株			0	0.0	1,000	1,000	10.1
事業協力会社				0	0.0			
ベンチャーキャピタル	株			0	0.0	0	0	0.0
一般株主	株			0	0.0	0	0	0.0
総合計	株	8,000	(2,000)	8,000	100.0	1,900	9,900	100.0

注：株式公開前に新株予約権は行使したものとした。また、公開直前には株式分割を実施して流動性
出所：筆者作成

図表8.4には、③創業者のシェアも重視した第三者からの資金調達のモデルを載せる。配慮したポイントは以下のとおりである。

・創業者・経営チームが株式公開前に50％超のシェアを確保している。

・株式公開後は、安定株主として役員・従業員に加えて事業協力会社の合計で50％超となるように考えた。

・創業メンバーである役員・従業員にはスタートアップの段階で2,000株の新株予約権を発行して、公開の直前に行使することで、創業メンバーのシェアを確保することにした。また、単に新株予約権だけでなく、会社設立後に採用した幹部に対して、普通株式を割り当てることも実施する。

・会社の顧客獲得数向上や顧客シェアの早期獲得に努めることによって、事業協力会社ならびにベンチャーキャピタルに、株主になるインセンティブを与えることに注力する。その結果、第2期の終わりには時価総額で4億円強、第3期の終わりには8億円強の企業価値となるように計画をした。

第2期			第3期			公開直前			株式上場直後			
優先株A種 第三者割当増資			優先株A種 第三者割当増資			新株予約権行使、優先株の普通株への転換						
割当	累計	シェア	割当	累計	シェア	割当	累計	シェア	売り出し	公募	計	シェア
		30,000			50,000			(500)				200,000
	60.0			150.0			1.0			1,100		
	11,900			14,900			16,900				22,400	
	13,900			16,900			16,900				22,400	
	417			845			845				4,480	
0	8,900	74.8	0	8,900	59.7	2,000	10,900	64.5	−1,500		9,400	42.0
0	1,000	8.4	0	1,000	6.7	0	1,000	5.9			1,000	4.5
1,000	1,000	8.4	1,500	2,500	16.8	0	2,500	14.8			2,500	11.2
1,000	1,000	8.4	1,500	2,500	16.8	0	2,500	14.8	−1,000		1,500	6.7
0	0	0.0	0	0	0.0	0	0	0.0	2,500	5,500	8,000	35.7
2,000	11,900	100.0	3,000	14,900	100.0	2,000	16,900	100.0	0	5,500	22,400	100.0

を確保するが、ここでは省略した。

また、この資本政策案では、会社法改正後の変化も取り入れている。

第一には、会社設立時に1,000万円の資本は必要ないことである。この事例では1株500円で8,000株、計400万円を設立時の資本としている。もちろん400万円では当面の会社運営は厳しいが、創業時の各種補助金や信用保証協会からの保証を付けた借入金を活用することで、エクイティ調達は極めて少なくしている。また、創業者が保有する資金の大半を設立時に投じることは危険である。創業後の計画外の事態に備えることや、場合によっては、会社貸付や第三者割当増資に応じる必要も出てくるので、個人的な資金余力を残しておくことが重要である。

第二には、第1期の役員・従業員とエンジェル等には普通株式で増資を行うが、第2期以降に行う事業協力会社やベンチャーキャピタルに対する増資は、優先株で増資していることである。普通株式は今後も役員・従業員の増資や新株予約権の行使価格に使い、事業協力会社やベンチャーキャピタルに対しては、条件を変えることにしている。この条件の作り込み方次第では、持株比率とは異なる経営権の決定プロセスが可能になるので、ベンチャー企業は十分、活用を検討するべきである。

3―資本政策の事例

会社名	グリー株式会社
本社	東京都港区六本木
社長	田中良和
会社設立	2004年12月
資本金	2,093百万円（2010年1月現在）
役員・従業員	正社員125人（2010年1月現在）

1. ケース：グリー株式会社

(1) 創業の経緯

社長の田中良和氏（1977年2月生まれ）は、ソニーコミュニケーションネットワーク株式会社（現ソネットエンタテインメント株式会社）、楽天の勤務を経て、2004年12月に同社を創業した。創業当時、27歳であった。業務内容は、インターネットメディア事業を展開しており、主にSNS（ソーシャル・ネットワーキング・サービス）「GREE」の運営を

行っている。プロフィール、日記、コミュニティ、フォト、メールなど、ユーザーによる主体的な情報発信をサポートする各種機能の提供や、ユーザー間のコミュニケーションや相互理解を促すプラットフォームとして機能している。開始当初はPC向けでの提供を中心としていたが、06年11月より開始したKDDI（株）との事業提携を契機に、現在はモバイル向けのサービス展開に注力している。収益構成は、インターネット広告枠を販売する広告メディア収入と、「GREE」の一部機能を有料サービスとして提供する有料課金収入がある。2010年6月期の売上高は325億円、当期利益105億円が予想されている。

同社は、インターネットメディア事業を展開し、SNS「GREE」の運営を行っている。インターネットメディア事業は、2004年12月の同社設立以来の事業である。

SNSとは、会員登録したユーザーが利用できるインターネット上のコミュニティ型サービスであり、会員はプロフィールページを作り、親しい友人とのコミュニケーションや信頼するメンバーとの情報交換を楽しむことができる。同社が運営するSNS「GREE」は、プロフィール、日記、コミュニティ、フォト、メールなど、ユーザーによる主体的な情報発信をサポートする各種機能を提供しており、ユーザー間の活発なコミュニケーションや相互理解を促すプラットフォームとして機能している。開始当初はPC向けでの提供が中心であったものの、2006年11月より開始したKDDI株式会社との事業提携を契機として、現在ではモバイル向けのサービス展開に注力している。モバイル版GREEにおいては、SNSの基本機能であるプロフィール、日記、コミュニティなどに加え、SNS連動型ゲーム、FLASHゲーム、占い、辞書、Q&A、地図、ニュースといったモバイル環境に特化した多様なコンテンツを独自に開発し、提供している。これらのコンテンツはいずれもSNSと密接に連動しており、ユーザー間のコミュニケーションを中心に据えたさまざまなエンターテインメント要素を備えている点が特徴である。

ユーザー数の拡大に向けては、引き続き大手通信事業者との連携や、CM放映等によるプロモーションに取り組んでいる。その結果、2009年12月末には「GREE」のユーザー数がモバイル・PC合計で1,673万人に達している。収益基盤の確立・強化に向けては、ソーシャルゲームの特性を活かしたオリジナルのタイアップ広告等を推進し、また、釣りゲ

ム「釣り★スタ！」、ペット育成ゲーム「クリノッペ」、探検ゲーム「探検ドリランド」およびガーデニングゲーム「ハコニワ」といった、一部有償アイテム利用を伴うエンターテインメント性の高いソーシャルゲームにおいて、新機能の導入などを実施した。さらに、ソーシャルゲームやアバターに関連した月額課金メニューの利用拡大を推進し、収益基盤の安定性向上を図っている。

(2) 収益モデル

　同社のインターネットメディア事業の売り上げは、広告メディア収入、有料課金収入で構成されている。

広告メディア収入　同社は「GREE」を広告媒体として位置づけ、主に広告代理店およびメディアレップ[1]を仲介してインターネット広告枠を販売している。広告主のウェブサイトへリンクを張るバナー広告枠の販売に加え、SNSの機能と広告コンテンツを連動させたタイアップ型の企画広告[2]の制作・掲載や成果報酬型広告（アフィリエイト）の掲載を行うことで、各広告主より広告収入を得ている。また、コミュニティ企画運営受託による収入を得ている。

有料課金収入　同社は原則的に「GREE」を無料サービスとして提供しているが、サービスの利用に際して、より高い利便性やオリジナリティを求めるユーザーにも十分に「GREE」を楽しめるように、一部機能を有料サービスとして提供している。モバイル版「GREE」向け「GREEプラスコース（月額：300円）」およびPC版「GREE」向け「GREEプレミアム（月額：300円）」では、ストレージ拡張などの機能追加を提供することで月額課金収入を得ている。また、2009年5月からKDDI、同年6月からソフトバンクモバイルにてサービスを開始した「クリノッペプラスコース（月額：500円、1,000円、2,000円、3,000円、5,000円[3]）」では、SNS連動型サービスの一部機能を提供することで、月額課金収入を得ている。さらに、モバイル版「GREE」向け「きせかえプレミアム（価格：500円、1,000円、2,000円、3,000円、5,000円[4]）」では、プロフィールページをカスタマイズできる、デザイン性の高いきせかえ

1——インターネット広告枠を広告代理店に販売する一次代理店
2——「GREE」の各種機能・コンテンツを広告主の商品や企業ブランドと連携させることで、ユーザーに対してより効果的に広告メッセージを訴求する広告商品
3——5,000円のコースは、KDDI向けサービスでは提供していない。
4——3,000円および5,000円コースは、iモード向けサービスでは提供していない。

プロフ素材[5]を提供することで、デジタルコンテンツ販売収入を得ている。

「GREE」ユーザーは、成果報酬型広告（アフィリエイト）への登録、有料サービスへの登録・購入、または「GREE」への友達招待を行うことで、「ゴールド」を得ることができ、「ゴールド」の利用により、アバターおよびSNS連動型ゲームにおける各種アイテム等と交換することが可能となる。したがって、ユーザーの「ゴールド」の利用を促すことで、成果報酬型広告および有料サービスの売上拡大、ならびにユーザー数の拡大を牽引するという事業構造となっている。そのため、同社は、ユーザーのアクティビティの向上に資する各種コンテンツの提供および機能の拡充や、ユーザーのニーズに応じた有料課金メニューのラインナップの拡充や有償アイテム利用を伴うサービスの投入などを図ることにより、ユーザーによる「ゴールド」の獲得を適切に促進していく方針である。

(3)経営陣

経営陣として、株式公開した2008年12月の有価証券届出書には、以下のメンバーが挙げられている。

田中良和（昭和52年生まれ、会社設立時27歳、公開時31歳）代表取締役社長（CEO）

　現ソネットエンタテインメント、楽天を経て同社創業。楽天勤務時代に個人事業としてGREEを始めていた。すでに10万人の会員を獲得しており、楽天との兼務が難しくなり法人設立した。

山岸広太郎（昭和51年生まれ、公開時32歳）取締役・執行役副社長、メディア企画部長

　日経BP、シーネットネットワークス（現朝日インタラクティブ株式会社）の編集長を経て、同社を田中社長とともに創業。シーネットネットワークスはICT業界の動向を紹介するCNET JAPAN（http://japan.cnet.com/）を運営しており、業界の人脈、動向については非常に造詣があった。また、経営者としてのセンスも非常に高いものがあ

5——プロフィールページの背景全体を好みのデザインにデコレーションできる素材・機能

った。

藤本真樹（昭和54年生まれ、公開時29歳）取締役・執行役最高技術責任者（CTO）
　アストラザスタジオ、テューンビズを経て、2005年6月に取締役就任。創業の頃から個人的に支援する。

青柳直樹（昭和54年生まれ、公開時29歳）取締役・執行役最高財務責任者（CFO）
　ドイツ証券を経て2006年3月に取締役就任。創業の頃から個人的に支援する。

大朝毅（昭和36年生まれ、公開時47歳）社外取締役
　KDDIからの役員派遣

小林大三（昭和43年生まれ、公開時40歳）社外取締役
　リクルートからの役員派遣

　会社は田中社長と山岸取締役の2人で2004年12月にスタートし、05年6月にグロービス・キャピタル・パートナーズの小林雅氏と楽天で田中氏の上司であった吉田氏、それまで顧問として開発を担当してきた藤本氏が取締役となっている。翌06年3月にはCFOの青柳氏が入社して、現在の経営幹部のチームが出来上がった。07年8月にはKDDIおよびリクルートから社外取締役を迎えて、内部取締役4名、社外取締役2名（グロービス・キャピタル・パートナーズの小林氏は株式公開前に退任）の経営体制が形づけられている。取締役や幹部の採用に際しては、ICT業界での評判を基に、面白いブログやサイトの主催者に対して、一緒に事業をやろうと声をかけ、同社に入社してもらった人が多いことが特徴的である。

(4) 資本政策

　同社は2004年12月の会社設立時に、創業メンバーに加えて、社長が勤務していた楽天から200万円、持株比率20％を出資してもらい出発したが、その後、05年7月に独立系ベンチャーキャピタルであるグロービ

ス・キャピタル・パートナーズが運営するファンドから１億円強を増資後時価総額評価９億円で調達している。担当キャピタリストの小林氏は、04年10月頃にNILSというICT業界のネットワークセミナーの準備の過程で、シーネットネットワークスの山岸氏から田中氏を紹介されて出会っている。

小林氏は「会社設立後は増資の考え方やエクイティの考え方などについて、田中社長にレクチャーしていた。先行するミクシィに続く第二位の地位は築けそうで収益モデルもしっかりしており、サーバーなどはオープンベースのものを利用しているので人件費とオフィス代以外に固定費はかからないのでリスクは低い、田中氏と山岸氏のコンビも非常に信頼できる点を高く評価して投資した」と述べている。増資前時価総額８億円位については、直前に株式会社カカクコムが旅行サイトのフォートラベル株式会社を買収した12億〜13億円の時価総額を参考にして決めている。また、グロービス・キャピタル・パートナーズは投資する段階では、この後の第三者割当増資の金額やタイミングといった資本政策は精緻には作っていない。このビジネスモデルは、広告宣伝で顧客を獲得すれば着実に収益が見込め、一方で固定費も低いために、通常のようなマイルストーンに基づく段階的な資本政策は必要ない、と考えていたからである。

その後、2006年７月にはSNS事業をミクシィ以外と提携して開始したい意図のあったKDDIから、約3.6億円を増資後時価総額評価36億円で調達している。またKDDIが出資した同時期に、インターネット事業を強化したい意図のあった株式会社リクルートに楽天からの譲渡により株主になってもらっている。

会社設立から４年後の2008年12月17日の株式公開時には、久々の大型株式公開銘柄として高い評価を受け、公募価格１株3,300円に対して、初値は5,000円をつけた。公募価格ベースでは株価収益率（PER）で69倍、時価総額735億円、初値ベースではPER104倍、時価総額1,115億円にまで、高く評価された。公開直前の持株比率は、経営者である田中氏が62.4％、ベンチャーキャピタルのグロービス・キャピタル・パートナーズのファンドが9.8％という状況であった。公募での調達金額36億円、売り出しでの調達86億円、合計133億円という、この規模の会社では異例ともいえる大量の資金を調達できた。同業で先行するミクシィが06年

図表8.5　グリーの資金調達と時価総額の推移

年月日	出資内訳	投資会社	株数	株価（円）	取得総額（千円）	時価総額（百万円）
2004/12/7	会社設立	楽天株式会社	800	2,500	2,000	2
12/7	会社設立	創業メンバー他	3,200	2,500	8,000	32
2005/2/1	合併	個人	4,000	2,348	9,392	75
7/8	第三者割当	グロービスファンド	1,140	88,000	100,320	917
2006/7/31	第三者割当	KDDI株式会社	800	455,000	364,000	3,618
7/31	譲渡・移動	株式会社リクルート		455,000	364,000	3,618
2008/3/31	分割	1：2000				
12/17	株式上場			3,300		73,597
12/17	初値			5,000		111,510

出所：筆者作成

9月に高い評価で株式公開していたことと、将来の成長シナリオがわかりやすく説明されたことなどを理由として、成功した株式公開であったといえる。

　このグリーの資本政策では、2006年7月にKDDIとリクルートに出資してもらった時点の前後の2期に区分できる。

　前期においては、ソフトウェアは「オープンソース」をベースにしたものを利用し、サーバー利用料金はレンタルサーバー会社を低額で利用するなど、先行投資を極めて抑え、優秀な人材の獲得と能力発揮できる環境の整備にエネルギーを注ぐ時期であった。

　後期は、対外的に信頼の高い大企業であるKDDI、リクルートと協創することができ、資金調達もこれまで以上に大きくなったことから、先行投資を十分に行う戦略にシフトしている。具体的にはKDDIの出資後4カ月後にはauユーザー向けSNSであるEZ GREE（現　au one GREE）という携帯向けサービスを開始するための開発投資を思い切ってかけたことと、サービス開始後はテレビCMなど広告宣伝費という先行投資を投入することにシフトしている。このように、先行投資キャッシュフローが少ない前期と大きい後期という時期で明確にベンチャー企業の戦略とキャッシュフロー戦略がギアチェンジしていることが重要である。

4 ―新しい資本政策の在り方の提案

　また、このように携帯ビジネスに見られるように、急速に立ち上がってゆくビジネスに対しての資本政策は、従来のものと異なるものとなろう。図表8.6には、Benchmark Capital のPeter Fenton氏がセミナーで使用したものを示すが、従来の資本政策は、ベンチャー企業がシード期、R&D期、市場投入期、急成長期とマイルストーンを設け、そのマイルストーンを超えるたびに企業リスクが減少する、増資をする時の企業価値も断層的に上昇してゆく、というものであった。50億円から100億円くらいの先行投資を必要とするベンチャー企業（例えば、半導体開発企業、バイオテクノロジー開発会社、電気自動車開発製造会社など）は、今でもこのようなリスクと時価総額曲線を描くものであろう。

　それに対して、図表8.7に示すように、普及率が加速するところまでは必要経費（バーンレート）を極めて低く抑えながらも、普及率が加速し始めたら広告宣伝や販売チャネルの拡充などの先行投資を一気に加速してゆく事業（例えば携帯サービス関連の事業など）の場合には、従来のリスクと時価総額曲線とは全く別のものとなろう。図表8.7に示すよ

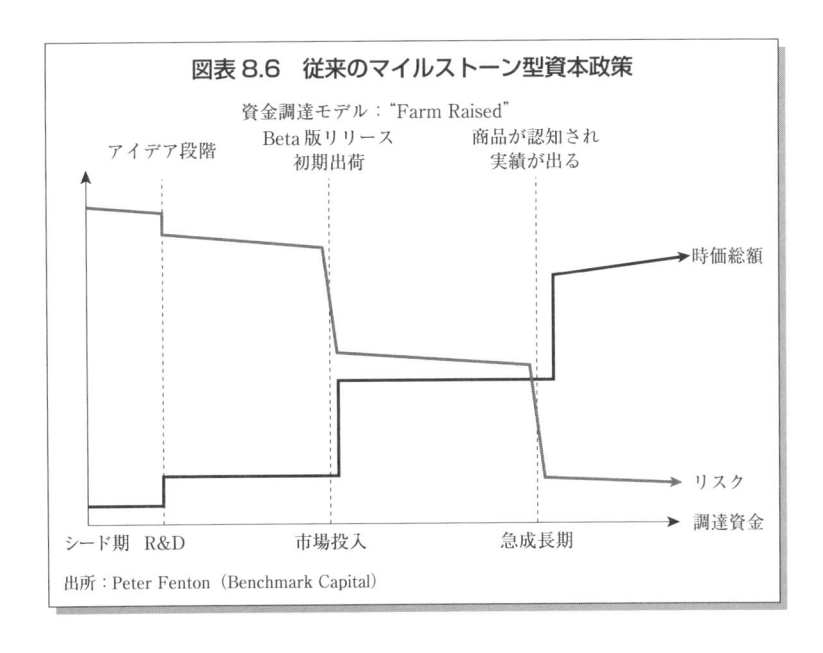

図表8.6　従来のマイルストーン型資本政策

出所：Peter Fenton（Benchmark Capital）

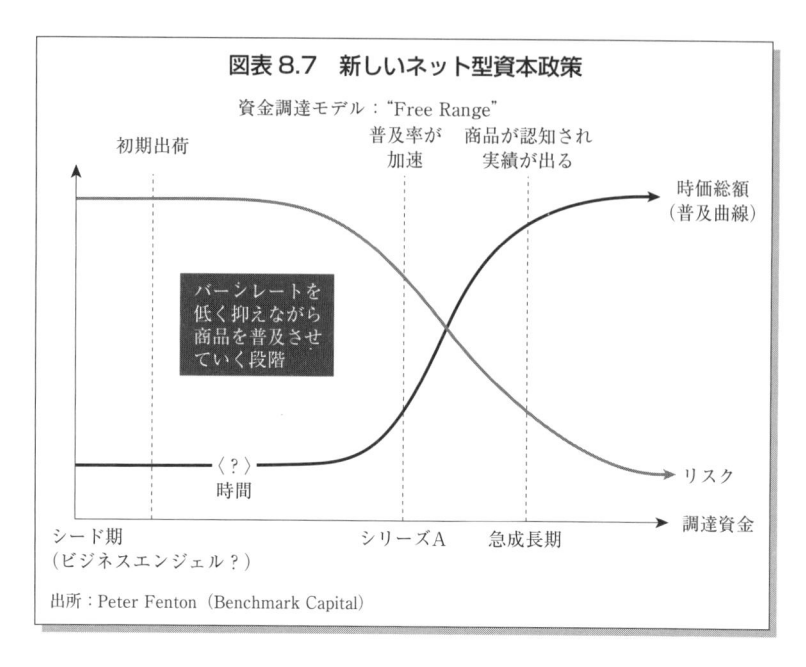

図表8.7　新しいネット型資本政策

資金調達モデル："Free Range"

- 初期出荷
- 普及率が加速
- 商品が認知され実績が出る

時価総額（普及曲線）

バーシレートを低く抑えながら商品を普及させていく段階

リスク

調達資金

〈？〉時間

- シード期（ビジネスエンジェル？）
- シリーズA
- 急成長期

出所：Peter Fenton（Benchmark Capital）

うに、普及率が加速するシリーズAの増資以降は、一気に企業リスクが低下するとともに、時価総額も急速に上昇してゆき、大きな段階を経ることなく成長してゆくものである。現代のベンチャー企業においては、会社設立時にビジネスモデルも両者を明確に区別し、資本政策も明らかに違うものとして計画すべきであろう。少なくとも、中途半端が一番よくないことを強調したい。

第9章
ベンチャーキャピタルの活用戦略

　この章では、ベンチャー企業がどのようにベンチャーキャピタルと関わりを持ったらよいかなどについて学ぶ。

> この章の課題
> 1．ベンチャーキャピタルとは何か？
> 2．日本のベンチャーキャピタルの特徴を述べなさい。
> 3．ベンチャーキャピタルはベンチャー企業に対してどのような貢献をしているか？　また、どのような貢献をすべきだろうか？
> 4．ベンチャー企業はベンチャーキャピタルとどのように付き合ったらよいか？　相談のタイミングとベンチャーキャピタルの選択のポイントはどのようなものがあるのか？
> 5．日本のベンチャーキャピタルのパフォーマンスを向上させるためには、どのような方策をとるべきであろうか？

1―ベンチャーキャピタルの概要

1. ベンチャーキャピタルとは何か？

　ベンチャーキャピタルとは、「株式を公開していない段階にある有望なベンチャービジネスや起業家を発掘し、事業成長のための資金を供給し、投資先ベンチャービジネスの経営支援を行って、株式公開後、または買収・合併後に株式を売却して資金回収を図る投資会社」と定義できる。[1]

一方、バイアウトとは、「事業買収」と定義づけられるもので、すでに事業基盤がある程度出来上がっている企業を対象に、既存の株主から経営権を取得する目的で株式を買収し、強力な経営支援で企業価値を高めた後に、資金回収を図るものである。買収者の主体により、MBO（management buy-out：経営陣による買収）、EBO（employee buy-out：従業員による買収）、MBI（management buy-in：経営者を送り込む買収）などに分けられる。

ベンチャーキャピタルとバイアウトの基本的な違いは、前者が投資対象企業の新株と引き換えに成長資金を提供する投資であるのに対し、後者は既存株主からの株の買収を伴う投資であることである。

また、前者は企業を支配するのではなく、経営を支援・監視することによって投資先企業の価値を高めようとするのに対して、後者はファンドが経営陣と一緒に支配権を得て、経営陣に企業を刷新するためのインセンティブを与えながら、本来持っている企業価値を引き出すものである。

ちなみに、LBO（レバレッジド・バイアウト）は、バイアウト対象企業の買収資金の一部を借り入れや債券の発行でまかなうことを意味するが、ほとんどのバイアウト案件がこのような借り入れを伴うため、バイアウトの同義語として扱われている。

2. 日本のベンチャーキャピタルの規模

図表9.1は、日米欧3地域のベンチャーキャピタル投資残高の推移を示したものである。2010年では、米国の投資残高が約14兆円、欧州で約39兆円であるのに対し、日本の残高は7700億円で、大きな較差がある。2012年のベンチャーキャピタル年間投資額は、米国の約2.7兆円に対して、日本は1,026億円であり（図表9.2）、日本は米国の約20分の1しかない。日米はGNP比では1：1.8、人口比で1：2.1であることを考慮しても、日本のベンチャーキャピタルの規模が限定的であることがわかる。

---

[1] National Venture Capital Association（NVCA）のホームページでは、ベンチャーキャピタルは以下のように定義されている（http://nvca.org）。
Venture capital is money provided by professionals who invest alongside management in young, rapidly growing companies that have the potential to develop into significant economic contributors.

図表 9.1　日米欧ベンチャーキャピタル投資残高推移

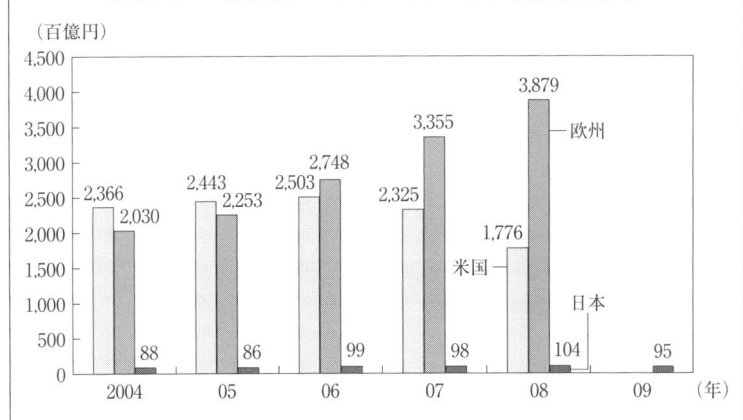

（百億円）

年	欧州	米国	日本
2004	2,366	2,030	88
05	2,443	2,253	86
06	2,503	2,748	99
07	2,325	3,355	98
08	1,776	3,879	104
09			95

注：米国はベンチャーキャピタル投資のみで、かつ米国国内への投資に関しての結果であり、欧州はPE投資および海外投資を含む。日本は2003年までは再生・バイアウト投資を含むが、2004年以降は再生・バイアウト投資を除く（すべての年において海外投資を含む）。
出所：米国はNVCA 2009 Yearbook（1ドル＝90円換算）、欧州は2009 EVCA Yearbook（1ユーロ＝130円換算）、日本は各年報告書による。VEC『ベンチャーキャピタル等投資動向調査報告』

図表 9.2　日米欧 VC の年間投資額推移

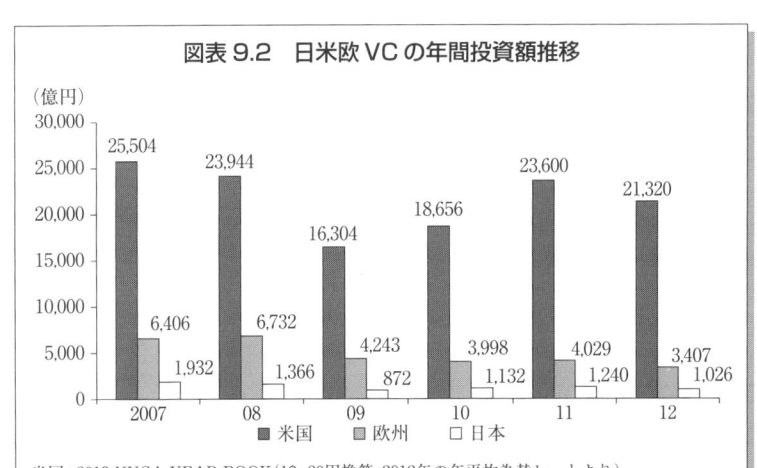

（億円）

年	米国	欧州	日本
2007	25,504	6,406	1,932
08	23,944	6,732	1,366
09	16,304	4,243	872
10	18,656	3,998	1,132
11	23,600	4,029	1,240
12	21,320	3,407	1,026

米国：2013 NVCA YEAR BOOK（1＄＝80円換算、2012年の年平均為替レートより）
欧州：2012 EVCA YEAR BOOK（1ユーロ＝102円換算、2012年の年平均為替レートより）
日本：各年ベンチャーキャピタル等投資動向調査
注〈欧・米〉暦年（1～12月）〈日本〉4月～翌年3月
　〈日・米・欧〉VC投資のみ、再生及びバイアウト除く
　〈日・欧〉海外への投資を含む〈米国〉米国内への投資のみ
出所：VEC『ベンチャーキャピタル等投資動向調査報告』（2014年1月）

3. 日本のベンチャーキャピタルの特徴

　日本のベンチャーキャピタルは母体企業の系列別に特徴を持っていて、ある意味、日本のベンチャーキャピタルの現在の問題点を把握するために有効である。

　ベンチャーキャピタルには、母体企業区分により、次の５つの形態がある。

　①銀行・生損保・地銀系キャピタル：銀行・生損保・外資など金融機関を母体に設立されたもの。東京海上キャピタル（東京海上保険）、三菱UFJキャピタル（三菱東京UFJ銀行）、みずほキャピタル（みずほ銀行）、安田企業投資（安田火災保険）などが挙げられる。

　②証券系キャピタル：証券会社を母体に設立されたもの。ジャフコ（野村證券）、大和SMBCキャピタル（大和証券）などが挙げられる。

　③事業会社系キャピタル：商社、製造業、ソフトなどの事業会社を母体に設立されたもの。SBIホールディングス（ソフトバンク）、オリックスキャピタル（オリックス）、日本ベンチャーキャピタル（大企業集団）、ウィズ・パートナーズ（旧CSKベンチャーキャピタル）などが挙げられる。

　④公的キャピタル：中小企業投資育成会社や地方自治体など公的機関により設立されたもので、東京、名古屋、大阪の各投資育成会社や、新規事業投資（日本政策投資銀行）などが挙げられる。

　⑤独立系キャピタル：上記に勤務していたキャピタリストや銀行、企業の新規事業担当者などの専門家によって設立されたもの。日本アジア投資、フューチャーベンチャーキャピタル、ワールドビューテクノロジーベンチャーキャピタル、グローバルベンチャーキャピタル、日本テクノロジーベンチャーパートナーズ、バイオフロンティアパートナーズ、イノベーションエンジンなどが挙げられる。

　投資規模や公開実績は金融系キャピタル、事業系キャピタルが依然として大きな構成比を占めているものの、最近の傾向として、独立系キャピタルの数が増加している。独立系キャピタルは母体企業の影響を受けず、人事政策や職務分担の制約も受けないため、独自の活動をしている。

(1) 系列別に見るベンチャーキャピタルの特徴

図表9.3は、資本系列別に見たベンチャーキャピタルの特徴を示したものである。

①銀行・生損保・地銀・信金系キャピタルの提供サービスは投資業務が主体であり、ベンチャー企業への経営アドバイスなどのハンズ・オンには消極的である。さらに投資対象分野は特化せず多様であり、ファンドの活用状況も一様ではない。

②証券系キャピタルの提供サービスの種類は、経営全般にわたり、ハンズ・オンにやや積極的である。一方で、投資対象分野・ステージは多様であるため、ステージごとにバランスよく投資を行い、またファンドからの投資が多い。さらに他の資本系列より、EXITにおけるIPOの比率が高く、営業範囲が広範である。ただし、組織の独立性には特別な特徴

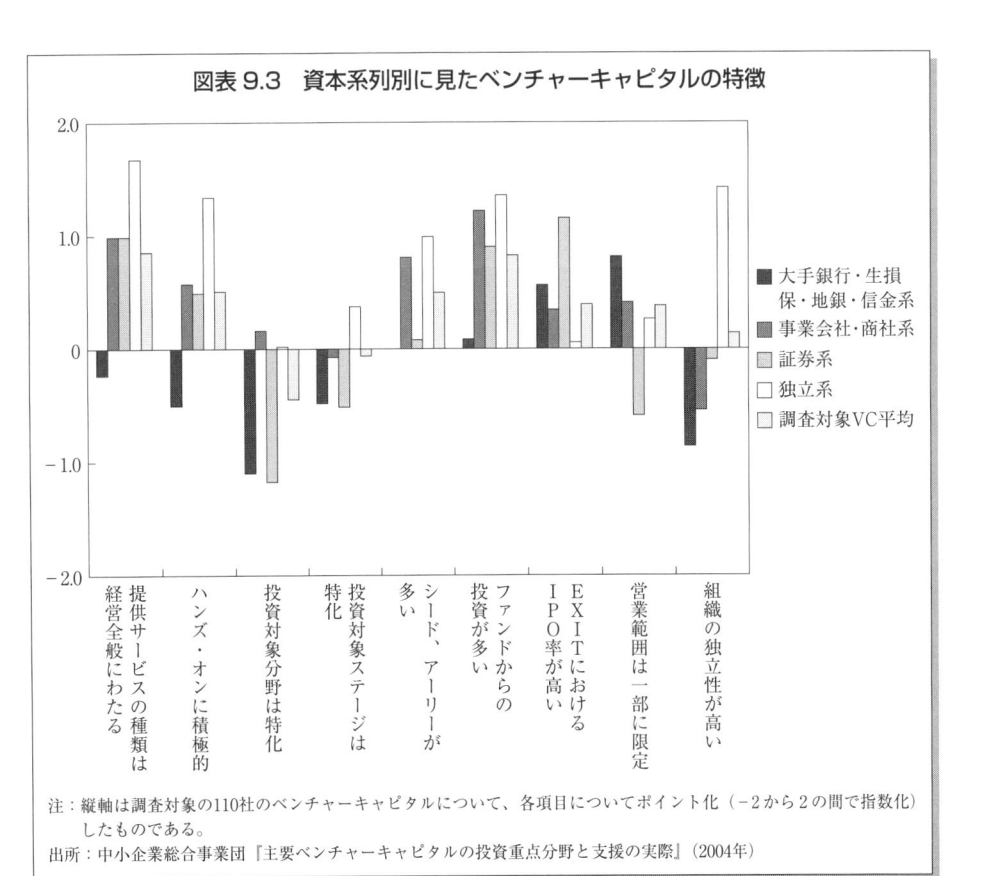

図表9.3　資本系列別に見たベンチャーキャピタルの特徴

横軸項目：提供サービスの種類は経営全般にわたる／ハンズ・オンに積極的／投資対象分野は特化／投資対象ステージは特化／シード、アーリーが多い／ファンドからの投資が多い／EXITにおけるIPO率が高い／営業範囲は一部に限定／組織の独立性が高い

凡例：大手銀行・生損保・地銀・信金系／事業会社・商社系／証券系／独立系／調査対象VC平均

注：縦軸は調査対象の110社のベンチャーキャピタルについて、各項目についてポイント化（−2から2の間で指数化）したものである。

出所：中小企業総合事業団『主要ベンチャーキャピタルの投資重点分野と支援の実際』（2004年）

は見られない。

③事業会社・商社系キャピタルは、シード、アーリーステージへの投資が多く見られる。各社それぞれの投資方針を持っていて、資本系列として共通の特徴はほとんどない。

④独立系キャピタルは、ハンズ・オンを積極的に行い、投資対象分野・ステージを特化している（シード、アーリーステージへの投資が多い）。ファンドからの投資が多く、組織の独立性も一番高い。

欧米では上記分類でいえば独立系キャピタルが主流を占めており、さらに企業経営者で公開経験者がベンチャーキャピタルを起こすことが非常に多くある。金融機関系に偏重する日本のベンチャーキャピタルの構造は、特異であるといえる。そもそもベンチャーキャピタリストは独自の判断に基づいて、ファンド出資者のために全精力を使うべき性格のものであり、母体企業の意思決定がわずかでも働くと、整合性がとれなくなるからである。

(2)ベンチャーキャピタルの1ファンド当たりの規模

累計投資金額は、図表9.4のように、独立系、生損保系、証券会社系、事業会社系の順で規模が大きく、近年は独立系の増加が著しい。

累計投資金額をファンド数で割った1ファンド当たりの投資残高で見

図表9.4　系列別累計投資金額、IPO比率、平均収益率

GPの属性	設立以来の組合数（件）	累計投資額（百万円）	組合当たり投資額（億円）	IPO比率（％）	平均収益率（％）
外資系	30	18,676	6.2	13.9	1.1
事業会社系	31	20,677	6.6	14.0	0.7
銀行系	59	10,702	1.8	7.6	0.8
証券会社系	20	26,349	13.1	23.8	1.4
政府系	12	20,276	16.8	7.6	1.0
生損保系	26	34,953	13.4	25.0	1.0
独立系	116	92,688	7.9	11.6	0.6
その他	31	86,398		14.7	0.7
合計	298	310,719		15.5	0.8

注：IPO比率は、投資社数合計に占めるIPO社数の比率をいう。平均収益率は、「累計分配金＋残存価値」合計÷「出資金総額」合計をいう。
出所：VEC『ベンチャーキャピタル等投資動向調査報告』（2010年1月）

ると、政府系16.8億円、証券会社系13.1億円、生損保系13.4億円に対し、独立系7.9億円、事業会社系6.6億円、外資系6.2億円、銀行系に至っては1.8億円にすぎない。ファンド規模の小ささが、個別企業へ少額分散する傾向が強いという投資スタンスに表れている。

(3)系列別ベンチャーキャピタルによるIPO比率、平均収益率

さらに、パフォーマンスを示すIPO比率（IPO比率は、投資社数合計に占めるIPO社数の比率）を見ると、生損保系、証券会社系がベンチャーキャピタル平均を上回っており、また、平均収益率（「累計分配金+残存価値」合計/「出資金総額」合計）では、証券会社系に加えて外資系、政府系、生損保系がベンチャーキャピタル平均を上回っている。事業会社系、独立系は、2008年度時点ではまだ投資成果は上がっていないことがわかる。

4. 構成比が欧米と異なる日本の出資者

(1)規模別ファンド数

図表9.5は規模別のファンド数の分布を表している。2013年3月末までの調査時点累積出資額をファンド規模とした時の規模別のファンド数が示されている。

10億円から25億円のファンドが最も多いことが見てとれる。米国のベンチャーキャピタルの平均ファンド規模が2003年で1億4,500万ドル（03年平均1ドル116円で換算して168億円）であることからして、日本のベ

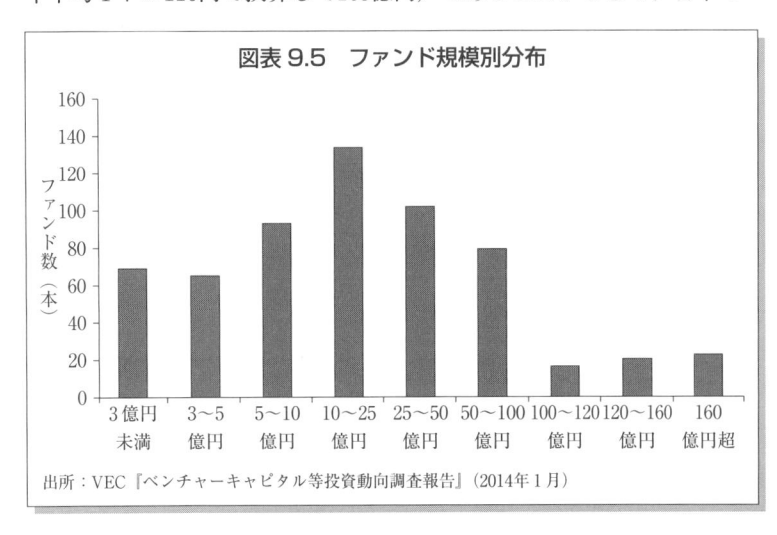

図表9.5　ファンド規模別分布

出所：VEC『ベンチャーキャピタル等投資動向調査報告』（2014年1月）

ンチャーキャピタル・ファンドは小粒のファンドが多く、ひとつのファンドだけではベンチャーキャピタルの会社経営が成り立ちにくいことがわかる。したがって日本のベンチャーキャピタルは、投資先ベンチャー企業の育成にじっくり時間を割くことができず、ファンド間の利益相反問題が生じることは承知のうえで、いくつものファンドを並行的に調達・運用することに時間を割くことになる。

(2) ファンドへの出資者

図表9.6は、日米欧のベンチャーキャピタル・ファンドの出資者を比較したものである。

米国は年金基金40.4％、大学基金・財団10.3％の合計で50.7％と高く、欧州では金融機関と年金基金の比率が高くなっている。日本では事業法人と業務執行組合17.3％、銀行・信用金庫25.7％、生命保険15.7％の出資が中心となっており、年金基金は1998年の投資事業有限責任組合法施行以降に参入したものの5.3％にすぎない。

これは欧米のベンチャーキャピタル・ファンドの出資者構成と大きく異なる点である。欧米では年金基金や大学基金、財団等が大口の出資者となっていて、ファンド規模が大きい要因にもなっている。今後、日本の年金資金がベンチャーキャピタルにどれほど投資拡大するかが、ベンチャー育成に寄与していないと評される日本のベンチャーキャピタルの質的向上のためにも重要であると思われる。

図表9.6　ベンチャーキャピタル・ファンドへの出資者比較

(単位：％)

日本		米国		欧州	
銀行・信用金庫	25.7	年金基金	40.4	銀行	11.8
事業法人	17.3	金融機関・保険会社	16.0	ファンド・オブ・ファンズ	11.2
業務執行組合	17.3	ファンドオブファンド	14.2	年金基金	18.0
生命保険	15.7	大学基金・財団	10.3	保険会社	8.3
年金基金	5.3	個人・ファミリーオフィス	10.2	キャピタルゲイン再投資	7.0
ベンチャーキャピタル	3.0	ベンチャーキャピタル	3.6	政府機関	5.4
政府・公共団体	2.9			個人	4.7
証券会社	2.2			事業法人	2.5
個人	1.9			その他	22.8

注：構成比はファンド残高に占める金額比率。このほかにGPの出資がある。
出所：2008年度VEC、2008年ventureone、2007年EVCA年報

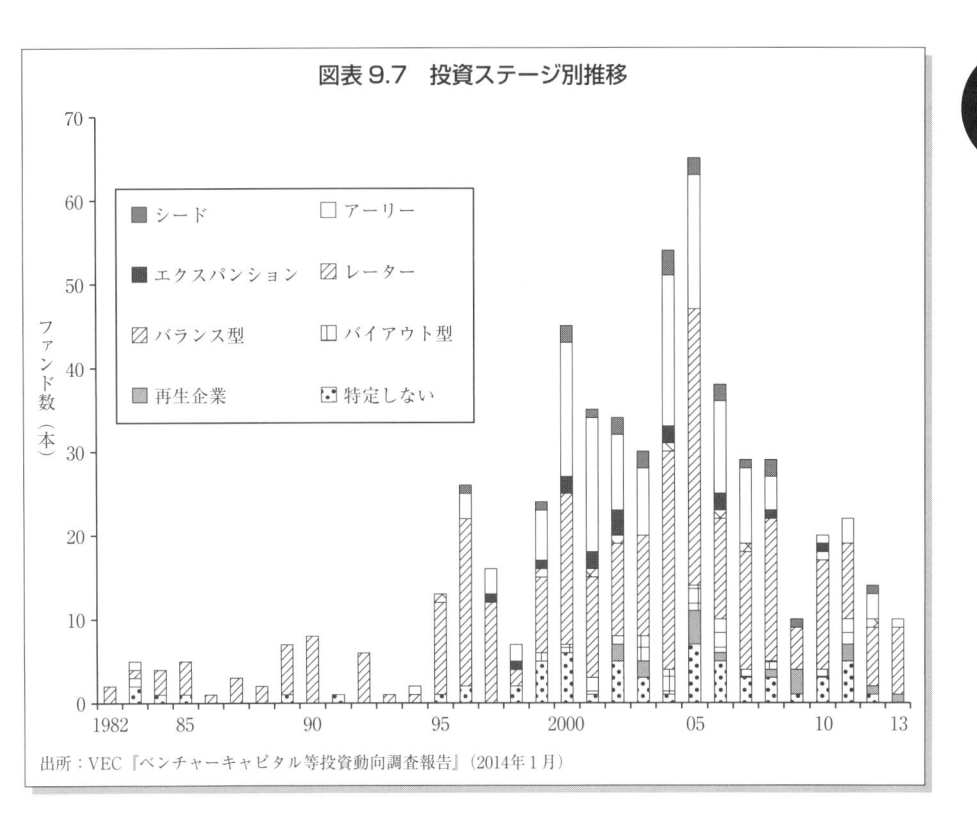

図表 9.7　投資ステージ別推移

出所：VEC『ベンチャーキャピタル等投資動向調査報告』(2014年1月)

5. 投資ステージ別

図表9.7は、投資ステージ別の推移を示している[2]。1990年代後半頃からバランス型のほかに、重点ステージをひとつに定める特化型ファンドが見られるようになってきた。特に、2006年くらいまではアーリーステージに特化するベンチャーキャピタルが増加していた。新規投資先企業の設立年数別投資構成比を見ても、04年度においては、設立後5年未満のベンチャー企業への投資が金額構成比で47.7％、社数構成比で48.7％を

2——シード：事業がまだ完全に立ち上がっておらず、研究および製品開発を継続している段階

アーリー：製品開発および初期のマーケティング、製造および販売活動に向けた準備の段階

エクスパンション：製造および販売を始めており、その在庫量または販売量が増加しつつある段階

レーター：継続的なキャッシュフローがあり、IPOを視野に入れた段階

図表9.8　重点ステージ別ファンド累計

重点ステージ	ファンド数（本）	平均規模（億円）
シード	21	15.4
アーリー	131	19.1
エクスパンション	16	8.6
レーター	9	15.0
バランス型	299	50.8
バイアウト型	25	85.8
再生企業	17	30.1
特定しない	60	47.6
合計	578	—

出所：VEC『ベンチャーキャピタル等投資動向調査報告』（2014年1月）

占め、2000年以降、設立後間もない企業への投資が約50％近く占める状態が続いていた。しかし、07年、08年と新規公開市場が低迷し、新規公開する企業数が激減したこともあり、近年のベンチャーキャピタル投資においては、シード・アーリーステージ投資を控え、レーターステージ、バランス型の投資にシフトしている。

シード・アーリーステージ段階の企業には制度融資以外の間接金融からの調達手段が限られており、また、景気減速から売上高の増加スピードが低下して経営環境が厳しくなっているだけに、ベンチャーキャピタルからのリスクマネーの提供が期待されるが、現実には残念ながらシード・アーリーステージへの投資割合は減少している。

一方、ファンドの平均規模は、バイアウト中心ファンドが86億円、再生企業中心ファンドが30億円の規模を持つのに対して、シードステージ中心が15億円、アーリーステージ中心が19億円と小規模にとどまっていることが特徴的である（図表9.8）。

6. 特定分野に集中するベンチャー投資

図表9.9は、新規投資先の業種分布を示している。金額で60％がIT関連を占めているが、近年増加していたバイオ／医療／ヘルスケア分野が減少しているのが特徴である。

各ベンチャーキャピタルとも2003年以降、大学発ベンチャー企業への投資を重点的に行っており、その意味でもアーリーステージの多いバイ

図表9.9 業種別投資分野

(社数:社、金額:百万円)

	社数	構成比	金額	構成比	1社当たり金額
IT関連計	274	56.0%	31,177	59.5%	113.8
通信・ネットワーキング及び関連機器	49	10.0%	4,364	8.3%	89.1
コンピュータ及び関連機器、ITサービス	137	28.0%	18,508	35.3%	135.1
ソフトウェア	40	8.2%	3,320	6.3%	83.0
半導体、電機一般	48	9.8%	4,985	9.5%	103.9
バイオ/医療/ヘルスケア計	59	12.1%	6,228	11.9%	105.6
バイオ、製薬	35	7.2%	5,206	9.9%	148.7
医療機器、ヘルスケアサービス	24	4.9%	1,023	2.0%	42.6
工業、エネルギー、その他産業	78	16.0%	9,603	18.3%	123.1
製品/サービス計	78	16.0%	5,428	10.4%	69.6
メディア、娯楽、小売、消費財	54	11.0%	4,131	7.9%	76.5
金融・不動産、法人向けサービス	24	4.9%	1,297	2.5%	54.0
上記のうちクリーンテクノロジー関連	9	1.8%	626	1.2%	69.5
合計	489	100.0%	52,438	100.0%	―

N:サンプル社数　　　　N=61　　　　N=61　　　　N=61

注1:社数または金額を回答している会社
注2:1社当たり金額は業種別の社数と金額の両方を回答している会社
注3:四捨五入や内訳に無回答があるため、内訳計と合計が一致しないことがある

オ/医療/ヘルスケア分野への投資が急速に増加した。しかし、当該分野への投資を急増させた反動と、株式市場における当該分野企業の株価低迷から、07年以降は急速に減少している。一方で、IT関連、製造業、消費者関連分野への投資の割合を増加させている。

7. 多様化が求められるEXIT

図表9.10は、ベンチャーキャピタル・ファンドのEXIT状況を示している。2012年度は「株式公開」が138社、「売却」が154社である。償却・清算は112社で、近年横ばい傾向にある。

「会社経営者等による買い戻し」の比率上昇の背景としては、M&Aへの理解の高まり、2次買い取り(セカンダリー、パーチェス)ファンドの増加などが挙げられる。

しかし、統計では明示されないが、日本は欧米のように、ベンチャー

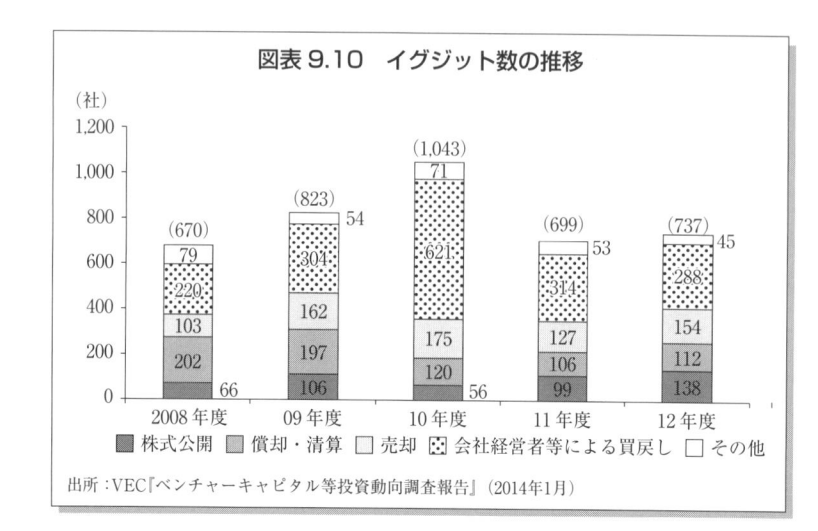

第9章 ベンチャーキャピタルの活用戦略

図表9.10 イグジット数の推移

	2008年度	09年度	10年度	11年度	12年度
合計	(670)	(823)	(1,043)	(699)	(737)
その他	79	54	71	53	45
会社経営者等による買戻し	220	304	621	314	288
売却	103	162	175	127	154
償却・清算	202	197	120	106	112
株式公開	66	106	56	99	138

出所：VEC『ベンチャーキャピタル等投資動向調査報告』（2014年1月）

キャピタルの投資当初から、EXITとして株式公開と同レベルのシナリオでM&Aを想定したり（当然のこととして大幅なキャピタルゲインが達成される）、またベンチャー経営者が進んでM&Aによる株式交換に応じることで大企業の傘下に入っていこうという発想に、まだ至っていない。

図表9.10の「売却」のうち、大幅なキャピタルゲインを伴ったM&AによるEXITの割合はごく少数であると推定される。大半はベンチャーファンドにとって投資損出となっている案件であり、問題である。

2─投資パフォーマンスの向上

1. 低い水準にとどまる日本のIRR絶対水準

日本および米国・欧州におけるベンチャーキャピタルの投資パフォーマンスを内部収益率（IRR）[3]で比較したものが図表9.11〜9.13である（日本は2013年3月時点、米国は12年12月時点、欧州は12年12月時点）。

日本のベンチャーキャピタルが示すIRRの絶対水準は、欧米に比べて低いといえる。特に、ベンチャーキャピタル・ファンドは運用期間が10年のものが多く、しかも、運用開始後3年程度のキャッシュフローはマイナスになる傾向がある。そのため、5年経過後、およびファンドがク

図表9.11 日本ベンチャーキャピタル・ファンドのパフォーマンス（2013年3月現在）

（単位：IRR%）

ファンドの種類／経過年数	1年	3年	5年	10年	20年
プライベート・エクイティ	−4.66	−12.36	−8.85	−2.69	―
TOPIX	34.62	22.48	6.88	0.39	―
PEのTOPIXに対する超過	−39.28	−34.84	−15.73	−3.08	―

注：出資額加重平均IRRを採用した。
出所：VEC『ベンチャーキャピタル等投資動向調査報告』（2014年1月）より筆者作成

ローズする10年後のパフォーマンスが最も重要になる。2013年3月時点においては、日本プライベート・エクイティの5年間のIRRはマイナス8.9%である。対して、米国は4.0%、欧州は1.6%を記録している。10年間のIRRでも、日本のマイナス2.7%に対して、米国6.4%、欧州が8.4%となっている。

また、上記ベンチャーキャピタル・ファンドのパフォーマンスが同期間のTOPIXのパフォーマンスをどの程度上回っていたかという、超過リターンを見ると、日本では3年で▲34.84%、5年で▲15.73%、10年で▲3.08%、米国では3年で1.38%、5年で1.43%、10年で▲1.63%となっている。米国の超過リターンであれば機関投資家も積極的にベンチャーキャピタル・ファンドに投資しようというインセンティブが働くが、日本の超過リターンであればリスクが高いことを考慮すればベンチャーキャピタル・ファンドに出資しにくいのも論理的な行動といえよう。

3── 一般的なIRR（r）を求めるための式は以下のようなものである。

$$0 = \sum_{t=0}^{T} \frac{C_t}{(1+r)^t}$$

ただし、
t：時点
T：ファンドの投資期間
C_t：t時点でのキャッシュフロー額（出資金を負のキャッシュフロー、分配額を正のキャッシュフローと考える。最終時点Tにおけるファンド資産の残余価値時価評価をT時点の正のキャッシュフローに加える）
r：内部収益率（IRR）である。このrは一般に解析的には求められないので、逐次計算により近似解を求めることになる。通常、IRRを求める際には、簡略化して、ある月内にあったキャッシュフローはすべてその月末に行われたものと仮定し、1ヵ月を1／12年として投資期間を測っている。

図表9.12 米国ベンチャーキャピタル・ファンドのパフォーマンス[4]
（2012年12月現在）

（単位：IRR%）

ファンドの種類/経過年数	1年	3年	5年	10年	20年
アーリー/シードVC	8.85	11.96	4.07	5.75	39.97
バランスVC（マルチVC）	5.86	9.33	2.88	7.61	13.52
レイターステージVC	3.33	14.74	7.29	10.97	11.77
VCトータル	7.17	11.37	4.06	6.87	28.46
NASDAQ	15.91	9.99	2.63	8.50	7.76
S&P500	16.00	10.87	1.66	7.10	8.22
VCのNASDAQに対する超過	-8.74	1.38	1.43	-1.63	20.70

出所：VEC『ベンチャーキャピタル等投資動向調査報告』（2014年1月）より筆者作成

図表9.13 欧州ベンチャーキャピタル・ファンドのパフォーマンス[5]
（2012年12月現在）

（単位：IRR%）

ファンドの種類/経過年数	1年	3年	5年	10年	20年
アーリーステージ	11.06	0.69	-1.83	-1.37	-0.65
発展期	14.08	4.99	0.43	0.26	3.35
バランス	9.53	2.96	-0.68	0.57	3.89
ベンチャーキャピタル	11.12	2.04	-1.13	-0.52	1.22
バイアウト	16.10	11.69	2.48	10.85	12.01
プライベート・エクイティ	15.02	9.17	1.64	8.09	10.09
HSBCのSmall Company Equity	19.93	5.08	-1.22	8.59	
VCのSmall EQに対する超過	-8.81	-3.04	0.09	-9.11	
PEのSmall EQに対する超過	-4.91	4.09	2.86	-0.50	

出所：VEC『ベンチャーキャピタル等投資動向調査報告』（2014年1月）より筆者作成

2. 低下しているパフォーマンス

　それでは次に、日本のベンチャーキャピタルの投資パフォーマンスの現状を見てみたい。

　図表9.14はIRRの分布を示している。運用を完了したと推定され、IRR

---

[4] 最新の米国ベンチャーキャピタルのパフォーマンスは以下のホームページで入手することができる。http://www.nvca.org

[5] 最新の欧州ベンチャーキャピタルのパフォーマンスは以下のホームページで入手することができる。http://www.evca.eu

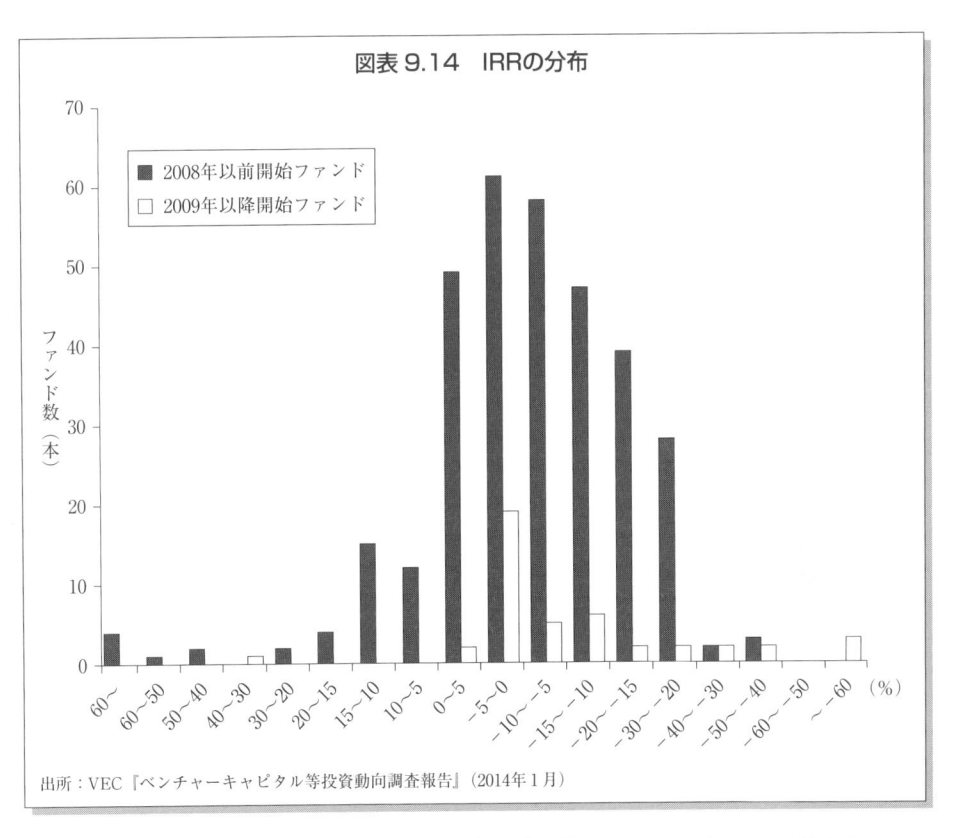

図表 9.14　IRRの分布

■ 2008年以前開始ファンド
□ 2009年以降開始ファンド

縦軸：ファンド数（本）　0〜70
横軸：60〜、60〜50、50〜40、40〜30、30〜20、20〜15、15〜10、10〜5、0〜5、-5〜0、-10〜-5、-15〜-10、-20〜-15、-30〜-20、-40〜-30、-50〜-40、-60〜-50、-〜-60（％）

出所：VEC『ベンチャーキャピタル等投資動向調査報告』（2014年1月）

の確定値を示している2008年以前開始ファンドにおいて、最も多いファンドのIRRはゼロからマイナス5.7％である。ファンドを組成して3年から4年くらいのベンチャーファンドは「J-カーブ効果」により、パフォーマンスがマイナスとなるのは理屈に合っているとはいえ、過去からの累積的な絶対パフォーマンスがゼロ以下の水準であることは、欧米であればそのようなベンチャーキャピタル・ファンドには出資する投資家がいなくなることを意味する。そうなれば、次のファンドが組成できなくなり、淘汰されて市場からの退場を余儀なくされることになる。

しかし、日本の場合には、このように低いパフォーマンスであっても、銀行、証券、生損保の系列会社や資本持合をしている事業会社から資金調達ができる状況が続いていた。そのため、投資先に対して資本合理主義を徹底するベンチャーキャピタルが、自身の経営においては資本合理主義とはかけ離れた構造にあったのである。これは、はなはだ矛盾したことといえる。

第9章 ベンチャーキャピタルの活用戦略

　ベンチャーキャピタルへの資金を提供する投資家の目的は、新規産業の興隆助成やアントレプレナーマインドの拡大、新規事業分野の探索などの目的もあるが、多くは安定的な収益（キャピタルゲイン）の確保目的である。特に大きいのは、株式市場の動向に左右されない代替的投資手法（オールタナティブ投資）としての意味づけである。日本のベンチャーキャピタルのパフォーマンスを見ると、株式投資の代替的投資手法として満足する投資パフォーマンスではなく、年金資金など純粋な機関投資家が資金を投資する意味が薄いものとなっている。これは、実に残念なことである。

3——日本のベンチャーキャピタルの支援機能

　欧米に劣る状況を打破するために、日本のベンチャーキャピタルはどのような取り組みをするべきであろうか？

　この本質的な質問に対する答えを得るためには、ベンチャーキャピタリストのベンチャー企業を支援する機能や手法が、欧米のものと同じで、単に欧米の数年遅れで同じ過程をたどっているものなのか、それとも日本の置かれている環境や風土に対応して、異なる過程をたどっているものなのかについて、本格的に検討する必要がある。

　すなわち、日本のベンチャー企業の後進性だけではなく、日本の風土や各種税制・人事制度などの違いがもたらすベンチャーキャピタルの付加価値活動の日本の独自性に起因していると思われる。

　具体的な問題点として、①何らかのイノベーションを伴って急成長するベンチャー企業の絶対数が少ないこと、②未公開株式に対する資本市場や制度の歴史が浅く、未だ未成熟であること、③ベンチャー企業の成長を支援する法律事務所、会計事務所、経営コンサルティング、ヘッドハンティング会社などの周辺サービスが不足していること、④エンジェルやベンチャーキャピタルなどの直接金融の仕組みが不十分で、成長初期段階での資金が調達しにくいこと、などが考えられる。

　それに加えて、日本のベンチャーキャピタルは欧米に比べて歴史も経験も浅く、ベンチャー企業に対して適切な経営指導などの付加価値活動ができていないからパフォーマンスが悪い、という見方がある。

　欧米型の機能と異なる、日本のベンチャーキャピタルが果たすべき機

能についての現時点での筆者の考えは、以下のとおりである。

　まず、日本の従来型ベンチャー企業に対する支援においては、欧米の支援に比べて営業支援機能がより重視されるべきである。これは、日本のベンチャー企業の製品を積極的に購入する意識が、大企業や政府自治体に加えて個人消費者も欧米と比べて低いためである。いくら品質・価格・サービスの点で優位性のある商品でも、ベンチャー企業が取引を始めるに当たっては、「口座開設」が難しく、取引が開始できないことが多い。そのため、欧米では考えられないほどの「暗黙的な取引規制」が働き、それを打ち破れずに伸び悩むベンチャー企業が多いのが実態である。これを打破する意味で、大手企業や主要な個人消費者へのアプローチを支援し、「口座開設」を容易にする営業支援機能が、日本のベンチャーキャピタルにはより大きく期待されている。

　第二に、日本のハイテク型ベンチャー企業の支援においては、人材機能が欧米に比べて重要である。

　欧米ではベンチャー企業に対する社会的な尊敬、理解が進んでいる。そのため、多くの優秀な人材が自分の能力を存分に発揮できる場所を求めて大企業や政府自治体からベンチャー企業に飛び込み、自己実現を図り、さらに株式公開した暁には億万長者になり、また次のベンチャー企業を創業したり、転職したりするという好循環が生じている。

　日本の場合は、このような人材の好循環が働いておらず、人材調達は非常に困難である。特にバイオテクノロジー、ナノテクノロジー、ITなどのハイテク産業の場合、専門的な技能を持った専門家の採用が不可欠であるが、ヘッドハンティング会社に依頼しても、日本のベンチャー企業には専門家の調達は、最先端領域ほど難しいのが現状である。そこで、ベンチャーキャピタルが業界での人脈を活かして適切な人材を紹介するとともに、ベンチャー企業で働くことのリスクとリターンを整理して示すことで、人材調達のハードルを低くすることが求められている。

　また、時には会社幹部の適任性を判断し、幹部の入れ替えなどを取締役会に進言することも求められる。ベンチャー企業においては、社長の独断で人事および組織の編成が行われていることが多く、能力の伴わない配置をする場合も散見される。外部者でありながらベンチャー企業の成長に貢献するベンチャーキャピタルは、中立的な立場で人事面の発言ができる。今後、日本でもベンチャー企業の活動がますます広がりを見

せる中で、ベンチャーキャピタルの人材機能はますます必要な機能となることであろう。

　さらに、精神的支援機能については、レーターステージだけでなくアーリーステージにおいても、欧米に比べてはるかに重要性が高いことも大事なポイントである。これは、欧米では起業家が創業する前に、大学や大学院でベンチャービジネスやビジネスプランの作成教育を受けたり、実体験としても大企業の中で新規事業運営や子会社経営を経験できたりするのに対して、日本では事前準備もそこそこに、いきなり創業してしまう傾向が高いからである。

　アーリーステージの企業に対して、欧米ではベンチャーキャピタルの精神的な支援機能はそれほど求められないが、創業前の事前経験に乏しい日本では、創業後に弱音を吐く経営者が多いため、ベンチャーキャピタルが欧米以上に多くの時間を割いて経営者教育やモチベーションの維持・向上に努めなければならない。

　同じ理由から、人材支援機能、営業支援機能においても、日本のベンチャーキャピタルは欧米以上に機能を果たす必要がある。

4──ベンチャーキャピタルとの付き合い方

　ベンチャー企業にとって、多額の資金調達の主眼はベンチャーキャピタルへの第三者割当増資となろう。しかし、ベンチャー企業に対するリスクのとり手であるベンチャーキャピタルが、本来の役割を果たさず、不況期に保守的な投資姿勢となっているのが日本の現状である。特に、スタートアップ段階のベンチャー企業には、積極的にリスクをとって投資をしてくれるベンチャーキャピタルは少ない。

　そのような状況でベンチャーキャピタルと上手に付き合うためには、ベンチャー企業の経営者はどのようにすればよいであろうか？　そのポイントを以下にまとめる。

　第一に、信頼できるベンチャーキャピタリスト（ベンチャーキャピタル会社ではない）を複数、見つけること。業界での評判を聞いてもいいし、株式公開した先輩経営者に聞けば実態がよくわかる。できたら２人から３人のベンチャーキャピタリストにコンタクトをとり、自分の経営理念や考え方に共感してくれる人を探すこと。キャピタリストの年齢や

所属する会社は関係ない。優れたベンチャーキャピタリストは、優れた弁護士、公認会計士、コンサルタントなどを紹介してくれるし、逆に優れた弁護士、公認会計士、コンサルタントからベンチャーキャピタリストを紹介してもらってもよい。彼らは一緒に行動する必要が多いため、早い段階でベンチャーキャピタリスト、弁護士、公認会計士、コンサルタントなどのスクラムが出来上がるようにしたい。

　第二に、スタートアップ段階、場合によっては会社設立前のシード段階から、信頼できるベンチャーキャピタリストにビジネスプランを見せ、コメントをもらうようにする。提示するビジネスプランの完成度は高くなくてもよいが、経営理念やコアとなるイノベーションの本質について、明確に示すことが重要である。会社を通じて社会にどのような貢献がしたいのか？　何がイノベーションか？　想定される顧客は誰か？　その顧客の評判は聞いたのか？　そのイノベーションをどのような手法で達成しようとするのか？　なぜ、このチームにそれができるのか？　などについて、A4用紙1枚でもよいのでポイントを示すべきだ。

　このようなビジネスプランを見せた時に、ベンチャーキャピタリストがどのような質問や感想を述べるか、じっくり評価してほしい。本質的な潜在成長力や成長のための課題について、即座に答えられるようなベンチャーキャピタリストでないと一流ではない。

　ベンチャー企業は増資をしてもらいたいために、下手にでることが多いが、そのような必要は全くない。あくまで資金調達と経営戦略についてのビジネスパートナーを選ぶつもりで、じっくりと選別するべきである。やたらベンチャー企業にとって甘い話をする人、調子のよい話をする人や、ベンチャーキャピタル会社のことばかり話してベンチャーキャピタリストとして自分の考え方を話さない人は信用しないほうがよい。

　第三に、じっくり選別するためにも、資金調達が必要となる時（すなわち会社の資金がなくなる時）の直前にベンチャーキャピタリストと面談していては遅い。「今月中に増資ができないと不渡りが発生する」というような緊急的な増資依頼もあるが、どんなに有力なベンチャー企業でも、そんな直前まで対応策が打てないような経営者相手では、ベンチャーキャピタルの投資意欲は冷めてしまうものである。未だ資金調達の必要の低い段階から、あるいはビジネスプランを立てる過程においても、信頼できるベンチャーキャピタリストには何かにつけて相談するべ

きである。

　第四に、技術イノベーションのベンチャー企業でも、あえて顧客の情報を多くベンチャーキャピタリストに伝え、どのような顧客がどのような状況にあるかを明確にすべきである。例えば、技術開発段階、潜在顧客にデモ製品を持ち込み、評価してもらっている段階、最初の顧客として評価製品の発注契約ができた段階、アーリーアダプターである複数の顧客が注文を出し始めた段階、業界で評判になり、顧客のほうから問い合わせがくるようになった段階、顧客リストを作成し、購入可能性のランクを付けられる段階、損益分岐点が見えてきた段階など、同じ技術ベンチャー企業でもステージが異なる。

　ベンチャーキャピタリストによって、どのステージからベンチャー企業と関わり、どの段階で投資が実行できるかが異なるので、ベンチャー経営者は期待はずれにならないように、投資できるステージを早めに聞いておくことを勧める。

　ここで留意すべきことは、ベンチャーキャピタリストは一律に投資できるステージを決めているのではなく、将来の売上高、利益規模次第でステージも変わることである。

　このイノベーションの波及効果は大きく、将来、ベンチャー企業の時価総額が1,000億円になるかもしれない、と感じる時には非常にアーリーステージ段階から投資することができるし、逆に将来の市場規模が小さいと予想される場合には、同じベンチャーキャピタリストでも後期にならないと投資しないこともよくある。この辺りはファジーなところなので、詳しくベンチャーキャピタリストと相談すべきである。

　とにかく、顧客の評価が高いこと（高いと評価されていることをどのようにベンチャーキャピタリストに納得させられるか）がベンチャーキャピタリストが投資したくなる最大のポイントである。

　第五に、ベンチャーキャピタリストが最終的に投資決定するための決定プロセスを、あらかじめ聞いておくことである。多くのベンチャーキャピタルの場合、投資決定会議（委員会）があり、担当するベンチャーキャピタリスト以外のメンバーも入って、複合的な見方をしたうえで最終決定をすることが多い。そのため、ベンチャー経営者は、担当のベンチャーキャピタリストだけでなく、他の投資決定会議（委員会）のメンバーの有力者にも積極的に面談して、支援者になってもらっておくべき

である。「私は貴社に投資しようと力説したが、他の投資決定会議（委員会）メンバーに反対されて投資することができませんでした」ということを最後に言われないように準備をしておく必要がある。また、複数のベンチャーキャピタリストに投資を検討してもらうべきである。

　第六に、自分の会社の時価評価（バリュエーション）を、常に考えておくことである。ベンチャー経営者があまりにも強気な時価総額を要求してもベンチャーキャピタリストは引いてしまうし、逆にあまりに安い時価総額を提示すると、この経営者は会社のことを本当に考えているのだろうか、と不安に思われてしまうものである。ベンチャー経営者は時価評価の専門家でないが、信頼できるベンチャーキャピタリストや公認会計士などと腹を割った議論を日頃からしておき、現時点の妥当な時価評価はどのくらいか、この時価を上昇させるためのマイルストーンはないか、そのマイルストーンとなるGood Newsが達成できたらどのくらい時価総額は上昇するのか、ということを頭の中に入れておくべきである。

　第七に、日本だけでなく、海外のベンチャーキャピタリストとも議論をしてみるといい。海外のベンチャーキャピタリストは日本とは異なる考え方をする場合が多く、また、いろいろな観点から人物や取引先を紹介してくれることも多い。

ベンチャーキャピタルとの投資契約について

　最近はベンチャー企業にベンチャーキャピタルが投資するに際して、個別に投資契約を結ぶことが多い。また、種類株を発行する場合には、定款を変更して以下の内容を規定することもある。投資契約の内容は非常に重要な内容を含んでおり、ベンチャー企業の経営者は十分に吟味すべきである。信頼できる弁護士やメンターに事前に相談し、少なくとも資金調達を優先するために安易にベンチャーキャピタルを信用して、内容も詳しく吟味せずに投資契約を結ぶことだけはしないでほしい。

　以下に挙げたのは、米国の投資条件提案書・投資契約書（タームシート）に盛り込まれている内容であるが、近年、日本でも契約に盛り込まれてきているので、十分、研究すべきである。

①優先解散時財産請求権（Liquidation Preference）

会社の清算時に加えて、M&Aなどの売却の時にも拘束されるのでよく使う。清算・売却資産から債務を差し引いた純資産が株主の取り分となるが、この際の純資産の分配は優先順位が上位の株主から順に優先請求権総額に相当する金額を充当するように行われる。しかも、発行価額の2倍とか3倍とか（マルチプル）の解散時財産請求権を与えることもしばしばある。2009年10月から12月では投資契約全体の41％に優先解散時財産請求権がついており、うち19％がマルチプルの契約となっている[6]（02年1月から3月においてはベンチャーキャピタルの交渉力が強く、投資契約全体の62％に優先解散時財産請求権がついており、うち58％がマルチプルの契約となっている）。

②投票（Voting）

優先株保有者は、保有している優先株を定められた「転換価格（Conversion Price）」ですべて普通株の株数に換算（Common Stock Equivalent）しただけの投票権（Voting Right）を持つ。通常は普通株の保有者とともに投票するが、議決内容に応じて優先株主だけで投票する場合や、さらに細分してあるクラスの株主だけで投票する権利を確保する（または拒否権を持つ）ことによって、ベンチャーキャピタルの権利を守っている。

③転換（Conversion）

優先株は普通株に転換できる。転換比率は、発行価格を転換価格（Conversion Price）で除して得られる。通常、転換価格は発行価格に等しく、この場合は優先株1株が普通株1株となる。この転換価格を発行価格の半分にするなど、転換比率を調整することでベンチャーキャピタルの権利を保全している。

さらに、ある特定の状況で自動的に転換が発生すること（Automatic Conversion）が定められており、保有者の意思にかかわりなく転換が起こることがある。特定の状況とは、（1）IPO（株式公開）や、（2）投票（Voting）で、そのシリーズの全株主の賛成多数（過半数、3分の2、80％など）といった場合が想定されている。

新しいラウンドに参加する投資家の発意で、以前に発行された優先株式を普通株式に転換する決議を行うことで、新規増資に参加しない旧優先株保有者を「一掃（Sweep Out）」し、株主構成の再構成（Restructuring）を行うことができる。

---

[6] Fenwick&West LLPの調べによる。San Francisco Bay Areaのみの集計である。http://www.fenwick.com/vctrends.htm

④希薄化防止（Anti-Dilution）

　新たな増資やM＆Aなど、新株を発行した結果、既存株主の持株比率が下がってしまうことを「希釈化、または希薄化（Dilution）」という。特に、厳しい経営条件下にあるベンチャー企業が増資により資金調達を行う場合、しばしば前回の増資時よりも低い株価でないと投資家を募れないことがあり、その結果、過去に高値で株を取得している既存投資家の持株比率は大きく希釈化される。

　こうした希釈化から投資ポジションを保護し、ある程度の持株比率を維持できるようにするため、優先株の投資家は必ず「希釈化防止（Anti-Dilution）」の手段を講じる。

　転換価格の下方調整のやり方は、「ラチェット条項（Ratchet Clause）[7]」と「転換価格方式（Conversion Price FormulaまたはWeighted Average）[8]」の2通りがある。2009年10月から12月では投資契約全体の94％が転換価格方式であり、ラチェット条項がついているのは6％にすぎない（02年1月から3月においてはベンチャーキャピタルの交渉力が強く、69％が転換価格方式であり、ラチェット条項がついているのは29％にものぼっていた）。

　また、希薄化防止策の一環として、Pay-to-Playという条項を入れる場合もある。これは、希薄化防止条項プラス新株引受権（Anti-dilution protection plus preemptive rights）を発行し、新株引受権を行使しない場合、希薄化防止条項が失われるという内容である。ダウンラウンドで増資した場合に、以前は、自動的に優先プライムへの転換を規定していたが、最近では普通株への転換を規定するように変化している。

⑤償還（Redemption）

　ベンチャーキャピタルが購入する優先株は、将来確実に市場性を持つ保証がないため、発行会社（ベンチャー企業）に優先株を一定期間に償還（買い戻し）する義務（Mandatory Redemption）を負わせる。ベンチャーキャピタル・ファンドの最終期限までに売却の見込みが立たない案件を清算する拠り所のひとつとなっている。償還価格はあらかじめ定款の中に定められ、通常は発行価格と同じである。償還日到来時に会社に資金的余裕がなく、現金で償還を受けられない場合には、対象の優

---

[7] ラチェット条項：増資で希釈化ファイナンスが起きた時は、既存の優先株の転換価格を、増資新株の転換価格と同じに引き下げるという条項。

[8] 転換価格方式：ラチェット条項方式では、あまりにも新規投資家に悪い条件であり、資金調達が困難になるため、加重平均値とする妥協案。（増資前の総発行株数＋増資調達金額÷旧転換価格）÷増資後総発行株数×旧転換価格となる。

第9章 ベンチャーキャピタルの活用戦略

先株投資は自動的に融資に変わり、投資家の立場は「株主」から「債権者」に変化するので、残余財産分配の順位を上位にすることができる。

この償還については、カリフォルニア州法とデラウェア州法では規定が異なっており、また、最近ではそもそも償還規定の是非について、議論がなされている。ただ、日本のベンチャーキャピタルのように、会社ではなく創業社長個人に償還させる、または債務保証をさせる規定は、リスクテイクの概念からしても米国ではほとんど見受けられない。

⑥支配権（Control Rights）

優先株式の投資家はシリーズごとに取締役の選任権（Election of Directors）を保有したり、拒否権を発動できる権利（Protective Provisions）を有することで、会社の決定に影響を及ぼすことを規定することもある。

この規約は、将来、ベンチャー企業の経営者にとって重大な問題となる可能性もある。

⑦ドラッグ・アロング（Drag-along）、共同売却権（Right of Co-Sale）

ドラッグ・アロングとは、同一シリーズの優先株主（一定パーセンテージの同意を得た場合）がベンチャー企業を第三者（大企業や同業者、投資ファンドなど）に売却したほうがいいとか、今すぐ株式公開したほうがよいと判断した場合には、ベンチャー企業はそれに従わなければならない、というものである。

また、共同売却権とは、ベンチャー企業の創業者が第三者に自社の株式を売却する時には、ベンチャーキャピタルも同一条件で第三者に売却できるようにしなければならないことである。

⑧制限条項（Covenants、または Restrictions and Limitations）

制限条項には、「アファーマティブ・コベナンツ（Affirmative Covenants）」と「ネガティブ・コベナンツ（Negative Covenants）」があり、それぞれ定款に定められている。

アファーマティブ・コベナンツは、会社の投資家に対する情報開示義務を定めることが主な目的である。定款の中では規定されずに、株式売買契約書の中に書かれることもある。月次決算や、監査済みの決算報告などの財務情報を期末後規定日数以内に届けることが義務づけられるほか、個別に指定される重要情報を適宜、投資家に開示することが求められる。

ネガティブ・コベナンツは、優先株の保有者の同意（Voting as a Class）なくして会社が実行できない権利を列挙したものである。経営

上の重要な意思決定や優先株保有者の利益を損なう可能性のある行為は、例外なくネガティブ・コベナンツに含められる。

通常、下記の項目が入れられる。

・償還条項で定められている場合以外の優先株の買い戻し
・ストックオプションなど、承認されている場合以外の普通株の買い戻し
・優先株より劣後する株式への配当
・優先株と同等以上の有利な条件を持つ新たな株式の発行
・会社の売却
・償還条項、転換条項に準拠する場合以外の優先株発行数の変更
・優先株の優先対象の変更（解散時財産請求金額、転換価格、償還価格、派遣可能取締役数などの変更）
・その他、一定以上の契約、子会社の設立、子会社の増資、売却、新規事業への進出など

ネガティブ・コベナンツに違反した場合の罰則を「違反（Noncompliance）条項」として定めることがある。例えば、優先株主に対し、直ちに累積配当が発生する、当初は1株当たり年0.14ドル（発行価格の10％）から始まり、違反状態が30日継続するごとに0.01ドルずつ配当金額が増大し、最大0.22ドルまで増える、さらに、取締役の過半数を優先株主が選任できる権利が発生するなどである。

5―ベンチャーキャピタリストへの提言

経済が未曾有の危機に直面し、社会のイノベーションの担い手としてのベンチャー企業の成長がますます期待される。しかし、現在の日本においては、実力のあるベンチャー企業が続々と生み出されているとはいえない。ベンチャー企業の経営者が実力不足であることに加えて、指導育成するベンチャーキャピタリストの人数およびその実力が足りないことがその要因であると考えられる。

現在のベンチャーキャピタリストについて、「銀行に代わる資金提供者」「人材の紹介などをしてくれる便利屋」「経営もわからないのに数字ばかり追い求める評論家」「本当のリスクをとろうとしない、公開できそうな企業に投資はするが、見えないリスクをとろうとしない人々」、という批判をよく耳にする。もっともな指摘といえる部分もあると思う。

第9章 ベンチャーキャピタルの活用戦略

しかし、日本におけるベンチャーキャピタリストの活動は歴史も浅く、ベンチャーキャピタル会社の構成員としての行動をとってきたため、ベンチャーキャピタリストという個人の側面は軽視されてきたといえる。投資するベンチャー企業の業種や成長ステージ、経営者の性格などによって、それに関わるベンチャーキャピタリストの役割も変わるべきであり、ケースバイケースといえよう。

その中で、筆者は「日本のベンチャーキャピタリストは、利害関係者との協創関係を構築することで、付加価値創造を加速する相談相手（ディスカッション・パートナー）であるべきだ」と主張したい。真の意味で「ベンチャー企業を自ら生み出す」ことは、ベンチャーキャピタリストには無理である。あくまで育つのはベンチャー企業および経営者であり、生みの苦しみや育つ苦しみを経験させない促成栽培では、力強い組織はできない。仮に株式公開企業になりえたとしても、その後も継続的に企業成長を続ける組織になれる可能性は少ないであろう。

ベンチャーキャピタリストは、ベンチャー企業および経営者の成長を辛抱強く見守り、過去の経験から誤った道に進まないようにガイドしていくことにとどめるべきだと思う。ベンチャー企業の経営者が強い経営理念とリーダーシップを保持して、軸がぶれないように注力すべきだ。

特にビジネスプランと実績がかけ離れてきた時に、ベンチャー企業の経営者はあせり、もがき、苦しむものである。この苦しみは成長の過程で必要な「みそぎ」のようなものだが、その「みそぎ」をどのように乗り越えていくのかが、ベンチャー企業にも経営者にも、その後の成長の根源になるだけに非常に重要なものとなる。ベンチャーキャピタリストは、事業パートナーの立場で、適切なタイミングで、経営者に適切な質問を投げかけることによって、経営者が仮説を構築し、それを検証する手法を編み出すための相談相手（ディスカッション・パートナー）となる役割を強めることが重要であると強く思う。

第10章
アントレプレナー・フォーメーション

　この章では、ベンチャー企業を取り巻く各種利害関係者として、アントレプレナー・フォーメーションについて学ぶ。

> **この章の課題**
> 1．ベンチャー企業を取り巻く利害関係者として誰がいるか？
> 2．株主とどのような付き合い方をすればよいか？
> 3．債権者とどのような付き合い方をすればよいか？
> 4．役員・従業員とどのような付き合い方をすればよいか？
> 5．大企業とどのように付き合えばいいのであろうか？　特に、オープンイノベーションとの関係からまとめよ。
> 6．弁護士・公認会計士・税理士など各種専門家とどのような付き合い方をすればよいか？
> 7．グーグルのケースを読み、メンターやエンジェルがグーグルの成長にどのように貢献したかについてまとめよ。

1―協創関係

1. 協創関係の定義と意義

　ネットワーク理論とは、共同の目的遂行のために、組織と組織（または個人と個人）が何らかの関係を持ち、相互連結する時に、その組織間または個人間の関係性について分析したものである。
　このネットワーク理論を効果的ならしめるためには、相互に相手を理解し、信頼しあえる環境を整えることが必要であり、構成企業の信頼関

第10章 アントレプレナー・フォーメーション

係が、企業間の価値創造にとって重要な資源となる。相互信頼がひとたび確立されれば、最も持続的でコストのかからない戦略資源となる。このようなネットワーク組織の構築、維持、強化には開放性・オープン性が必要とされる。[1]

ネットワーク組織における価値創造は、ネットワークを構成する組織間の価値創造の総和と考えられる。そのメカニズムは、戦略的提携や知識創造のメカニズムとして論じられている。

ハーバード・ビジネス・スクール教授のジョセフ・L・バダラッコ[2]（1991）によれば「戦略的提携」とは、ある企業が外部の企業と分離、独立している境界を破壊して、短期間のうちに外部の企業と連携する経営戦略事象である。提携の枠組みは、簡単で非公式的な約束に基づくものから複雑な契約に基づくものまで、極めて多様な形態が存在し得る。

しかし、いずれの提携形態においても共通して重要なことは、①提携関係においては個々の組織体が管理権限を共有化し、一種の社会的連鎖を形成していること、②提携関係を結ぶ目的は、主として他企業の持つ知識を学習することである、としている。特に、戦略的提携を通じて知識を獲得し移転することは重要であり、戦略的提携の知識連鎖は「比較的容易に移転できるマニュアル化された形式ばかりではなく、埋め込み型知識（embedded knowledge）」にも及んでいるという。

このように戦略的提携では、企業はパートナー企業間でリスクを共有し、相互補完的な経営資源を結合させ、戦略提携を通じて新しい知識能力を学習し協働で構築するのである。

このような戦略的提携の具体的形態が協創関係である。ここで協創とは、「協調した組織間関係に基づいて価値創造を目指す戦略構造」と定義され、協調した組織間関係とは、「組織間の共通の目的・利益を達成するため、組織同士が相互に不足する経営資源を補完する関係にある状況」を指している。ベンチャー企業は多くの利害関係者との間で、このような協創関係を構築することが非常に重要となろう。

そこで、ベンチャー企業およびその経営者を取り巻く利害関係者たちを「アントレプレナー・フォーメーション」と定義したい。このアント

---

[1] 寺本義也・原田保『協創経営』（同友館、2000年）9頁
[2] ジョセフ・L・バダラッコ／中村元一・黒田哲彦訳『知識の連鎖』（ダイヤモンド社、1991年）42-64頁

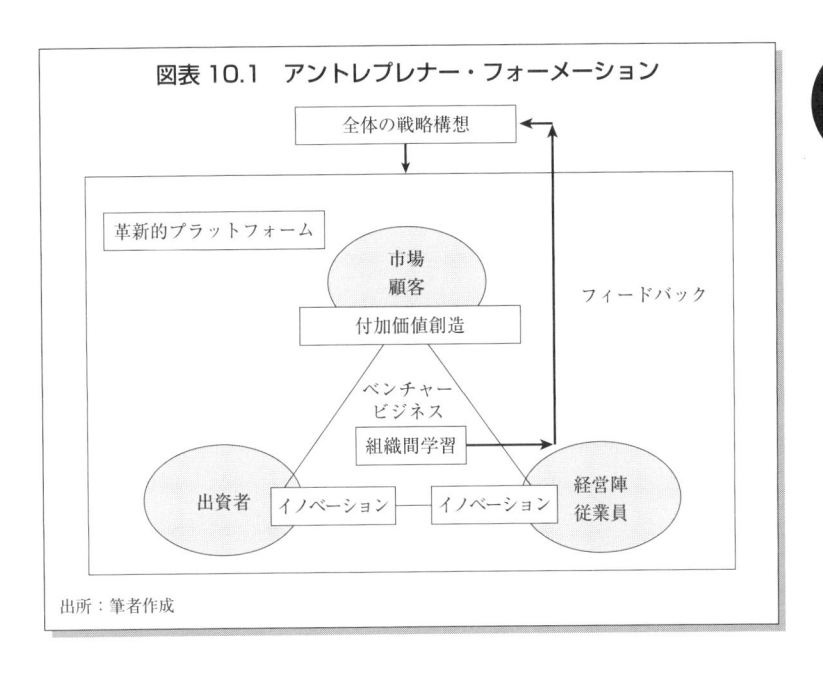

図表 10.1　アントレプレナー・フォーメーション

```
                全体の戦略構想 ⇔
                       ↓
  ┌──────────────────────────────────────┐
  │  革新的プラットフォーム                │
  │                    市場              │
  │                    顧客              │
  │              付加価値創造             │
  │                   ベンチャー           │     フィードバック
  │                   ビジネス            │
  │              組織間学習              │
  │    出資者  イノベーション イノベーション  経営陣 │
  │                                     従業員  │
  └──────────────────────────────────────┘
```

出所：筆者作成

レプレナー・フォーメーションは以下のように整理できる。

　まず、ベンチャー企業を取り巻く利害関係者として、出資者、経営陣・従業員、市場・顧客の3つが代表として挙げられる。その3つの利害関係者との協創関係を効率化させるための方策としては、①ベンチャー企業のビジネスモデル全体の戦略構想、②革新的プラットフォームの提供、③市場・顧客に対する付加価値創造活動、④出資者および経営陣・従業員に対するイノベーション活動、⑤組織間学習による知識創造の活性化とフィードバック、の5つがある（図表10.1）。

　①ベンチャー企業のビジネスモデル全体の戦略構想とは、目指そうとするベンチャー企業のビジネスモデルがいかにイノベーションを伴い、社会に対して大きな貢献をもたらすことになるかという期待感である。このような全体の戦略構想が大きくて将来性の高い構想であればある程、利害関係者が本気で参画しようとし、多くの支援者が現れる。

　②革新的プラットフォームの提供とは、会社をどこの場所で設立するか、株式会社なのかLLCなのかLLPなのか、といった法律体系、どのような主要メンバーおよび企業連携によって進もうとしているかなどを指す。この革新的なプラットフォームには、弁護士、税理士、公認会計士、弁理士、証券会社、ヘッドハンティング会社、人材紹介会社などの

ベンチャー企業の支援者がどのように関わっているかも含まれる。有力な支援者が本気でこのベンチャー企業を支援していること自体がベンチャー企業のプラットフォームとなり、他の支援者が参画しようと思うきっかけになる。

③市場・顧客に対する付加価値創造活動とは、このプロジェクトを通してどのような付加価値を市場・顧客にもたらしてくれるのか、が明確にされているかということである。この市場・顧客への明確な付加価値（例えば、早い、安い、満足度が高い、面白い、など）が提供されている限りにおいて、たとえ現時点での売上規模が小さくても将来の成長を信じて支援が集まる。

④出資者および経営陣・従業員に対するイノベーション活動とは、出資者や経営陣・従業員がこのプロジェクトにそれぞれが持てる経営資源（出資者は金銭提供、経営者・従業員は役務提供）を数多くのプロジェクトの中から選別したうえで、投入してみようと思うに足る、何らかのイノベーションのことである。ビジネスモデルのユニークさはもちろんのこと、出資者との関係、経営陣・従業員との関係も、従来の大企業との関係とは異なる何かをもたらすことが必要であろう。

⑤組織間学習による知識創造の活性化とフィードバックとは、ベンチャー企業を運営していく中で、株主、経営陣・従業員、市場・顧客との関係でうまくいったこと、失敗したことを学習してゆき、さらに利害関係者が協力していく好循環となるための仕組みを考えることである。その学習結果を踏まえて、さらに大きな戦略構想にすべく修正していくことも重要な要素である。

以下にアントレプレナー・フォーメーションの主なものを示したい。

2─出資者との協創関係

1. 両親、家族、友人

最初にあなたのビジネスにリスクをとって投資してくれるのは、3F（Father、Family、Friends）である。人間関係を壊したくないから父親や妻、古くからの友人には出資してもらわない、というのも一理あるが、ビジネスプランの中身もさることながら、アントレプレナーを信頼

して投資してくれるのは日本でも米国でも中国でも3Fが最初である。

2. メンター

メンタリング（Mentoring）とは、人の育成、指導方法のひとつであり、指示や命令によらず、メンター（Mentor）と呼ばれる指導者が、対話による気づきと助言による被育成者たるプロテジェ（protégé）ないしメンティー（Mentee）本人の自発的・自律的な発達を促す方法である。プロテジェがメンターから指導・支援・保護されるこの関係を、メンター制度（Mentor System）ないしメンターシップ（Mentorship）と呼ぶこともある。また、ベンチャー企業に対して、継続的・定期的に交流し、信頼関係を作りながら、原則として無報酬で諸活動を指導・支援する先輩、指導者、助言者のことを「ビジネスメンター」と呼ぶ。

図表10.2 メンター活動をしている主な団体

項目	事例、内容
①OBを支援人材として任命	事例1）徳島大学「徳島大学知的財産本部知的財産主席調査役制度」OB等を調査役に任命し、支援活動を実施
②メンター組織を構築・活用	事例2）スタンフォード大学BASES 起業のためのネットワーキング、コンペ等を実施 事例3）慶應義塾大学「メンター三田会」 教育、育成、ネットワークとあらゆる面から育成支援 事例4）東京工業大学「蔵前工業会蔵前ベンチャー相談室」 同窓会組織を起業支援組織として活用 事例5）ITEC（産業技術活用センター）メンタークラブ 経団連の起業創造委員会（高原慶一郎委員長）に設けられたメンター研究会（鳴戸道郎座長、野尻昭夫共同座長）で検討してきたものを発展、組織化
③他大学・他組織との連携強化	事例6）筑波大学「メンターの会」 地域に立地する企業やベンチャーキャピタルも含めた組織 事例7）コロンビア大学Mentor Network 専門家の自発的協力により幅広いネットワークを構築 事例8）MITエンタープライズフォーラム MITとスタンフォード大学の卒業生を中心にした全世界に広がるネットワーク
④学生連携組織の構築	事例9）カリフォルニア大学ロサンゼルス校 The Entrepreneur Association 学生運営のファンド、メンタープログラム等を実施 事例10）エール大学Y・E・S 起業活動に的を絞った学内横断的組織

出所：(株)日本インテリジェントトラスト「大学等における起業家輩出・支援環境整備状況調査」調査結果概要を修正

現状のメンター組織の強みとして、大学などの同窓会組織が母体として存在していること、企業勤務経験のある多数のOB・OG等の存在があることが挙げられる。他方、弱みとしては、メンバーが一部の学部のOB・OGのみとなっており、全学同窓会が未装備であること、メンター集団のネットワーク化が困難またはうまくいっていないこと、メンターと支援対象のマッチング方法が未確立であり、偶然の出合いのような側面が大きいこと、メンタリングする時間のあるOB・OGが少なく、現役を引退したOB・OGに偏っていること、そのため、メンターのアドバイス内容が一世代前の時代における内容となり、現在の起業家のニーズと合致しないことなどが挙げられる。

ベンチャー企業は成長発展してゆく過程で、分岐点となるような大きな決断を迫られることが幾度もある。また、次の成長段階に脱皮するためには従来の社内システムや成功パターンを捨て去り、新しい価値観を導入することが必要となる。その主導者はあくまで起業家であるが、得てして起業家に聞きよいことのみをいう取り巻きが多い中で、独立不偏の立場から、経営理念をよく理解しながら、的確な意見を述べるメンターの存在は重要である。

その意味で、ベンチャー企業の成長に必要なメンターは、ベンチャー企業から収益を得ないこと、大所高所からの意見を持っていること、経営者から大きな信頼を得ていること、経営者が本当に困っていること、今後困るであろうことを事前に察知し、キーマンの紹介などを通じて問題解決に役立つことを実施できること、しかし、安易に手助けして経営者を甘やかせるのではなく、時には厳しく育て、我慢して見守ることもできる、という要素が必要である。

日本で真にメンターと呼べる人材は、どれほど存在するのであろうか？　今後、そのようなメンターの存在の増加が期待される。

3. エンジェル

エンジェルとは、ベンチャー企業を支援する個人投資家である。専門家としてのネットワークを持ち、単なる出資だけでなく、事業を軌道に乗せるためのアドバイス機能も持っている。

米国では400万人から500万人いる資産家の中で、アクティブに行動できる人が25万人から50万人いると推測される。そのうち実際にエンジェ

ルとして投資しているのは10万人から12万人ほどであるといわれている。

ニューハンプシャー大学にあるCVR（Center for Venture Research）のジェフリー・ソール教授によれば、2007年のビジネスエンジェルの投資は約5万件（エンジェルの数として23万4,000人）、総額256億ドルといわれている。この数字は、ベンチャーキャピタルの投資規模（3,813件、294億ドル）に匹敵する規模である。この総投資額やビジネスエンジェルの人数については、Friends & Familyなどの数字が多くを占めているなど、その信頼性には疑問が残るものの、相当な規模であることは間違いない。

1994年設立とエンジェル組織の形態としては、米国で一番古いエンジェルグループであるAngel Capital Association, USA（ACA）の会員は8,000人であり、年間12〜15件の投資を行っている。これまでに240社の投資を実施している。1回当たりの投資金額は、ベンチャーキャピタルが500万ドルから600万ドルであるのに対して、エンジェル投資は25万ドルから50万ドルがほとんどで、75万ドル以上の投資はほとんどない。投資分野については、単なる小売業には投資せず、ソフトウェアやバイオテクノロジーといったハイテク業界に投資している。

また、エンジェルネットワークに並行してファンドを従えた「ネットワーク-ファンド並行モデル」がBand of Angelsによって作られ、これをプロトタイプに数多くのエンジェル組織が類似した形態をとっている。

一方、日本の代表的なエンジェルネットワークとして日本エンジェルズフォーラムが挙げられ、2000年1月から月4〜5社のベンチャー企業によるエンジェルに対するプレゼンテーションを実施している。正会員は約140名で、大企業に勤めていたOBや公認会計士、弁護士などから紹介された資産家などで、1人当たり100万円から200万円を投資する人が大半である。人数も投資金額も、米国に比べると非常に少額である。

日本の場合、取引先や知人への経営支援という意味での融資・投資は多く実施されている。国民生活公庫が、業歴3年以上で1999年1月に融資した企業1万1,985件について99年8月に実施した調査（回収数4,233件、回収率35.3%）を見ると、起業活動を支援したことのある既存の中小企業経営者の割合は23.0%、これまでに支援を行った相手が1企業の割合は24.9%で、支援者の4人に3人は複数の相手に支援している。

図表10.3　米国におけるビジネスエンジェルの平均像

1. 平均年齢47歳
2. 多くは技術系の大学または大学院卒業者
3. 起業経験がある
4. スタートアップ企業等アーリーステージの投資を好む
5. 1万～2万5,000ドルの資金
6. 他の洗練された（sophisticated）投資家とともに投資する
7. 投資分野は製造業、特にハイテク分野を好む
8. 自宅から300マイル以内、多くは50マイル以内の立地企業に投資
9. 投資先の経営には積極的に関与する
10. 投資の頻度は年1件
11. 分散投資や免税措置には重きを置かない
12. 投資回収期間は5～7年の想定である
13. 個別案件への期待収益率は年率50％（発明案件）～22.5％（確立企業）
14. 全体として最低20％の利回りを目標としている
15. 非金銭的リターンがあれば金銭的リターンの低下を受け入れる意向がある
16. 主たる情報入手経路は友人および仕事仲間から
17. 現状で入手できるインフォーマルな情報以上に案件を求めている

注：1979年10月から81年1月　予備調査票1万325通発送、約300の反応、133の有効回答
出所：Freear, Sohl & Wetzel (1996)

　我が国の中小企業数は約508万社であり、その数だけ中小企業経営者は存在する。その4人に1人が何らかの形で起業活動を支援し、さらに支援経験者の大半が複数の相手に対して支援を行った経験を持っているとすれば、彼らが起業活動の円滑化のために果たしている役割は大きく、その存在は見逃せない。相手としては、「友人」が26.4％と最も多く、次いで「当社の元役員・元従業員」（18.3％）、「取引先の元役員・元従業員」（13.0％）、「知人などから紹介された第三者」（12.9％）となっている。

　日本においても、エンジェル活動を活性化させることを目的とした「エンジェル税制」が設けられた。「エンジェル税制」とは、ベンチャー企業による個人投資家からの資金調達をサポートするために、1997年に創設された個人投資家への税制優遇措置である。設立10年未満のベンチャー企業が対象要件を満たす場合、経済産業局が確認書を交付することにより、当該企業に投資する個人投資家が税制優遇措置の対象となる。さらに、2008年度の税制改正において、エンジェル税制に「所得控除制度」が導入される等の改正が行われることとなった。

　改正により、これまでの投資時点の優遇措置である、投資額を他の株式譲渡益から控除するという制度に加え、設立3年未満のベンチャー企

業への投資については、投資額をその年の所得金額から1,000万円を限度として直接控除できるようになった。認定された企業は、下記の優遇措置AかBのいずれかを選択することになる。

優遇措置A：

(1) 投資時点（出資額－2,000円）をその年の総所得金額等から控除

※上限は、総所得金額×40％と1,000万円のいずれか低いほう。

(2) 売却時点①利益が出た時の優遇措置は廃止、②損失が出た時には、損失を翌年以降3年間の繰越控除

優遇措置B：

(1) 投資時点

投資額をその年の他の株式譲渡益から控除

(2) 売却時点①利益が出た時の優遇措置は廃止、②損失が出た時には、損失を翌年以降３年間の繰越控除

出所：経済産業省ホームページ

　これにより、普段株式投資をしていない人が友人、知人の創業を支援する場合などにも、大きな税制インセンティブが受けられるようになり、ベンチャー企業の起業初期段階での資金調達が円滑になると期待された。図表10.4に見られるように、エンジェル税制を活用して実際に投資を受けた企業数は、2007年度（平成19年度）までは年間20社前後で推移してきたが、制度改正の影響を受けて、08年度（平成20年度）は69社、09年度（平成21年度）は44社と急増している。仮に１社当たり平均10人のエンジェルから調達したとして、08年度には約700人のエンジェルが生まれたことになる。

　しかし、欧米のエンジェルの状況と比べると、非常に乏しい。米国のビジネスエンジェルが10万人として、日本ではその半分の５万人でもエンジェルとなってベンチャー企業支援の裾野となることが強く望まれる。図表10.3に見られるとおり、米国のビジネスエンジェルの平均像は、決して大きな資産家ではない。日本でもビジネスエンジェルの裾野を広げて、通常の会社員でも投資できる体制にするためにも、エンジェル税制の更なる拡充が期待される。

図表10.4　エンジェル税制対象企業確認申請を行った企業数の推移

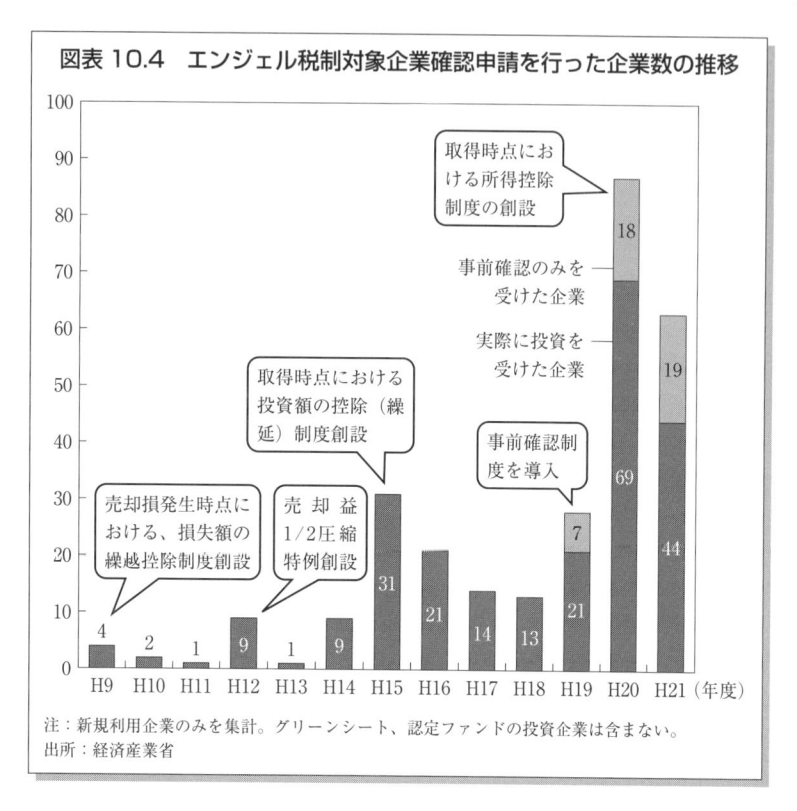

凡例：
- 取得時点における所得控除制度の創設
- 事前確認のみを受けた企業
- 実際に投資を受けた企業
- 事前確認制度を導入
- 取得時点における投資額の控除（繰延）制度創設
- 売却損発生時点における、損失額の繰越控除制度創設
- 売却益1/2圧縮特例創設

データ：
- H9: 4
- H10: 2
- H11: 1
- H12: 9
- H13: 1
- H14: 9
- H15: 31
- H16: 21
- H17: 14
- H18: 13
- H19: 21／7
- H20: 69／18
- H21: 44／19

注：新規利用企業のみを集計。グリーンシート、認定ファンドの投資企業は含まない。
出所：経済産業省

4. ベンチャーキャピタル

ベンチャーキャピタルとの付き合い方については、第9章4節で述べたとおりであるが、信頼できるベンチャーキャピタリストに早い段階から相談に乗ってもらうべきである。増資をしてもらうための猶予期間は、3カ月程度を見ておいて準備したほうがよい。

5. 取引先株主

取引先、特に顧客を株主に入れることは、取引の安定性をもたらすうえ、ベンチャーキャピタルのように、株式公開の可能性を厳密に計算して投資するわけではないので、有意義である。大企業が顧客として株主に入ってくれることは売り上げの増加につながるだけでなく、ベンチャー企業の信用力の拡大にもつながり、メリットは大きい。ベンチャーキャピタルの中には、大企業が顧客として入っていることが投資する有力な条件になっているところもある。しかし、ビジネスモデルが固まっ

て、ある程度の複数の取引先が確保できる前に、単独で顧客企業を株主に入れることは、取引条件の交渉を強気でできなくなることや、他の顧客への納入が制限されたりすることから、なるべく避けたほうがいい。

6. 従業員・従業員持株会

社員および従業員組合に株式を持たせることも、売却を予定しない安定した株主づくりという面で有意義であり、株式公開すれば株式が大きな資産価値を持つため、社員のインセンティブにもつながる。しかし、ベンチャー企業のスタートアップ期や急成長期などにおいては、退社する社員も多く、退社時に保有する株式の買い取りの有無、買取価格の交渉でもめることが多い。会社が安定成長期に入った段階での従業員持株会での持ち株は問題ないが、スタートアップ段階での従業員への持ち株には十分、留意したほうがいい。

3 ― 債権者との協創関係

1. 仕入先、製造委託先、下請け先

仕入先、製造委託先、下請け先との関係強化は非常に重要である。仕入価格、製造委託価格の条件と、支払時期のタイミングを決定することによって、ベンチャー企業の損益計算書、キャッシュフローに大きな影響を与えるからである。取引を始める時から有利な条件にすることは難しいかもしれないが、なるべく先方のトップ経営者にベンチャー企業の理念や成長性、起業家の人格などをアピールして、少しでも有利な条件を獲得するように努めたい。また、一度決めた支払条件に対して、ベンチャー企業は必ず期限を守らなくてはならない。それによって信頼が増し、取引条件は良くなっていく。

2. 借入金融機関

借入金融機関、特に銀行との付き合いも重要である。スタートアップ段階のベンチャー企業については、信用保証協会の保証付き融資は比較的容易に融資決定が下りる。民間の銀行にとって、政府が保証してくれるため、リスクが低いからである。ベンチャー企業はまずは信用保証協

会の保証枠を有効に活用し、その返済実績をもって銀行独自の貸し付けを増加させていく戦略をとるべきである。しかし、スタートアップ段階のベンチャー企業には、民間銀行の融資は相当なビジネスプランの精査がない限りは実行されないと考えておくべきである。有名な大企業が顧客となってくれて、月次で見ても売上高が着実に増加していて、損益分岐点も2～3カ月後には越えることが確実になったような段階であれば融資してもらえる可能性はあるが、顧客が関心を持っている段階では、ほぼ無理である。担当支店では融資をするような様子であったとしても、本店の審査で否決されることが多い。書類を書いたり、何人もと面談するだけ時間の無駄に終わることも少なくない。

　ベンチャー企業としては、どうせ融資してくれないものと想定して、強気な条件を出してみるのもひとつの手である。実際に筆者の遭遇したベンチャー企業の事例でも、無担保、連帯保証人なし、貸付金利はTIBOR（"Tokyo Inter-Bank Offered Rate"の略で、東京の銀行間取引金利のこと）＋1.0％という条件で1億円借りられた例がいくつもある。銀行、支店によっても格差があるだけでなく、担当者によっても大きな違いがある。銀行の場合でも、他の利害関係者と同じく、早い段階から本気で支援してくれるような、本気で付き合える人物を探し出しておくことが重要であろう。

　また、ベンチャー企業はどのように業績が推移するかわからないので、銀行がいい条件で無担保融資や貸付枠の設定を申し込んできた場合には、できるだけ借り入れできる枠を確保しておいたほうがいい。財務の教科書には不要な借り入れはしないほうがいい、と書かれているが、実際にベンチャー企業を経営してみると、経営が苦しくなった時は新規貸付をしてくれないだけに、調子のいい時に銀行から申し出のあった場合には、借入枠の設定だけでもしておくことをお勧めする。

4──経営陣・従業員との協創関係

1. 取締役、執行役員、幹部社員

　人的資源が限られているベンチャー企業において、取締役、執行役員、幹部社員がどれだけ有能で、どれだけ本気で仕事に打ち込んでくれ

るかが最も大切である。採用やインセンティブの与え方などは他の章で詳説するが、とにかく取締役、執行役員、幹部社員には会社の理念、ミッションを強力に繰り返し、繰り返し説明することが最も重要である。

2. 従業員

　従業員との関係も、取締役、執行役員、幹部社員と同様、大切である。特に、スタートアップ段階、急成長段階、安定成長段階という成長ステージに応じて、従業員の管理体制が変わるように、会社との関係性、距離感も少しずつ変化させなくてはならないことに留意すべきである。

3. 契約社員、派遣社員

　ベンチャー企業の場合、資金の問題から正社員にすることができず、契約社員や派遣社員が社内にたくさんいることも多い。このような契約社員や派遣社員は、いろいろ素朴な意見や大きなイノベーションのヒントを持っていることも多いため、単なる契約に基づいて働いてくれている人々という関係性ではなく、経営者は積極的に彼らとコミュニケーションをとっていくことが重要である。

5─大企業との協創関係

1. 大企業との協創関係の重要性

　ベンチャー企業と大企業との協創関係としては、大企業から見た場合、図表10.5のようにまとめられる。
　①ベンチャー企業を子会社化し、大企業文化へ同質化させる。
　②大企業内に社内ベンチャーを設立する。
　③ベンチャー企業の自律性を確保しながら、ベンチャー企業の技術シーズを事業化するための事業運営上の各種支援を行う（スピンオフ）。
　④単なる取引関係であり、経済原則に従って取引の是非を決定する。
　この中で、大企業に活性化をもたらし、かつ、ベンチャー企業の特色も伸ばせるのは③Win-Win型（スピンオフ型）であろう。しかし、大

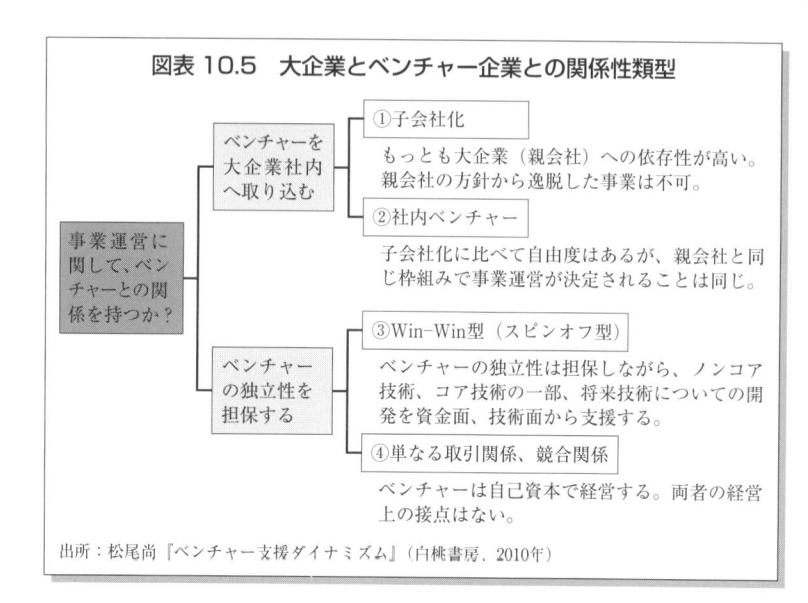

図表10.5 大企業とベンチャー企業との関係性類型

事業運営に関して、ベンチャーとの関係を持つか？

- ベンチャーを大企業社内へ取り込む
  - ①子会社化
    もっとも大企業（親会社）への依存性が高い。親会社の方針から逸脱した事業は不可。
  - ②社内ベンチャー
    子会社化に比べて自由度はあるが、親会社と同じ枠組みで事業運営が決定されることは同じ。
- ベンチャーの独立性を担保する
  - ③Win-Win型（スピンオフ型）
    ベンチャーの独立性は担保しながら、ノンコア技術、コア技術の一部、将来技術についての開発を資金面、技術面から支援する。
  - ④単なる取引関係、競合関係
    ベンチャーは自己資本で経営する。両者の経営上の接点はない。

出所：松尾尚『ベンチャー支援ダイナミズム』（白桃書房，2010年）

企業とベンチャー企業との連携は実質的な効果をもたらすのは難しい。中小企業基盤整備機構の調査によれば（図表10.6）、大企業のうち過去3年間に中小・ベンチャー企業と連携したことがあるとする企業は27％にとどまり、実際に連携を経験した大企業が中小・ベンチャー企業と連携するうえでの課題は、「スケジュール通りに事業が展開しない」「両社の企業文化が異なる」「自社内の調整に時間がかかる」などである。

大企業から見て、従来の①子会社化、②社内ベンチャー、④取引関係、競合関係、といったベンチャー企業との連携は多くの経験があるし、大企業が垂直統合的にベンチャー企業を管理する立場であったため運営しやすかったが、③Win-Win型（スピンオフ型）はこれまで経験が少なく、ベンチャー企業側にも大企業側にも協創関係の構築に工夫がいることであろう。

2. オープンイノベーションの必要性

近年、イノベーションによる新産業の創出が求められる中、大企業は自社取り組みの選択と集中を図っており、自前の経営資源だけでは新事業の開拓への取り組みが不足しがちである。したがって、異分野との知識融合や外部資金の活用など、外部資源を積極的に活用することで成長する企業経営システムへの転換が不可避となっている。しかし、大企業

図表 10.6　大企業から見たベンチャー企業との連携

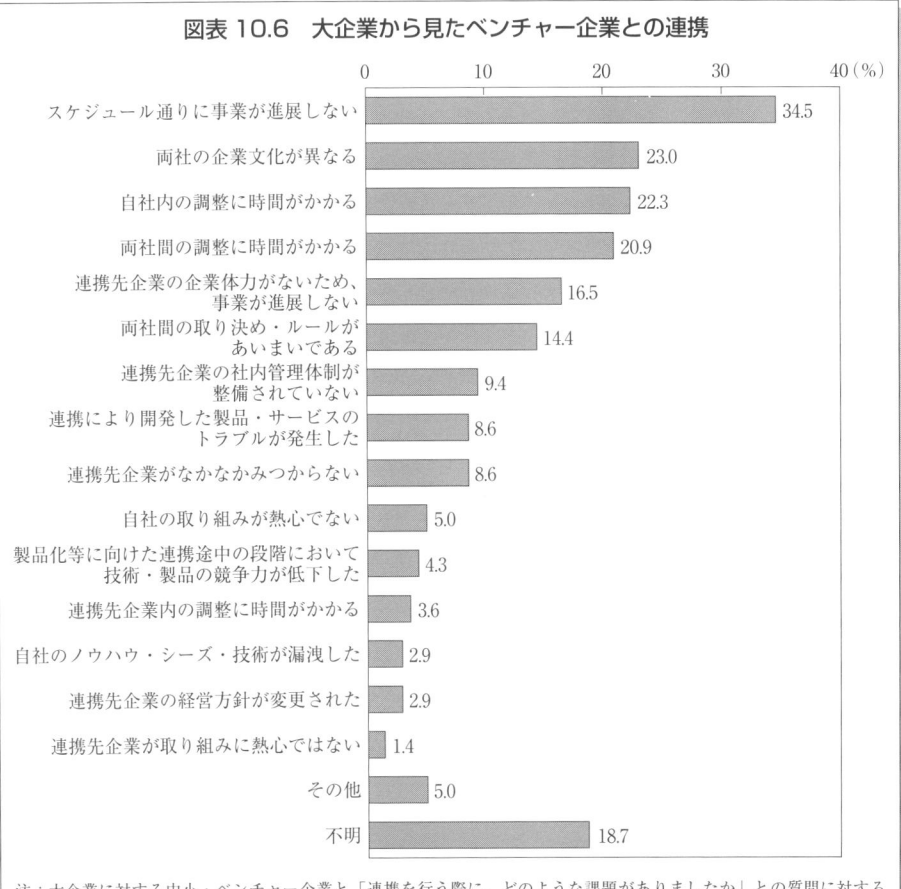

項目	%
スケジュール通りに事業が進展しない	34.5
両社の企業文化が異なる	23.0
自社内の調整に時間がかかる	22.3
両社間の調整に時間がかかる	20.9
連携先企業の企業体力がないため、事業が進展しない	16.5
両社間の取り決め・ルールがあいまいである	14.4
連携先企業の社内管理体制が整備されていない	9.4
連携により開発した製品・サービスのトラブルが発生した	8.6
連携先企業がなかなかみつからない	8.6
自社の取り組みが熱心でない	5.0
製品化等に向けた連携途中の段階において技術・製品の競争力が低下した	4.3
連携先企業内の調整に時間がかかる	3.6
自社のノウハウ・シーズ・技術が漏洩した	2.9
連携先企業の経営方針が変更された	2.9
連携先企業が取り組みに熱心ではない	1.4
その他	5.0
不明	18.7

注：大企業に対する中小・ベンチャー企業と「連携を行う際に、どのような課題がありましたか」との質問に対する回答（複数回答）
出所：中小企業基盤整備機構『平成16年度　中小企業環境調査　中小・ベンチャー企業と大企業との連携における課題と支援の在り方』(2005年3月)

における研究開発と事業化において、自前主義、研究成果の内部での死蔵、現時点での収益性を重視した結果として新規事業への投資縮小など、いわゆる"大企業病"に伴う企業内だけの取り組みの限界も従来から指摘されている。

　こうした問題点を解決すべく、オープンイノベーション型企業経営の一環として、これまでも産学連携や大企業間の戦略的アライアンス等が行われてきたが、大企業がベンチャーという外部の組織を活用して戦略的に新事業開発等を行うコーポレートベンチャリングも、有力な経営手法のひとつとして注目されている。

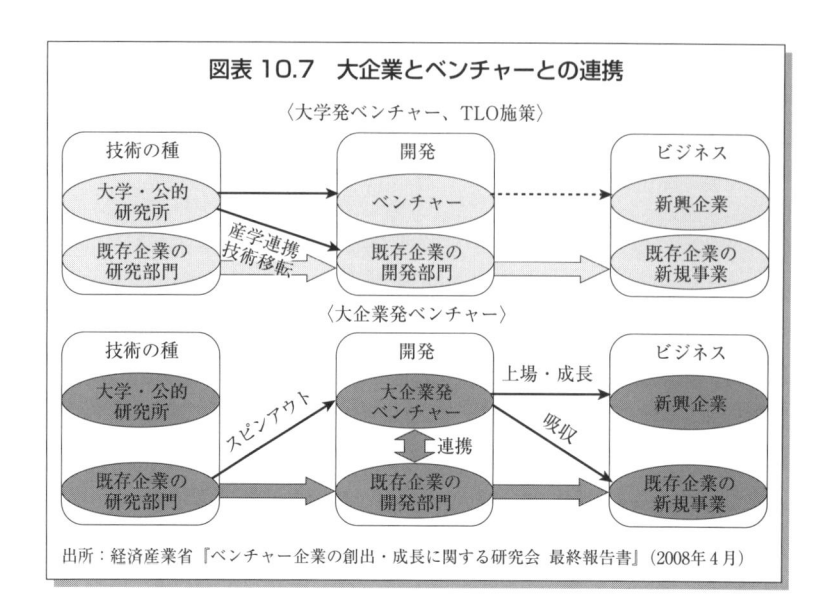

図表 10.7 大企業とベンチャーとの連携

〈大学発ベンチャー、TLO施策〉

技術の種：大学・公的研究所／既存企業の研究部門
→（産学連携・技術移転）→ 開発：ベンチャー／既存企業の開発部門
→ ビジネス：新興企業／既存企業の新規事業

〈大企業発ベンチャー〉

技術の種：大学・公的研究所／既存企業の研究部門
→（スピンアウト）→ 開発：大企業発ベンチャー ⇔（連携）既存企業の開発部門
→（上場・成長／吸収）→ ビジネス：新興企業／既存企業の新規事業

出所：経済産業省『ベンチャー企業の創出・成長に関する研究会 最終報告書』（2008年4月）

特に、製造技術・ハイテク分野では、①技術的ストックや大型の研究設備が前提となること、②事業化までの道のりが比較的長いこと、等の特徴がある。したがって、次世代の新産業創出を担うベンチャーが着実に成長していくためには、こうした技術資産や設備を多く保有する大企業との協創をベースに創出されることが有効であることから、コーポレートベンチャリングに対する期待が大きい。

さらに、コーポレートベンチャリングは、既存企業の活性化に貢献するだけでなく、独立起業家の能力開発やベンチャー企業のインキュベーション機能も果たす。

6 ─専門家との協創関係

1. 弁護士

日本においてはベンチャー企業が弁護士と付き合うのは、会社買収や訴訟を起こす時、または訴えられた時など、特殊な場合に限られる。しかし、米国シリコンバレー地域においては、起業家が会社を設立しようと思ったシーズ段階において、最初に相談するのが弁護士であるといわれている。

弁護士は、有利な会社設立の仕方、知的財産権の確保の仕方、大会社から独立する経営者の場合、勤務特許と見なされないための方策、将来の株式公開またはM&Aにふさわしい株主契約、雇用契約、大企業との提携契約など、重要な局面で有用であるため、弁護士とは起業の早期から関わりを持っていたほうがいい。多くの会社設立とベンチャー企業の成長と失敗の事例を持っている弁護士は、ベンチャー企業にとって大きな経営支援となる。

　米国においては、ジョン・V・ルース米国駐日大使が最高経営責任者を務めていたWilson Sonsini Goodrich & Rosati や、Morrison & Foersterなど、ベンチャー企業の設立とその後のアドバイスに非常に優れた経験を持つ弁護士事務所が多くある。それに対して、日本の弁護士事務所は、大企業向けの業務を主に行っており、ベンチャー企業に対する取り組みは限定的である。ベンチャー企業向けの業務は、弁護士報酬が短期的には少ないことが主な理由であろう。しかし、アドバイスするベンチャー企業が急成長することで中期的には報酬がとれるし、法律家としてチャレンジングな新手法の試験的な導入などは、大企業よりもベンチャー企業のほうが導入しやすいなどのメリットをもっと評価して、日本の法律事務所も今後は積極的に起業家と関わってほしいものである。

　ベンチャー経営者は、会社設立の早い段階から信頼できる弁護士に相談に乗ってもらうことで、トラブルを未然に防ぐようにしてもらいたい。トラブルが起きてからその解決を弁護士にお願いするよりも、トラブルが起きないように事前にチェックしてもらうほうが、時間も費用も格段に効率的であると認識すべきである。これは病気になってからどんな名医に治療してもらうよりも、元気なうちに予防措置をアドバイスしてもらったり、人間ドックで早期発見、早期治療をしてもらうほうがいいのと全く同じである。最近では、会社設立の初期の段階から重要な決定事項を相談しているため、監査役に就任してもらい、弁護士報酬と監査役報酬を合計して支払うようにしている会社も増えてきている。

2. 税理士

　日本のベンチャー企業が、会社設立時点から相談に乗ってもらっているのは税理士ではないだろうか。年に1回の法人税、住民税の申告と、消費税の申告、納付のほか、会社に会計責任者がいない場合に、月次決

算をまとめてもらう業務を委託している企業もあろう。そのような役割以外に、税理士は地域ならではの助成金、補助金、融資制度についての情報を多く持っているものである。また、ベンチャー企業の最初の製品・サービスを導入してくれそうな企業を紹介してくれたり、会社の幹部を紹介してくれたりするので、単なる税務申告や会計帳簿の作成以外にいろいろと身近に相談すべきである。また、会社設立の初期には、税理士の先生を監査役として就任してもらい、税務報酬と監査役報酬を合計して支払っている例も多い。公認会計士は最近、監査業務とコンサルティング業務の兼任が難しいだけに、税理士の中で、ベンチャー企業の育成に造詣のある先生に監査役をお願いするのも一案である。

3. 公認会計士・監査法人

ベンチャー企業が上場するためには、監査法人と上場準備の監査契約を締結する必要がある。相互に契約をするか否かの判断のために、上場3年前にショート・レビュー（予備調査）を受けなければならない。内容は、利益や業務の管理体制、経営管理組織、関係会社の状況、利害関係者との取引状況、会計処理等であり、大きく制度調査と財務調査に分類できる。このレビューを基に、株式上場までには、次のステップを踏むことになる。

①調査結果検討：指摘された課題が短期間に解決できることを相互に確認
②上場スケジュール立案：課題を解決し、上場するまでのスケジュールの立案
③監査法人・証券会社選定：緊密に協力する2団体の選定と正式契約
④上場準備監査スタート：担当公認会計士の監査チームを確定し、監査スタート

このように、株式公開では重要な役割を果たす公認会計士・監査法人であるが、単に監査証明を出してもらうための表面的な付き合いではなく、むしろ、多くの株式公開準備企業に携わってきた経験とノウハウを、ベンチャー企業の成長に活かすという心掛けで付き合うべきである。ベンチャー企業を設立した段階からのアドバイス業務は、監査法人にとって収益事業とはいえないため、公式的には契約しにくいものである。しかし、起業家はいろいろな紹介を受けて、大所高所からベンチャ

一企業の成長を加速するのに貢献したい、と思っている公認会計士を探し出すべきである。監査法人の知名度で選ぶべきでなく、これまでの株式公開支援経験とベンチャー経営者との考え方の共感などによって、本当に信頼できる公認会計士と出会うまで、妥協はすべきでない。できたら社員（通常の会社であればパートナーや執行役員レベル）か、主任（リーダーレベル）の人を選びたい。この選択次第で、会社の今後の株式公開スケジュールが大きく変わる。

4. 弁理士

弁理士との連携は技術イノベーション型ベンチャー企業ではもちろんとして、サービスイノベーション型ベンチャー企業においても、早い段階から検討するべきである。

会社を退社して新しくベンチャー企業を起こす場合、元の会社から「機密情報を了解なく使用している」と、トレードシークレット違反として損害賠償を要求されることを回避するやめ方や、どの段階で特許、意匠権、著作権などの知的財産権を出願し、そのうち、どれを登録するのか、なども極めてベンチャー企業にとって重要な意思決定となる。

せっかく優れたイノベーションのコンセプトを持っていながら、その権利化戦略が間違っていたために、大きな成長ができなくなった企業は多い。逆に、特許申請にこだわるあまり、特許出願料（特に最近では数カ国に及ぶ）や登録料、年間維持費に多くのお金を投入しすぎて、企業経営に支障をきたす場合もある。

筆者が体験したベンチャー企業の例では、ある基本特許および周辺特許10件ほどすべてを国内および米国、中国、など5カ国に申請、登録していたため、その関係費用だけでも5,000万円程度必要となり、その費用をベンチャーキャピタルに投資してほしいと依頼してきた。

特許の大切さは認識するが、他の経営資源の拡充をないがしろにして、優先順位もつけずに、すべて全世界に特許を出願するような戦略をとっているベンチャー企業、およびそれを勧める弁理士は信頼できないと判断せざるを得ない。

日本の弁理士は、年間出願件数の多い大企業向けの特許出願を中心に業務を行っており、ベンチャー企業向けの業務を行っている弁理士は極めて少ない。しかも、従来の製造業を対象にした申請業務を主に行って

おり、グーグル、フェイスブック、百度（Baidu）などと対抗するような知的財産の権利化をアドバイスできる弁理士はなおさら少ないが、そういう腕ききの弁理士を探してアドバイスを受けるべきである。

近年では、特許を出願するのではなく、素早く製品化し、学会発表もして世に問い、広く顧客に訴えることが第三者からベンチャー企業を守る最大の防御となる例も増えている。特許などの権利化が必ずしも成功への最短コースではないため、業界の競争条件を理解した、優れた弁理士のアドバイスが今後ますます必要になってこよう。

5. 社会保険労務士

ベンチャー企業は、専門的なアドバイスをしてもらう存在として、社会保険労務士にも早い段階から関与してもらったほうがよい。

スタートアップ段階では、社員の人数が10人未満であり、就業規則は既存の雛型を写しただけ、年俸制にすれば残業代の支払いも必要ない、というベンチャー企業は多いだろう。社員は深夜まで働き、泊まり込んだり、休日出勤したり、非常に活気があるものである。少しは休めと社長が言っても、社員は急成長している仕事が楽しくて、命令されなくても自分から必要以上に働いてしまう、という状況もままあろう。

懸命さに欠ける社員が多い大企業から見れば、活力があって羨ましい姿であるが、労働基準法からすると問題が多い。一刻も早く社会保険労務士にアドバイスをもらい、社員がまだ少ないうちに労働に関するシステムを確立しておいたほうがいい。

社員が100人まで増加して、急成長段階に入っても上記のようなスタートアップ段階の状況を続けていると、大きなトラブルになる恐れもある。特に、成長しているベンチャー企業は労働基準監督署から是正勧告を受ける場合が多く、中には公開直前に勧告を受け、是正が間に合わずに株式公開が延期になった会社もある。その意味でも、画一的な就業システムを導入するのではなく、ベンチャー企業の特殊事情を加味しながらも、長所を活かすような規則やシステムを提案できる社会保険労務士を探すべきである。

6. ブランドマネジメント

ベンチャー企業が意外に使っていないのが、ブランドマネジメントの

専門家である。知名度も信頼度もない、広告費や販売促進費も負担できない、販売員や販売代理店も極めて限定的であるベンチャー企業が、新製品・新サービスを拡販してゆく時には、企画の段階から企業ブランドまたは製品・サービスブランドを確立してゆくことが大切である。

個人にサービス提供するBtoC事業者は当然として、事業会社向けに営業するBtoB事業者でも、早期からブランドマネジメントの専門家にアドバイスしてもらい、顧客に企業ブランド、製品・サービスブランドを植え付けることができれば、その後の販売は非常にスムーズにいくことを認識していない経営者が多い。

その意味で、ブランドマネジメントは、経営資源の大きい大企業よりも、経営資源の限られているベンチャー企業にこそ、重要である。

ブランドマネジメントの専門家は、日本では未だ少なく、外資系企業が大企業向けに業務を行っていることが多いが、ベンチャー企業向けに業務を行う日本の専門家も増えてきており、今後に期待したい。

7. 証券会社

証券会社の上場支援は、主として次の2つの部署が関与している。

①公開引受部：公開数年前から営業活動を実施し、上場予備軍を発掘、主幹事証券としての契約を取り付け、公開に耐えうる企業体質になるようにコンサルティングを行う。この間、具体的な担当者を決定し、証券取引所への問い合わせや、監査法人との打ち合わせ、監査状況などの確認等を行う。公開直前には、企業価値の決定、具体的な資金調達のための公募価格の決定や、公募株数の決定を行う。

②引受審査部：申請企業が、上場市場の基準を満たしているか否かの審査を行う。まず、申請企業に対して数百の質問を書面で回答を求め、中間審査を報告する。中間報告で提示した課題の改善、直前決算期以降の業績を確認し、最終審査を終了する。

証券会社の収益を確保する営業の企業金融部や事業法人部等のフロント組織下にある「公開引受部」と、証券市場の健全な発展のチェック機能を果たす「引受審査部」とは、名称は似ているが全く独立して運営されており、それぞれ担当役員は異なる。

「公開引受部」は、ベンチャー経営者にとって支援してくれる担当部署という位置づけであり、ベンチャー企業の味方になってくれることが多

第10章 アントレプレナー・フォーメーション

い。それに対して「引受審査部」は、このベンチャー企業を公開させるにふさわしいかどうかを厳密に「審査」する部門のため、非常に厳しい質問や形式的な対応をすることが多い。特に、新興市場が急拡大した2000年当時はマザーズ等の上場審査が、実質基準よりも形式基準に審査の比重があり、対象企業の競争優位性のチェック、反社会的勢力の排除の徹底化などを含む審査がおろそかになっているとの反省から、最近では非常に厳しい審査をしている。

現在では形式基準より実質基準に比重が移っており、内部管理体制強化、市場優位性を確立するための技術力など成長持続力が強く求められる。また、内部体制強化のコスト（外部コンサルタントに依頼すると年間１億円程度）を負担する能力のある収益力の高いベンチャー企業しか、上場資格がなくなった。

ベンチャー企業の経営者は、株式公開するに当たって主幹事証券会社を選ぶことになるが、その主幹事をお願いします、主幹事をお引き受けします、という「主幹事宣言書」を証券会社と取り交わす時の「公開引受部」の温かい対応と、公開準備資料を作成し始めた時の「引受審査部」の冷たい対応とのギャップにびっくりする経営者が多い。

しかし、ベンチャー経営者は、証券会社は「公開引受部」と「引受審査部」の２つの全く別組織があること、「公開引受部」は実態よりも甘い言葉を述べ、「引受審査部」は実態よりも厳しい言葉を述べるものであるということを知っておいたほうがよい。少なくとも、「公開引受部」から「あなたのような有望なベンチャー企業はこれまで見たことがない、うちの証券会社が全力を挙げて公開させて見せる」という言葉をうのみにして、あの証券会社から高い評価を得られたから自分は凄いベンチャー経営者である、と錯覚しないほうがいい。逆に、「引受審査部」から「全く公開できるレベルではない。公開を延期したほうがよい」とか、「株式市場が低迷しているので、保守的に見て、このくらいの時価総額となると想定しておいたほうがいい」などと言われても、悲観的に考える必要はない。そのような場合には、信頼できるメンターや公認会計士、ベンチャーキャピタリストに実態を相談することをお勧めする。

株式上場のメリット・デメリット

1）株式上場のメリット

株式上場が会社にもたらす効果としては、以下の5点が挙げられる。

①市場からの資金調達

株式上場時には公募新株発行もあわせて行うので、投資対象としての魅力の程度やその時々の市況により影響されるものの、一時的に多額の返済不要の資金が調達できる。このことは自己資本の充実にほかならず、財務体質の飛躍的な強化になる。

②信用力および知名度の向上

上場企業は上場を果たすために厳しい審査を乗り越えている。したがって、未上場ベンチャーと比べて社会的な信用度が大幅に高くなる。また、株価が投資情報としてリアルタイムに社会に提供されるとともに、投資家に対して適時適切な情報開示義務を負っているため、それだけ会社の情報が人々の目に触れることになる。

③優秀な人材の確保

上場企業であることで、社会的な信用を得るとともに会社の知名度も高まるので、優秀な人材を確保しやすくなる。また、上場企業としてふさわしい人事制度（最近では特にストックオプション制度をはじめとする報酬制度）が整備されることにより、従業員のモチベーションや会社に対する帰属意識が高まることになる。

④経営管理システム・内部統制組織の強化

上場準備の過程で、株主などの外部利害関係者に適正な情報をタイムリーに開示するために会計処理基準に関する課題を解決し、さらに会計情報を作成する経営管理システムを整備充実することが要求される。また、社長、経営陣の独断的行動を牽制する内部統制組織の確立も必要である。これらは会社の継続的な成長のためには不可欠な要素であり、株式上場の過程で強化される。

⑤創業者利潤の確保

創業者の収入は経営者としての役員報酬や株主としての配当になるが、これら所得に対しては累進税率（最高50％）によって高額の所得税を負担することになる。しかし所有する株式を譲渡すれば譲渡益に対して申告分離課税（税率20％）で済むメリットもある。

2) 株式上場のデメリット

しかし、株式上場のデメリットもある。

①受託責任の増加

株式上場は不特定多数の投資家が株主になることにより、従来以上に株主に対する責任が強まり、社会的責任が増加する。投資家には企業の状況をタイムリーに開示することが義務づけられる。法定開示義務、市場運営者の規則による適時開示義務が発生して、未上場の時にはない費用とエネルギーが発生する。

②各種法的リスクの増大

好ましくない株主が参入することもあり、業績不振等による経営責任の追及や、株主代表訴訟の可能性が出てくる。投機的取引の対象になったり、株の買い占めによる経営権の侵害の懸念もあり、株価の動きにも注意を払わねばならない。また、株式上場でキャピタルゲインを得た会社の幹部が退社するリスクも新たに発生する。

③各種費用の増大

上場準備のための人材確保が必要になるほか、監査費用、証券会社等へのコンサルティング費用などが先行して発生する。株式上場後も情報開示の信頼性を確保するために、公認会計士による監査が必要となり、コストが増大する。特に近年では内部統制、J-SOX関連のコストや適時開示、IRのためのコストがかさむようになっている。

④公共的な存在となる

株式上場は、創業者や大株主の個人的会社であったものが、一般株主を含めた潜在的投資家にとっての社会的・公共的所有物になることを意味している。すなわち、経営者の独断はより許されなくなってくる、それが嫌なら公開すべきではない。

8. ヘッドハンティング会社・採用支援会社

ベンチャー企業がヘッドハンティング会社や採用支援会社に業務を依頼する時は、あらかじめベンチャー企業側で、あるべき組織図や、役割分担表から不足する人材の具体的イメージを固めておくべきである。社長の右腕になる人がいないからヘッドハンティング会社に我が社にふさわしい人を探してほしいとか、開発と営業の人材が不足しているので、採用支援会社に責任者でなくてもいいのでいい人を紹介してほしい、と安易に依頼するのはやめたほうがいい。

まずは経営陣であれば、現在の経営陣の知人・友人の中から、経営理念に賛同してくれて信頼できる人を、自分から探してみるべきである。ヘッドハンティング会社から紹介を受けて、本当にしっくりと相性のいい経営人材が確保できることは稀だと考えたほうがいい。採用して1年後に退社されて、また別のヘッドハンティング会社に依頼する、ということを繰り返すのは避けたい。紹介料として年収の30％程度を支払うことになるが、その費用以上に、その期間の機会費用が大きなものとなる。まずは自分の高校時代、大学時代、会社員時代に付き合いのあった友人、後輩で思い浮かぶ人を探したほうがうまくいく例が多い。

また、仮にヘッドハンティング会社に依頼するにしても、完全成功報酬制度だから声だけ掛けておけばいい、とばかりにいくつもの会社に依頼するベンチャー経営者もいるが、やめたほうがいい。せいぜい2〜3社に絞り、ベンチャー企業の経営戦略や現在の状況、取締役や幹部社員の状況などを理解してもらったヘッドハンティング会社に長期にわたって支援してもらうことをお勧めする。

社員クラスの採用における紹介会社との対応についても同じ姿勢で臨むべきである。採用は不動産の賃借人募集と違い、本当に会社の戦力になってくれるような人材を採用するのは、原則として社内の人材採用チームが責任を持って行うべきで、既存社員からの紹介が最も信頼が置けていい。信頼できる人材採用支援会社をいち早く見つけることも、重要であろう。

7—メンター・エンジェルの貢献の事例

1. ケース：グーグル

ベンチャー企業の成長過程において、メンターとエンジェルの重要性について、米国グーグルの事例を見てみたい。

創業者は、サーゲイ・ブリンとラリー・ペイジの2人である。

サーゲイ・ブリンは1973年モスクワ生まれで、6歳の時に反ユダヤ主義から逃れるために米国移住している。父は数学者でメリーランド大学教授、母も数学者でNASAのコダード宇宙飛行センター勤務という家庭で育った。93年に19歳でメリーランド大学の数学、コンピュータサイエ

第10章 アントレプレナー・フォーメーション

ンス学部を優秀な成績で卒業、スタンフォード大学の博士課程に入学した。性格は、情熱的、社交的で、若干、生意気な面があった。実践的な考え方で、問題・課題を解くことに長けた人間であった。

一方、ラリー・ペイジはユダヤ人で、父はミシガン大学コンピュータサイエンスの博士でミシガン州立大学の教授、母もコンピュータ修士でデータベースのコンサルティング会社に勤務していた。1995年にミシガン大学コンピュータエンジニアリング学部を卒業、スタンフォード大学の博士課程に入学している。性格は穏やかで、物事を深く考えるタイプの人間であり、社交的なプリンとは対照的であった。2人は95年春に、スタンフォード大学大学院の新入生オリエンテーションで出会った。プリンは年下だが、すでに2年間スタンフォード大学大学院に在籍していたので、新入生のペイジにガイダンスをしたのである。

意気投合した2人は、1995年秋頃にはほとんど終日一緒に過ごして、検索エンジンの開発に没頭していた。96年1月には、William Gates Computer Scienceのゲイツ360号室の他の院生とともに4人部屋に引っ越し、Googleの原型となる検索エンジンを開発することになる。この建物は、いわばインキュベーションルームであり、マイクロソフトのビル・ゲイツが600万ドルを寄付してできた建物であり、間接的ではあるが、ビル・ゲイツが次世代の経営者のインキュベーションに貢献していることは興味深い。97年初頭には、原始的な検索エンジンの開発が終了している。

この頃においては、スタンフォード大学のデヴィット・チェリントン教授がメンターとして大きな役割を果たしている。検索エンジンの方向性についての議論を進めるとともに、博士課程とビジネスとの両立、エンジェルとの関係強化などについて、何かにつけて相談相手となっていたようである。現に、1998年秋には検索エンジンの完成に専念するためにスタンフォード大学を休学、インキュベーションルームからメンローパーク近くの一軒家に引っ越し、本格的にビジネスとしてこの事業を進める決心をつけた。

また、チェリントン教授は、伝説の投資家といわれていたアンディ・ベクトルシェイムをエンジェルとして2人に引き合わせている。その当時は大学生の間で評判の検索エンジンではあったが、収益モデルも明確でなく、エンジェルも興味を示しにくい状態であった。しかし、ベクト

ルシェイムはチェリントン教授の紹介もあり、彼らの将来性に興味を持ち、1998年8月には10万ドルの小切手を手渡している。2人が最初に外部から獲得した資金であり、その小切手は長く引き出しに入れたまま使わなかったようであるが、貯金以外の資金があることは精神的な余裕を生んだことであろう。その翌月、98年9月7日に2人はグーグルを創立している。

　その後も、メンターとしてチェリントン教授は折に触れ、彼らの相談に乗るとともに、さまざまな業界における重要人物に2人を紹介している。その中で、ヤフーのディート・ファイロ氏と、資金調達アドバイスをするロン・コンウェイ氏を紹介、その縁で米国有数のベンチャーキャピタルであるセコイア・キャピタルのマイケル・モーリッツ氏との面識を得ることができた。モーリッツは面談して開発した検索エンジンやビジネスモデルを聞いたが、創業者の2人の組み合わせが完璧だと思った。経営理念（ビジョン）を共有する起業家2人が擁立した新興企業のほうが、1人の創業者が起こした企業よりも成功する確率が高いとモーリッツは信じていたからである。

　一方、チェリントン教授はアマゾンのCEOであるジェフ・ベゾフ氏も2人に紹介している。2人に興味を持ったベゾフは、ベンチャーキャピタルのもうひとつの雄であるクライナー・パーキンズ・コーフィールド・アンド・バイヤーズ（Kleiner, Perkins, Caufield & Byers；KPCB）のジョン・ドア氏を紹介している。

　ドアは米国ベンチャーキャピタルの伝説的な成功者であり、ベゾフの紹介で、彼は無名で実績の全くないグーグルに出合い、出資するきっかけとなった。そして、会社を設立して10カ月後の1999年6月にクライナー・パーキンズとセコイア・キャピタルはグーグルに出資することになった。しかも、マイケル・モーリッツとジョン・ドアという、米国ベンチャーキャピタル業界のスター2人が揃って担当するということが実現して、インターネット業界でも大きな話題となったのである。

　その時、これらのベンチャーキャピタルが投資する条件として、ビジネスモデルを拡充して、特に収益を拡大するために会社経営の経験のあるCEOの外部採用が挙げられていた。しかし、ヘッドハンティング会社などから数多くの人物を紹介されても、プリンとペイジは納得する人物と、長いこと出会えずにいた。

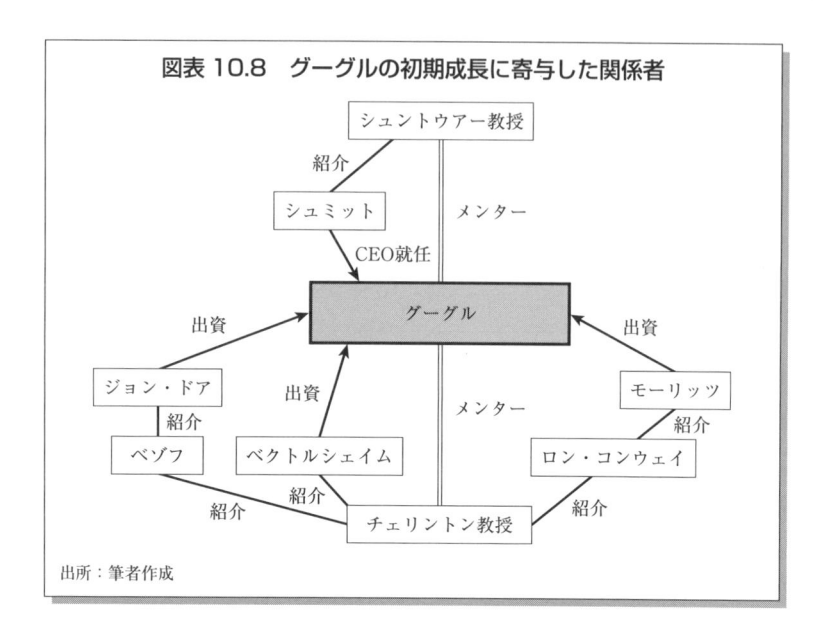

図表10.8　グーグルの初期成長に寄与した関係者

```
                    シュントウアー教授
                    ↓ 紹介        │
                  シュミット    メンター
                    ↓ CEO就任    │
    出資 →        グーグル        ← 出資
   ┌──────┐    ↑              ┌────────┐
   │ジョン・ドア│  出資  メンター   │モーリッツ│
   └──────┘    │       │      └────────┘
      ↓紹介                         ↓紹介
   ┌────┐  ┌──────────┐  ┌──────────┐
   │ベゾフ│  │ベクトルシェイム│  │ロン・コンウェイ│
   └────┘  └──────────┘  └──────────┘
      ↓紹介      ↓紹介              ↑紹介
              チェリントン教授
```

出所：筆者作成

　そんな折、メンター的な役割を担っており、2人が折に触れて相談していたカリフォルニア大学バークレー校のシュントウアー教授から、2000年12月にサン・マイクロシステムズの最高技術責任者CTOを経験し、当時、ノベルの最高経営責任者COOをしていたエリック・シュミット氏を紹介された。

　シュントウアー教授は、攻撃的なブリンをシュミットであればうまく使いこなすのではないかと思って推薦したようである。ブリンはシュミットに対して、最初の面談の冒頭から、あなたの経営しているノベルは「愚かな戦略」をとっていると、いきなり非難し、その後、ブリンとシュミットは90分以上も議論することになった。ブリンとシュミットは真剣に議論することで、ペイジは2人の議論を眺めることで、お互いの本質を把握する能力や問題指摘の鋭さを認め合い、やがてシュミットはグーグルのCEOに就任することを承諾することになった。2001年3月のことであった。

　技術開発のマニアであるブリンとペイジに加え、経営能力の高いシュミットが参加したことによって、グーグルはさらに一段高い成長ステージに入ることができた。この出会いにおいて、メンターであるシュントウアー教授の存在があったのである。

第11章
企業価値の算定・評価

　この章では、ベンチャー企業をベンチャーキャピタルなど外部投資家がどのように価値評価するのか、などについて学ぶことで、自社の企業評価を計算する。

> **この章の課題**
> 1．企業価値評価の方法として、どのような手法があるか？
> 2．ベンチャー企業と大企業では企業価値評価にどのような違いがあるか？　またM&Aの場合はどのように異なるのか？
> 3．イー・アクセス株式会社におけるTOBの事例を読んで、シナジー効果をどのように企業価値算定・評価に織り込んだらよいかを考えよ。
> 4．株式会社サイバードホールディングスにおけるMBOの事例を読んで、MBO実施に際しての企業価値の算定・評価において、留意すべきことをまとめよ。
> 5．株式会社チップワンストップのケースを使って、未公開企業の企業価値の算定・評価を行いなさい。上場企業における企業価値の算定・評価と異なる点をまとめよ。

1―企業価値評価

1. 企業価値評価のフレームワーク

　企業価値評価の全体像について、伊藤邦雄（2007）は図表11.1のようにまとめている。起業家は、ベンチャーキャピタルなどの外部投資家

第11章 企業価値の算定・評価

図表11.1　企業価値評価の全体像

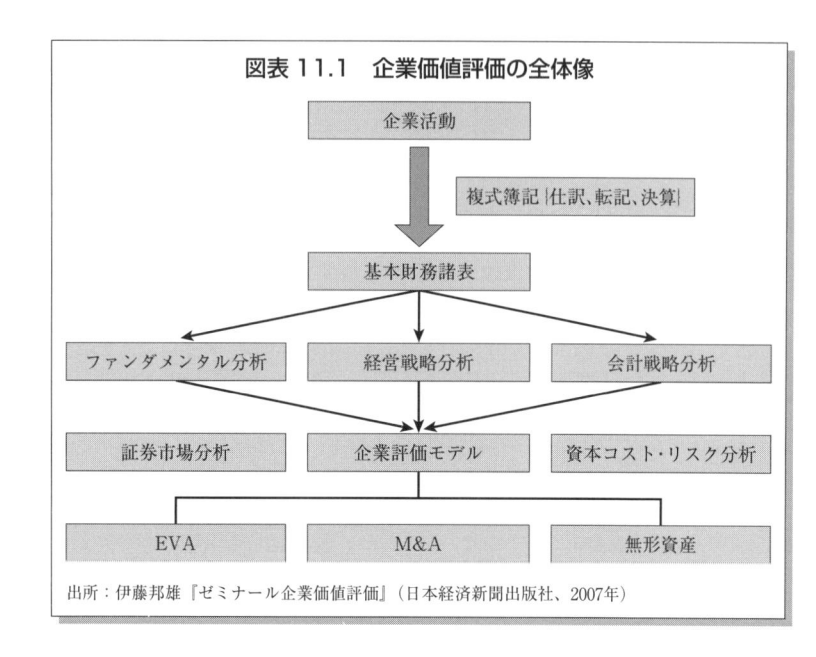

```
企業活動
  ↓　　　複式簿記[仕訳、転記、決算]
基本財務諸表
  ↓↓↓
ファンダメンタル分析　経営戦略分析　会計戦略分析
　　　　　　　　　　　　↓
証券市場分析　企業評価モデル　資本コスト・リスク分析
　　　　　　　↓↓↓
　　　　EVA　M&A　無形資産
```

出所：伊藤邦雄『ゼミナール企業価値評価』（日本経済新聞出版社、2007年）

が、どのように企業価値の算定・評価するのかを理解し、自社の企業価値額が現在、どのくらいの評価となるかを常に把握しておくことも大切である。企業価値の評価を上昇させるために、どのような戦略を実行してゆくかを検討することにもつながるし、資本政策を見直す局面でも、ベンチャー企業の立場を論理的に主張できることになるからである。

2. 企業価値評価・株価算定の必要性

ベンチャー企業において、企業価値評価・株価算定を求められる場合は、以下のとおりである。

まず、会社法では、未公開会社においてエクイティファイナンス（第三者割当増資・ストックオプション発行等）を行う場合、既存株主の利益を害することのないよう、適正な時価とする必要がある。特に有利な価額での発行の場合、株主総会の特別決議が必要となる。この適正な時価の算定として、企業価値評価が必要となる。

次に、税務上の企業価値評価・株価算定の必要性としては、税法上の時価よりも低い株価で増資や株式の移動をすると課税の可能性が出てくる。通常、時価より低い価額による新株発行については、個人株主に対しては一時所得として所得税、法人株主に対しては、受贈益として法人

税等が課されることになるからである。

さらに、株式公開を目指すベンチャー企業の場合、株式公開直前期末までの2年間については、株式公開申請書類において、株式の移動や増資のたびに、その状況（合理的な株価の算定根拠、株価算定方法の採用理由等）を開示することが義務づけられる。

的確な株価算定をするためには以下のような資料の準備が必要になる。

- 決算税務申告書3年分
- 事業計画3年分（利益計画とキャッシュフロー計画）
- 設備投資計画
- 類似業種の上場会社リスト
- 商業登記簿謄本
- 不動産登記簿謄本（不動産鑑定士の鑑定評価書、時価明細等）
- 会社の概況がわかる資料（会社案内等）
- 株主名簿
- 新株予約権原簿等（特に、ストックオプションを発行している場合、個数、行使価格等がわかるもの）
- 同族関係の関係図
- 過去の株価算定資料

3. 企業価値評価の方式

①配当割引法

企業の価値は株式の保有によって将来得られるであろう配当を期待（要求）収益率（r）で割り引いた現在価値の合計額に等しくなる、という考え方に基づく。

$$株価（P_0） = \sum_{t=1}^{\infty} \frac{D_t}{(1+r)^t} \qquad \begin{array}{l} D（予想配当）\\ r（期待収益率） \end{array}$$

ここで、配当は永久に支払われる（t→∞）こと、1株当たり配当は毎年一定率（g）で成長する、期待収益率は成長率よりも大きい（r>g）ことを前提にすると、

$$株価（P_0） = \frac{D_1}{r-g}$$

②DCF法（ディスカウントキャッシュフロー法、割引キャッシュフロー法）

将来その企業が生み出すキャッシュフローの割引現在価値を基礎にした株価算定方法である。

$$企業価値（PV）= \sum_{i=1}^{n} \frac{Ct}{(1+r)^t} \quad \begin{array}{l} C（キャッシュフロー） \\ r（期待収益率） \end{array}$$

配当割引法もDCF法も計算の基本構造は同じであるが、配当割引法が株主に帰属するキャッシュフローで割り引くのに対して、DCF法では企業が獲得したすべてのキャッシュフローをすべての資金提供者の要求収益率（期待収益率）によって割り引く点が大きく異なっている。ベンチャー企業の場合、配当を出していない企業が多いため、実務的にはDCF法が多く用いられる。

③類似会社比準法・類似業種比準法

類似会社には、原則として事業内容、企業規模、収益の状況などで比較的類似すると見られる複数の企業を選定する。この企業の選択により結果が異なるので注意を要する。また、類似業種比準法における類似業種の数値は国税庁ホームページ（類似業種比準価額計算上の業種目及び業種目別株価等についてを検索のこと）に公表されている。

$$A' = A \times \frac{\frac{B'}{B} + \frac{C'}{C} \times 3 + \frac{D'}{D}}{5} \times 0.7$$

A：類似会社平均株価

B：類似会社平均1株当たり配当金額

C：類似会社平均1株当たり純利益

D：類似会社平均1株当たり純資産価格

A'：評価会社株価

B'：評価会社平均1株当たり配当金額

C'：評価会社平均1株当たり純利益

D'：評価会社平均1株当たり純資産価格

ベンチャー企業の企業価値評価においては、相続税評価に使う類似業種比準法よりも、ビジネスモデルからして妥当な企業と比較する類似会社比準法を使用することが多い。特に、将来のベンチャー企業がどの位の時価総額となるか、という目途をつける意味でも類似会社比準法は重要である。

④純資産法
　企業のストックとしての純資産に注目して企業の価値を評価する方法である。純資産の数値として、会計上の簿価を使う簿価純資産法、時価（再調達時価、清算処分時価、国税庁時価など）で再評価する時価純資産法の2つがある。ベンチャー企業の場合、会社の歴史も浅く、含み資産も少ないことから、簿価純資産法を使うことが実務上多い。

⑤ベンチャーキャピタル法
　ベンチャーキャピタル法は、ベンチャーキャピタル・ファンドによる投資で伝統的に用いられてきた手法で、最も手軽な手法でもある。
　　ステップ1：企業価値評価のために継続価値を算定する基準年を定め、「成功シナリオ」のもとでの基準年の純利益を見積もる。成功シナリオとは、ベンチャー企業が業績目標を達成するというシナリオである。
　　ステップ2：ステップ1で見積もった純利益（収益）に株価収益率を掛けて、継続価値を算定する。ここでの株価収益率は、成功シナリオを達成した企業の収益に掛けるマルチプルとしてふさわしい数値を用いる。
　　ステップ3：相当に高い割引率を使って、継続価値を現在価値に割り引く。
　　ステップ4：現在価値に基づいて、外部投資家が投資に対して要求する持分比率を計算する。
　この方式の問題は、純利益に関する楽観的な予測、すなわち成功シナリオを使うため、成功シナリオが達成される確率が不明確なことである。通常、ベンチャー企業の提出する業績予想は極めて楽観的であり、ベンチャーキャピタル側で改めて予測しなおす必要がある。

期待(要求)収益率についての考え方

ベンチャーキャピタルなど投資家が投資意思決定をするに際して重要な要素として内部投資収益率（IRR）が挙げられる。

この投資家が投資に対して期待する（または要求する）IRRは、基本的に投資先企業の成長ステージによって異なるものとなる。すなわち、研究開発段階（シード期）の企業への投資リスクは極めて高いので、投資家はIRRで年率50～100％以上という、極めて高いリターンを要求・期待する。一方、すでに相当な規模の売上高、経常利益を上げ、株式公開が視野に入ってきたようなレーター期の企業に対する期待（要求）収益率は年率10～20％と、シード期やスタートアップ期に比べて低いものとなろう。

ただ、この期待（要求）収益率の水準は、その時々の無リスク証券の金利水準や、上場株式の投資利回りとの比較に加え、個々の投資家の資金調達金利の状態などによって変動するものであり、必ずしも絶対的なものでないことに留意すべきである。

参考1　2010年時点における期待収益率のイメージ

成長ステージ	期待収益率（年間）	通常の保有期間（年）
シード期	50～100％以上	10年以上
スタートアップ期、アーリー期	30～60	5～10
急成長期	15～30	3～5
レーター期（安定成長期）	10～20	1～3
レバレッジド・バイアウト（LBO）	20～40	3～5
経営再建	50以上	3～5

出所：ジェフリー・A・ティモンズ『ベンチャー創造の理論と戦略』（ダイヤモンド社、1997年）を基に筆者作成

2　企業評価の事例

1. ケース：大企業A社のDCFに基づく企業評価

ここでは、井手正介、高橋文郎『経営財務入門〈第4版〉』（日本経済

新聞出版社、2009年) p.580を参考にしながら、キャッシュフロー割引モデルによる企業評価の手順を説明しよう。

【演習】以下の数値を前提として、企業評価を行いなさい。

資料：A社キャッシュフロー予測（5年間）

(単位：千円)

	1	2	3	4	5
売上高	3,000	3,150	3,550	3,650	3,740
(−) 費用（除く減価償却費、支払利息)	2,340	2,457	2,840	2,920	2,992
(−) 減価償却費	246	256	262	265	281
営業利益	414	437	448	465	467
(−) 法人税（営業利益×40%）	166	175	179	186	187
税引営業利益	248	262	269	279	280
(+) 減価償却費	246	256	262	265	281
事業からのキャッシュフロー	494	518	531	544	561
(−) 運転資本需要	63	66.15	74.55	94.9	97.24
(−) 設備投資額	280	290	293	310	330
フリー・キャッシュフロー	151	162	163	139	134

加重平均資本コストの計算の前提

負債利子率（%）	3
法人税率（%）	40
無リスク金利（%）	1
株式市場の期待収益率（%）	8
ベータ	0.8
6年目以降の永久成長率（%）	4
有利子負債総額	2,250億円
発行済株式総数	3.5億株
市場株価	1,500円
株式時価総額	5,250億円

回答；考え方

(1)キャッシュフローの予測

キャッシュフロー割引モデルを用いて、企業価値を推計するために

は、まずフリー・キャッシュフローを予測する必要がある。前述のように、フリー・キャッシュフローは次の式で表される。

> フリー・キャッシュフロー
> ＝事業からのキャッシュフロー－投資のキャッシュフロー
> ＝税引営業利益＋減価償却費－設備投資額－運転資本需要

この予測を実行するに際しては、事業からのキャッシュフローだけでなく、投資のキャッシュフローの予測も詳細に行う必要がある。企業が継続的に活動するためには、再投資が欠かせないからである。

通常、精密な予測を行うためには、最低5年程度の予測期間が必要と考えられる。実際には、この5年間のフリー・キャッシュフローの予測が非常に難しい。どのように妥当な予測をしたらよいか、よく考えてほしい。

(2)加重平均資本コストの推計

次に、予測されたフリー・キャッシュフローを割り引くための加重平均資本コストを計算する。

まず、税引後負債コストは、負債利子率（短期・長期借入金の平均借入金利）3％、法人税率40％を基に、次のように計算される。

> 税引後負債コスト＝負債利子率×（1－法人税率）
> ＝3×(1－0.4)＝1.8％

株式資本コストは、無リスク金利（国際利回り）が1％、株式市場の期待収益率が8％、ベータが0.8なので、資本資産評価モデルより次のように計算される。

> 株式資本コスト＝無リスク金利＋ベータ×(期待収益率－無リスク金利)
> ＝1＋0.8×(8－1)＝6.6％

有利子負債総額2,250億円、株式時価総額5,250億円で加重平均すると

加重平均資本コストが求められる。

加重平均資本コスト

$$= \frac{有利子負債総額}{有利子負債総額+株式時価総額} \times 税引後負債コスト$$

$$+ \frac{株式時価総額}{有利子負債総額+株式時価総額} \times 株式資本コスト$$

$$= \frac{2,250}{2,250+5,250} \times 1.8 + \frac{5,250}{2,250+5,250} \times 6.6 = 5.16\%$$

(3)継続価値の予測

　企業価値を推計する場合、予測期間中の毎年のフリー・キャッシュフローとともに、予測期間の最終年度の企業価値（継続価値）を推計して、その現在価値を計算する。つまり、企業価値を次のように2つの構成部分に分けて推計する。

$$企業価値＝予測期間中のフリー・キャッシュフローの現在価値$$
$$+継続価値の現在価値$$

　この場合、継続価値は予測期間以降のフリー・キャッシュフローの予測期間終了時点での現在価値となるので、継続価値の現在価値は結局、予測期間以降のフリー・キャッシュフローの現在価値を意味する。

　継続価値の推計に際しては、予測期間以降のフリー・キャッシュフローの成長率（永久成長率）を一定と考えることが多い。永久成長率の水準は、その企業の属する業界の将来の成長見通しを考慮して決める必要がある。最も保守的にとらえれば、成長率をゼロと考えることもできるが、企業が存続するためには最低でも経済成長率並みに成長すると考えるのが妥当であろう。

　予測期間以降のフリー・キャッシュフローの成長率が予測できれば、継続価値は、永久成長年金の現在価値の公式を用いると、次のように表される。

$$継続価値 = \frac{予測期間の次年度のフリー・キャッシュフロー}{加重平均資本コスト - 永久成長率}$$

この会社の6年後以降のフリー・キャッシュフロー成長率を4％と想定すると、予測期間最終年度（5年後）のフリー・キャッシュフローが134億円、加重平均資本コストが5.16％なので、継続価値は次のとおりである。

$$継続価値（5年後時点） = \frac{134 \times 1.04}{0.0516 - 0.04} = 12,014億円$$

(4) 企業価値、株式価値の計算

将来のフリー・キャッシュフローと予測期間最終年度の継続価値を加重平均資本コストで割り引けば、現時点の企業価値が計算される。

$$企業価値 = 予測期間のフリー・キャッシュフローの現在価値 + 継続価値の現在価値$$

この会社の場合には、

$$企業価値 = 予測期間のフリー・キャッシュフローの現在価値 + 継続価値の現在価値$$

$$= \frac{151}{1.0516} + \frac{162}{1.0516^2} + \frac{163}{1.0516^3} + \frac{139}{1.0516^4} + \frac{134}{1.0516^5} + \frac{12,014}{1.0516^5} = 9,990$$

企業価値から、負債の価値を引けば、株式の価値が求められる。

$$株式の価値 = 企業価値 - 負債総額$$
$$= 9,990 - 2,250 = 7,740億円$$

A社の発行済み株式数は3.5億株とすると、1株当たり株価は、

$$7,740 \div 3.5 = 2,211円$$

現在の株式時価総額は5,250億円、株価は1,500円である。これに対して、以上の計算の結果、理論株価は2,211円となった。つまり、キャッシュフロー予測に基づくと、この会社の株価は割安であると結論づけることができる。

2. ケース：イー・アクセス株式会社のTOBにおける企業評価

(1) シナジー効果の測定

　企業買収（M＆A、TOB）の場合における企業評価はどのように行われるのであろうか？　通常の継続企業を前提とした企業評価の場合に比べて、どこに留意したらいいのであろうか？　イー・アクセス株式会社が株式会社アッカ・ネットワークスを公開買付けした場合における株価算定のケースを基に考えてみたい。

　2008年10月30日に提出されたイー・アクセスの公開買付届出書においては、下記のような公開買付けの目的・概要が記載されている。

　M＆Aにおいては、通常の継続企業を前提とした企業評価の場合に比べて、買収の目的や、買収後の具体的なシナジー効果を明確にすることが必要になる。論理的には、シナジーが出ることを前提に企業買収するわけなので、買収するイー・アクセスおよび買収されるアッカ・ネットワークスそれぞれの企業価値評価額の単純合算よりも、買収した後にはその買収後企業価値額が上回っているはずである。このような、買収後のシナジー効果も加味した業績予想、キャッシュフロー予測をすることは極めて難しい。

> 【演習】以下の公開買付けの背景、目的、概要などを読んで、TOBによる両社のシナジー効果が本当に出るのか、どのような指標でどのくらい発生するかを考えなさい。
>
> 資料：本公開買付けの実施を決定するに至った背景、本公開買付けの目的・概要
>
> 　当社は、創業以来、「すべての人に新たなブロードバンドライ

フを」という企業理念を掲げ、通信市場を改革する強い使命感を持って規制緩和と競争促進を推進させ、国内最大のDSLホールセール事業者として、約30社のISP経由で日本全国にブロードバンド接続サービスを提供することを主たる事業として着実に成長してまいりました。ISP事業を含めた加入者数は、本書提出日現在で約210万人となっております。

　　（中略）

　以上のように、当社グループは、DSLとISP（AOL）という既存事業による安定した財務基盤のもと、機動的かつ積極的な経営戦略を進め、携帯電話事業を次の事業の柱として打ち立て、ブロードバンドの世界で固定通信とモバイル通信の融合を図り、先の「すべての人に新たなブロードバンドライフを」という理念の更なる実現に向けて、全社一丸となって邁進しております。

　一方、株式会社アッカ・ネットワークスは、平成12年3月に会社を設立し、平成17年3月には株式会社ジャスダック証券取引所（以下「ジャスダック証券取引所」といいます。）への上場を果たし、DSLホールセール事業者としては当社に次ぐ第2位の約90万人の加入者にサービスを提供しております。平成15年度から平成17年度まで3期連続して増収増益を達成し、平成18年度以降は主として個人向けADSLの加入者の減少により前年度比減収が続いておりますが、その間、経営効率化とコスト削減を経営の最重要課題として掲げ、堅調な利益を計上しております。

　対象者は、当社と同じ個人向けのブロードバンド接続サービスに加え、企業に対するインターネットや企業ネットワークなどへのブロードバンドアクセスの提供とそのために必要なユーザーサポートを事業領域としています。顧客のニーズに最適なアクセスサービスを提供するため、DSL/FTTH（光）どちらでも柔軟に対応できる事業基盤を整備し、加えて今後の無線ブロードバンドアクセスの普及を見据えてMVNOによる無線ブロードバンド分野への事業領域の拡大を図っており、DSL/FTTHおよび無線ブロードバンドサービスを重層的に提供するデュアル・ブロードバンド・アクセス・プロバイダーとして新たな成長を目指しています。

　両社を取り巻く事業環境においてFTTHの急速な台頭は事実で

あり、このところの市場統計数値に表れるDSL加入者数が都市部を中心に鈍化・減少傾向にあることも否定できませんが、料金格差、導入の容易性、サービス地域の広さ等々、未だDSLの優位点は多く、また、低速サービスである多くのダイアルアップ接続のユーザーは、より高速・定額のDSLサービスの潜在顧客として捉えることもできます。このような環境の下、当社や対象者等のDSLホールセール事業者は、一体となって、加入者の獲得や新規分野への進出を図り、収益の増大を図るとともに、協調したコスト削減を推進するとともに、モバイル等との新たなバンドルサービスの提供や新しいユーザー層の開拓をすすめることの重要性に疑いの余地はありません。

　そのような状況下において、当社および対象者は平成20年7月31日に、「出資及び資産譲渡契約書」、「DSL資産使用契約書」および「業務委託契約書」を締結して、業務・資本提携に正式合意し、具体的な一歩を踏み出しました。その合意に基づき、対象者は、平成20年8月15日、当社に対して第三者割当の方法により普通株式61,790株を発行し、割当てを受けた当社は対象者の発行済株式総数の45.10％を保有するに至ったことから、平成20年9月1日より、対象者は当社の連結子会社となっております。さらに、両社は、平成20年9月1日、当社から対象者への一定の事業資産を譲渡し、相互に関連する業務委託を行うなど緊密な事業提携を開始いたしました。また、平成20年10月1日には、当社の指名した候補者7名が対象者の臨時株主総会の決議により、対象者の取締役に選任され、うち1名は代表取締役としてその任に当たっております。

　この業務・資本提携を正式合意した平成20年7月31日時点では、両社は、各々独立の上場企業体としてそれぞれの強みを活かしつつ、技術・カスタマーサービス・物流等の原価部門における相互補完と役割分担によりそれぞれ経営効率の向上を図ることを企図しておりました。しかしながら、平成20年7月31日以降、具体的な事業提携の詳細設計が当初の想定以上のスピードで進み、約2カ月間という短期間に数十回の実務的な検討会議が行われ両社従業員の相互理解と融和による協力体制が着々と構築される一方、

対象外としていた営業・マーケティング部門や間接部門の統合のもたらす大きなシナジー効果とその実現の必要性を再認識するに至りました。加えて、10月にはサブプライム問題から生じた未曾有の国際金融危機の増幅と株式市場の大混乱に直面し、このような未曾有の激震に対しては当初の枠組みを超え取りうるすべての企業価値向上策を迅速に発動すべしとの判断により、対象者の発行済株式を追加取得することによって、対象者とひとつの事業グループとしてより一体的な経営の実現に向かうために本公開買付けを行うとの決断に至りました。

さらに、両社は、本公開買付け終了後、吸収合併により両社の完全なる一体化を目指した経営統合を実現することを計画しております。

（中略）

今後の両社の事業統合・再編によって考えられる具体的なシナジーとしては、以下のものが挙げられます。

・加入者規模約300万人、売上高規模1,000億円を擁する総合通信事業グループとなり、営業・マーケティング分野でお互いの販売チャネルや営業人員等の経営資源を一体化することで、大きなスケールメリットを享受することが期待できます。
・重複しているサービス提供エリアを整理し、各々がサービス提供のために設置している設備を共用することにより設備使用効率をあげることで、未提供エリアに資源を振り向けることで、収益の拡大が期待されます。また、両社が重複していないサービス提供エリアにおいては、相手の設備を使うことにより、双方の未提携ISPにサービスを提供することができることから、収益の拡大に繋げることが可能となります。
・重複する営業窓口を整理することで、マーケティング、申込プロセス、システムおよびカスタマーサービスを効率化し、コストを削減することが可能となります。
・通信回線バックボーンの共通化を図ることにより中継回線費用の削減が可能となります。
・共通・重複業務を整理することで、コロケーション費用なら

びに業務委託費用等の原価の削減、および管理部門ならびにシステム部門等の間接部門のコスト削減が可能となります。

・平成20年7月1日時点で計画していた原価部門での通信機器購入費用および機器保守費用等の低減のみならず、管理部門やシステム部門等の間接部門等を加えた経営全ての領域での費用低減活動の実施が可能となります。

・収益力の向上により財務基盤が強化され、信用力の向上と資金調達コストの低減が可能となります。

・広範なコスト削減の結果、競争力のある新商品の開発・提供が可能となります。

・両社の重複業務に従事する人材を、無線ブロードバンド事業等の新規事業分野で有効活用することが可能です。

・両社は、それぞれの抱えるDSL基盤と加入者を、それぞれの無線ブロードバンドサービス（MVNOおよび携帯電話サービス等）と組み合わせることによりFMCの展開に活用できる可能性があります。

(2)株価算定

この公開買付届出書には、アッカ・ネットワークスの企業価値の算定として、以下のとおり、評価がなされている。

> (1) 普通株式
>
> 　買付価格である1株当たり120,000円は、第三者算定機関である日興コーディアル証券株式会社が平成20年10月27日に当社に提出した株式価値算定書を参考に決定いたしました。
>
> 　日興コーディアル証券株式会社は対象者の株式価値を算定するにあたり、本件における算定手法を検討した結果、ディスカウンテッド・キャッシュ・フロー法（以下「DCF法」といいます。）および市場株価法を用い、対象者の業績の内容や予想、当社と対象者との間で生み出されるシナジー効果等を勘案して対象者の株式価値算定を行いました。株式価値算定書によると、各手法に基づいて算定された対象者の対象者株式1株当たりの株式価値の範囲は以下のとおりに示されておりました。

第11章 企業価値の算定・評価

> ⅰ．DCF法では、対象者が将来獲得することを期待されるキャッシュ・フローを一定の割引率で現在価値に割り引くことによって企業価値を評価し、1株当たりの株式価値を113,348円〜132,787円と算定いたしました。
>
> ⅱ．市場株価法では、対象者の評価基準日を平成20年10月24日として、1カ月終値平均株価および当社が対象者を子会社化することを公表した翌日から評価基準日までの終値平均株価で株式価値を評価し、1株当たりの株式価値を82,095円〜90,076円と算定いたしました。
>
> 当社は、株式価値算定書の各手法の算定結果を参考に、対象者との協議内容および対象者株式の市場株価の動向を踏まえ、対象者による本公開買付けへの賛同の可否、本公開買付けの見通しおよび対象者との協働によるその他のシナジー効果等を総合的に勘案し、最終的な買付価格を120,000円と決定いたしました。

アッカ・ネットワークスはジャスダック証券取引所に株式公開していたため、DCF法と市場価格法の2つを採用している。DCF法では1株当たりの株式価値を11万3,348〜13万2,787円と算定、市場価格法では1株当たりの株式価値を8万2,095〜9万76円と算定している。公開企業の株価算定をする場合には、日興コーディアル証券株式会社のように、両者と利害関係のない第三者の株価算定書を基にして株価を算定することが多い。イー・アクセスの場合、「株式価値算定書の各手法の算定結果を参考に、対象者との協議内容および対象者株式の市場株価の動向を踏まえ、対象者による本公開買付けへの賛同の可否、本公開買付けの見通しおよび対象者との協働によるその他のシナジー効果等を総合的に勘案し、最終的な買付価格を120,000円と決定いたしました」として、DCF法に近い価格に落ち着いている。

このように、公開企業の場合で毎日、株価が出されている会社においても、会社の将来予測に基づくDCF法による算定価格と市場価格とは、相当な乖離が発生する場合が多い。

3. ケース：株式会社サイバードホールディングスのMBOにおける企業評価

次に、MBO（企業継続を前提とした、現在の経営者による会社株式の購入）における企業価値算定について考える。最も重要なことは、現経営陣と、会社から排除される株主との間に、構造的な利益相反構造が発生することである。この問題について、経済産業省は2007年9月に「企業価値の向上及び公正な手続確保のための経営者による企業買収（MBO）に関する指針」を出している。企業価値評価について得るところが多いので、その基本的な考え方や手法を勉強してほしい。[1]

MBOの場合、通常の企業継続を前提とした企業評価の場合に比べて考慮しなければならないポイントして以下の3点が挙げられよう。

(1) 尊重すべき2原則

まず、現経営陣と会社から排除される株主との間に、構造的な利益相反構造が発生する以上、MBOにおける買付者側および当該MBOの対象となっている対象企業側が尊重すべき事項として、以下の2原則がある。

①第一原則：企業価値の向上

望ましいMBOか否かは、企業価値を向上させるか否かを基準に判断されるべきである。

②第二原則：公正な手続きを通じた株主利益への配慮

MBOは取締役と株主との間の取引であるため、株主にとって公正な手続きを通じて行われ、株主が受け取るべき利益が損なわれることのないように配慮されるべきである。

(2) 意思決定プロセス

次に、意思決定プロセスにおける工夫が挙げられる。例えば、以下の4点の対応策が考えられ、実際の案件に応じてこれらの対応を組み合わせることが重要となろう。

①社外取締役または独立した第三者委員会の活用

②取締役および監査役全員の承認

---

[1] http://www.meti.go.jp/press/20070904004/mbo--shishin.pdf

③弁護士・アドバイザー等の独立したアドバイスの取得
④独立した第三者評価機関から株価の算定書を取得

(3) 価格の適正性

　第三に、価格の適正性を担保する方法である。対抗的な買い付けの機会を別途確保し、当該期間に対抗買付けが出ないようにすることによって価格の適正性を担保し、取引の透明性・合理性を高めるという実務上の工夫が考えられる。具体的には、MBOに際しての公開買付期間を比較的長期間に設定すること、対抗者が実際に出現した場合に、当該対抗者が対象会社との間で接触等を過度に制限するような合意等を当該MBOの実施において行わないこと、などが挙げられよう。

　具体的なMBOの場合における企業評価の問題について、株式会社サイバードホールディングスのMBOにおける価格算定について見てみたい。

【演習】以下のサイバードホールディングスのMBOに関する裁判について読み、MBOの企業価値算定において留意すべきことを、裁判の内容とからめて述べなさい。

（出所）中東正文「サイバード事件東京地裁決定から学ぶべきこと（平成21．9．18東京地裁）」（金融・商事判例1329、2〜6頁、2009）を参考にした。なお、2010年5月現在、原告は抗告中である。

　株式会社サイバードホールディングスが、MBOを実施したところ、株主から裁判所に価格決定の申立がなされた。1株6万円というサイバード側の主張を認める決定をした。東京地裁は、主体的に価格自体の正当性を認定するのではなく、価格を決定したプロセスを重視し、一連の価格決定プロセスが、妥当なものであれば、裁判所が独自に、あるべき価格を追求するという手法をとらないで、当事者が適正なプロセスで決定した価格であれば、そこで決定された価格を「公正な価格」と認めたものである。この意味で、株価算定書は取っていたものの、第三者委員会など株価決定の妥当性を担保する手続きが不足しているとしてMBO価格を修正する判決であるレックスホールディングス事件（平成20年9月

12日判決）とは異なる。

　株式会社ジャスダック証券取引所（以下「ジャスダック」という。）にその株式を上場していた相手方の株主であった申立人らが、相手方の株主総会に先立ち、相手方による全部取得条項付種類株式の取得に反対する旨を通知し、株主総会においてその取得に反対したうえ、会社法172条1項に基づいて、裁判所に対し、申立人らが有していた相手方発行に係る全部取得条項付種類株式の取得価格の決定を求める事案である。

　申立人らは、本件では、市場株価ではなくDCF法によって算出した価格に基づいて取得価格の決定をすべきであり、上記取得価格を1株につき16万8,064円とすべきである旨主張しており、これに対し、相手方は、市場株価に基づいて取得価格の決定をすべきであり、上記取得価格は1株につき6万円を超えることはないと主張している。

　また、申立人によれば、相手方の市場株価は、ジャスダックに上場した平成12年12月21日から本件MBOおよび本件公開買付けを実施することが公表された平成19年10月31日までの1,688営業日のうち87％に当たる1,473営業日において、6万円を超えて推移しており、相手方の全上場期間（7年間）の平均株価は12万7,237円である。また、本件のような非公開化目的のMBOにあっては、その意に反して会社から閉め出される少数株主に対して、取得日（基準時）現在の会社の価値に加え、株式を保持し続けていれば将来増加したであろう会社の利益ないし期待に相当する価値分が支払われるべきである。この付加されるべきプレミアムは、〈1〉MBOがされなくても、将来増加したとされる企業価値と、〈2〉非公開化目的のMBOの遂行により増加する企業価値とに分けられる。そして、本件では、〈2〉のMBOにより達成することのできる企業価値増加分としては、組織再編の際に生じるシナジー効果に相当するものは認め難いとしても、（a）上場および外部株主維持のためのコスト削減による利益および（b）利益相反関係にある株主への対応コスト（いわゆるエージェンシー・コスト）の削減による利益を挙げることができる。これらの利益は、いずれも株主が会社から閉め出されることにより会社（買収者）が受けることので

きる利益であり、株主が強制的に株式を奪われることによって失うことになる非公開化達成後の将来的な企業価値増加分である。したがって、かかる利益は、当然に株主に支払われるべきものである。

　さらに、MBOにおいて、期待権、すなわちプレミアムは6割が標準であり、本件公開買付価格における4割はかなり低い数値であるとしている。申立人らは、本件の期待権は、平均である6割を大きく上回ると考えているが、本件では、平均の6割を下回ってよいとする疎明資料が相手方からは何ら提出されていないから、原則として、少なくとも期待権の平均である6割を基準に適正な期待権を算定すべきである。市場株価が客観性を保っていないのであるから、少なくとも本件では、DCF法等が適用されるべき事例である。

　DCF法による適正な1株当たりの価値は、10万5,040円から16万7,817円の間である。そして、公正な価格は、DCF法による価格を下回らないものであり、しかも、DCF法による価格にプレミアムを加算すべきである。プレミアムは6割が相当であるから、公正な価格は、16万8,064円から26万8,507円の間である。

　したがって、申立人らは、公正な価格としてDCF法による下限を基準とした1株16万8,064円を主張している。

　これに対して、相手側（被告側）は、時価よりもDCF法による価格が高い場合にはDCF法を基準とすべきであるというのは、複数の株式価値の算定手法について、それぞれの客観性や合理性の有無にかかわらず、申立人らに最も有利な算定結果を基に取得価格を定めよ、というものであって、不合理である。また、DCF法は、3年後、5年後といった将来のキャッシュフローの予測を基礎とした株式価値算定の手法であるところ、変化の激しい今日の経済環境において、3年後や5年後のことについて、確実な予測をすることは不可能である。さらに、DCF法は、種々の見積もりに基づく算定手法であるため、正確性や客観性の確保が困難な算定手法であって、算定者毎に算定結果は大きく異なり得る。本件株式に係るDCF法による株式価値の算定結果は、市場株価に比して客観性が劣る。

また、付加すべきプレミアムについても、MBOにおいては、公開買付けと全部取得条項付種類株式の利用による完全子会社化という一連の手続きで株主の集約が図られるのみであり、当該法的手続それ自体で事業、資産、従業員等の一体化による相乗効果、すなわちシナジー効果が期待される合併等の組織再編行為と異なり、シナジー効果は生じない。したがって、本件株式の「取得の価格」の決定に当たり、シナジー効果を加えた将来利益を考慮することは妥当でないと主張していた。

　裁判所は、本件においては、相手方の取締役会は、本件MBOに賛同するに当たっては、公認会計士事務所および法律顧問をそれぞれ選任し、助言や株式価値の算定を依頼したうえ、相手方および大株主である投資ファンドのロングリーチグループから独立した第三者委員会を設置し、同委員会にロングリーチグループとの協議・交渉と本件MBOについての意見の提出を依頼し、これらに基づき、本件公開買付けに賛同したものであり、これは、第三者機関の株式評価を踏まえた交渉が存在し、利益相反関係についても一定の配慮がされていたものと評価することができるとしている。MBOの期待権（プレミアム）の標準が６割であると認めるに足る疎明資料はないし、前述のとおり、プレミアムを一律の基準をもって判断することはできない。また、既に検討したところからすると、本件は、取得価格の算定に当たって、「期待権（プレミアム）」としていくらが相当なのかを算出して、これを付加するという方法にはよらず、利益相反関係に配慮した措置、買付価格についての交渉の有無、経過、旧経営陣の立場等に照らし、MBOが、いわゆる独立当事者間（支配従属関係にない当事者間）において、第三者機関の評価を踏まえた合理的な根拠に基づく交渉を経て、合意に至ったと評価し得る事情があるか、また、適切な情報開示が行われたうえで対象会社に対する株式公開買付けが成立し、株主総会において全部取得条項付種類株式の発行と取得が承認されるなど一般に公正と認められる手続きによってMBOの一連の手続が行われたと認められるかという点から、裁判所の合理的な裁量によって取得価格を決定するのが相当な事案である。したがって、これと異なり、DCF法に基づいて株価を算出し、そ

れを基準に取得価格を決定すべきであるという申立人らの主張は、当裁判所の採用するところではないと結論づけている。

4. ケース：株式会社チップワンストップにおける未公開企業評価

次にベンチャー企業の企業評価手法を考える。

ベンチャー企業の価値評価をする場合、純資産法や類似業種・会社比準法、配当割引法、DCF法（割引キャッシュフロー法）、ベンチャーキャピタル法など、多数の方式がある。

米国のベンチャーキャピタルの場合には、ほとんどがDCF法であるのに対して、日本の場合は一般的に、純資産法や類似業種・会社比準法で評価する割合が高い。日本では、未公開企業の取引価格という相続税法の考え方が根強く残っており、公開審査をする証券会社、証券取引所、関係する公認会計士、税理士、証券代行会社、取引銀行、場合によってはベンチャーキャピタルまでが「税法基準」の価値評価を主体に考えている。

そもそも企業継続を中心に考えている中小企業と、急速な成長を考えているベンチャー企業とでは、価値評価の考え方も変わってしかるべきであるが、未だに中小企業に対する価値評価から抜け出ていないのが日本の現状である。

日本では、主に、相続税法基準では、年間取引高と従業員数、業種によって中小企業を小会社、中会社（さらに中の小、中の中、中の大に分ける）、大会社に区分し、純資産法と類似業種・会社比準法との按分方法を規定している。これらの方式は、1年前の1株当たりの課税所得、配当金、純資産価格などの過去の実績数値のみを使用して計算するものであり、企業の将来性は全く考慮に入れられていない。創業年数が短く、配当や内部留保を多くするよりも、急速な企業成長を志向するベンチャー企業にとっては、純資産法や類似業種・会社比準法では価値評価が低水準になってしまうことが多い。

一方、ベンチャーキャピタルでは、企業の将来を加味したDCF法の要素を多く取り入れた価値評価を採用することが多い。しかし、キャッシュフローの予測妥当性を判断することは難しく、担当者によって評価にバラツキが出る問題がある。以下に、その価値評価に幅が出ることを

前提としながらも、そのボラティリティの程度を考慮するやり方として、リアルオプション的な手法で確認した事例を示す。

【演習】
以下の資料1～4を参考としてチップワンストップの2003年12月現在の株価を算出しなさい。

資料1：会社概要
株式会社チップワンストップ　　http://ir.chip1stop.com/

　チップワンストップは2001年2月に設立され、電子部品、半導体、コネクタ／ICソケット、電線／配線機材、制御機器／電気部品、プリント基板製造／実装、工具／ツール、検査／計測機器、静電／EMC対策品、各種部材／消耗品など工業部品の小口在庫販売、または市場在庫を見積もり・販売するネット通販会社である。ネット通販ならではの便利な検索エンジン、信頼性の高いメーカー品質の豊富な即納在庫で、今までの代理店では難しかったワンストップ調達が可能であることを売りに、急速にシェアを伸ばしているベンチャー企業である。

　社長がもともと商社で電子部品の購買業務を担当していたことから、特定半導体メーカーや仕入先による制約はない。数百社にものぼる半導体部品サプライヤーとの提携で仕入ネットワークを持っている。また、半導体商社の効率的な業務プロセスノウハウと、ITを活用した効率的なオペレーションとをうまく融合させている反面、取引口座開設に時間がかかっている。半導体商社、半導体メーカー、ソフトウェア大手企業との相互作用によって日々効率的なプロセスを学習しているが、大手半導体メーカーや半導体商社が本格的にe-ビジネス進出を計画しているようである。

資料2：業績予想

(単位：千円)

	2003年12月	2004年12月	2005年12月	2006年12月	2007年12月
売上高	812,497	2,080,000	2,900,000	4,000,000	5,370,000
変動費	568,748	1,456,000	2,030,000	2,800,000	3,759,000
固定費	231,022	294,000	415,000	488,000	611,000
内減価償却費	17,482	28,500	37,800	48,500	63,000
営業利益	12,727	330,000	455,000	712,000	1,000,000
設備投資額	21,502	40,000	50,000	60,000	80,000

加重平均資本コストの計算の前提

負債利子率（％）	3
法人税率（％）	40
無リスク金利（％）	1
株式市場の期待収益率（％）	15
ベータ	1.0
6年目以降の永久成長率（％）	4
有利子負債総額	0

資料3：貸借対照表（2003年12月現在）

(単位：千円)

資産の部		負債の部	
科　　目	簿　価	科　　目	簿　価
現金預金	226,708	買掛金	61,996
受取手形	13,746	未払金	34,710
売掛金	191,247	前受金	15,226
商品	8,724	預り金	0
有形固定資産	5,704	未払法人税等	290
無形固定資産	67,212	未払消費税等	9,674
合計	516,347		122,471

発行済株式数	10,753
潜在株式数	1,963

資料４：類似業種会社

(単位：百万円)

	①加賀電子	②トーメンエレ	③丸文	④PALTEK	ミスミ	アスクル
証券コード	東1 8154	東1 7558	東1 7537	JQ 7587	東1 9962	東1 2678
決算期	2003年3月	2003年3月	2003年3月	2003年12月		
株数(千株)	25,453	8,087	28,051	11,839		
当期利益	2,285	3,080	746	600		
純資産	29,820	23,222	28,759	8,115		
E P S	89.77	380.86	26.59	50.68		
B P S	1,171.57	2,871.52	1,025.24	685.45		
株価	1,821	1,140	695	910		
P E R	20.9	12.2	26.2	18.1	37.5	46.7
P B R	1.6	0.4	0.7	1.3		
日付	2003/3/16	2003/3/16	2003/3/16	2003/3/16		
時価総額	46,350	9,219	19,495	10,773		

発行済株式数	10,753
潜在株式数	1,963

回答；考え方

(1)キャッシュフローの予測

　チップワンストップは半導体・電子部品の購買代行サービスを行っており、IT技術を駆使して急速に事業を伸ばしている有望なベンチャー企業である。同社は2004年10月にマザーズ市場に上場している。未公開段階での03年12月期決算を用いて企業価値評価（バリュエーション）を行ってみる。

　まず、キャッシュフローの予測を検証してみる。未公開会社の企業評価において、最も難しいのが将来のキャッシュフローの予測である。通常、ベンチャー企業は非常に楽観的で、希望的な予測を立てている。それを現実的で、実現性のある予測に立て直すことが重要である。これは、ベンチャー企業経営者が自己を冷静に判断する意味でも重要である。ベンチャーキャピタルなど外部の評価者が企業価値算定する場合においても、楽観的にすぎず、さりとて悲観的にすぎない予測をすることが非常に難しい。特に、従来にないイノベーションを伴ったビジネスモ

デルであればあるほど、実際には「どのようなキャッシュフローになるかはやってみないとわからない」というのがベンチャー経営者の本音であろうが、会社のビジネスモデルの本質や競争優位性、顧客のニーズなどを総合的に判断して、このキャッシュフローを予測することが必要である。この将来予測こそ、経営者もベンチャーキャピタリストも真髄が問われるところである。多くの案件に携わり、予測数値と実際の成長推移の誤差をいくつも経験することによって、予測の精度が高まってゆくものと考える。

このキャッシュフロー予測については、①会社予測を単純に用いる、②会社予測に対して、一定の率（例えばプラスマイナス15％）をかけて楽観シナリオ、標準シナリオ、悲観シナリオの3つを出す、③会社の将来予測に最も重要な指標を考え、その指標を予測する（例えば、PCでのミクシィや携帯でのグリーの会員獲得カーブを参考にして、当該サービスの会員獲得数のカーブを推定する）などの方法が考えられる。

(2) DCF法での算出

まずフリー・キャッシュフローを予測する必要がある。前述のように、フリー・キャッシュフローは次の式で表される。

$$
\begin{aligned}
&\text{フリー・キャッシュフロー} \\
&= \text{事業からのキャッシュフロー} - \text{投資のキャッシュフロー} \\
&= \text{税引営業利益} + \text{減価償却費} - \text{設備投資額} - \text{運転資本需要}
\end{aligned}
$$

当社のフリー・キャッシュフローは図表11.2に示したように予想される（運転資本需要は簡便的に省略している）。

次に、加重平均資本コストを計算する。

税引後負債コストは、負債利子率（短期・長期借入金の平均的な借入金利）3％、法人税率40％を基に、次のように計算される。

$$
\begin{aligned}
\text{税引後負債コスト} &= \text{負債利子率} \times (1 - \text{法人税率}) \\
&= 3 \times (1 - 0.4) = 1.8\%
\end{aligned}
$$

株式資本コストは、無リスク金利（国債利回り）が1％、株式市場の

期待収益率が15％（未公開会社は上場会社に比べてリスクが高いので、期待収益率も上場会社よりも相当高いものとなる。234頁コラム参照）、ベータが1.0（ベータについても、本来は上場会社の平均ベータ値よりも高いものとなるはず。最近のベータ値の水準については、263頁の参考１を参照のこと）なので、資本資産評価モデルより次のように計算される。

$$株式資本コスト = 無リスク金利 + ベータ \times (期待収益率 - 無リスク金利)$$
$$= 1 + 1.0 \times (15 - 1) = 15.0\%$$

有利子負債なし、株式時価総額として、未公開企業につき市場株価がないので貸借対照表の純資産393,876千円を用いて加重平均すると加重平均資本コストが求められる。当企業の税引後負債コストは、当ベンチャー企業の場合には、負債がないのでゼロである。

加重平均資本コスト

$$= \frac{有利子負債総額}{有利子負債総額 + 純資産} \times 税引後負債コスト$$
$$+ \frac{純資産}{有利子負債総額 + 純資産} \times 株式資本コスト$$
$$= \frac{0}{0 + 393,876} \times 1.8 + \frac{393,876}{0 + 393,876} \times 15.0 = 15.0\%$$

次に、継続価値を計算する。

予測期間以降のフリー・キャッシュフローの成長率が予測できれば、継続価値は、永久成長年金の現在価値の公式を用いると、次のように表される。

$$継続価値 = \frac{予測期間の次年度のフリー・キャッシュフロー}{加重平均資本コスト - 永久成長率}$$

この会社の６年後以降のフリー・キャッシュフロー成長率は、上場企業並みの４％と想定すると、予測期間最終年度（５年後）のフリー・キ

ャッシュフローが583,000千円、加重平均資本コストが15.0%なので、

$$継続価値（5年後時点）= \frac{583,000 \times 1.04}{0.15 - 0.04} = 5,512,000千円$$

負債を除いた企業価値合計は
企業価値合計＝FCFの合計＋残存価値　となり

$$= \frac{3,616}{1.15} + \frac{186,500}{1.15^2} + \frac{260,800}{1.15^3} + \frac{415,700}{1.15^4} + \frac{583,000}{1.15^5} + \frac{5,512,000}{1.15^5}$$

＝3,583,615千円となる。

ベンチャー企業の企業算定においては、上記で算定した数値に対し

図表11.2　DCF法での株価算出

（単位：千円）

	2003年12月	2004年12月	2005年12月	2006年12月	2007年12月	継続価値
売上高	812,497	2,080,000	2,900,000	4,000,000	5,370,000	
変動費	568,748	1,456,000	2,030,000	2,800,000	3,759,000	
固定費	231,022	294,000	415,000	488,000	611,000	
内減価償却費	17,482	28,500	37,800	48,500	63,000	
営業利益	12,727	330,000	455,000	712,000	1,000,000	
税金（40%）	5,091	132,000	182,000	284,800	400,000	
税引後営業利益	7,636	198,000	273,000	427,200	600,000	
設備投資額	21,502	40,000	50,000	60,000	80,000	
フリーキャッシュフロー（FCF）	3,616	186,500	260,800	415,700	583,000	5,512,000
割引率（WACC）	15.00%					
FCF現在価値	3,145	141,021	171,480	237,678	289,854	2,740,438
残存価値を出すための割引率	15.00%					
企業価値合計	3,583,615					
残存価値ディスカウント	30%					
ディスカウント後の価値	2,508,531					
負債	122,471					
企業価値合計（負債除く）	2,386,060					
株数	12,716					
1株当たり価値	187,642					

出所：筆者作成

て、安全度を見て30％を割り引くことが多い。ベンチャー企業からすれば、なぜ30％を割り引くか釈然としないものであるが、相続税評価額で非流動化割引として30％割り引くことから類推したものであろう。とにかく、日本の非上場株式の企業価値算定においては、計算で求めた数値を30％割り引くことにする。

当社の企業価値 = 3,583,615 × (1 − 0.3) = 2,508,531千円

株式の価値 = 2,508,531千円 − 負債122,471千円 = 2,386,060千円

これを発行済株式数12,716株で割るとDCF法での株価が算出される。

DCFによる株価 = 187,642円

(3) 純資産法での算出

次に、純資産法の算出をする。参考資料3に示すように、
純資産は資産の部から負債の部の差であるから

$$純資産 = 資産の部 − 負債の部$$
$$= 516,347千円 − 122,471千円 = 393,876千円$$

ここから発行済株式数で除すれば、BPS、すなわち1株当たりの簿価純資産が算出される。

$$BPS = \frac{簿価純資産}{発行済株式総数} = \frac{393,876千円}{12,716} = 30,975円$$

(4) 類似会社比準法での算出

類似会社比準法同社の場合、類似会社比準法として、どの会社を選ぶかが非常に重要となる。単純に同業者として産業分類上の企業を用いるだけでなく、その企業のビジネスモデルを吟味し、そのビジネスモデルに最も近い企業を選ぶべきである。

チップワンストップの場合、半導体・電子部品商社という、産業分類上の同業企業として加賀電子、トーメンエレクトロニクス、丸文、PALTEKを選んだ。これに加えて、ビジネスモデルの本質から、購買代行に徹した新しいビジネスモデルを同じように追求しているミスミ、アスクルを比準会社に加えた。

これらの会社と同社は収益率では同程度になると考えたため、PERは類似業種6社の平均値をとり27倍とした。EPSは2003年12月期の営業利益から適正税率40％を控除したものを税引利益とした（実際には繰越損

図表 11.3 類似業種会社比準法での株価算出

(単位:百万円)

	①加賀電子	②トーメンエレ	③丸文	④PALTEK	ミスミ	アスクル	平均	チップワン
証券コード	東1 8154	東1 7558	東1 7537	JQ 7587	東1 9962	東1 2678	–	
決算期	2003年3月	2003年3月	2003年3月	2003年12月			–	
株数(千株)	25,453	8,087	28,051	11,839			18,358	10.7
当期利益	2,285	3,080	746	600			1,678	7.63
純資産	29,820	23,222	28,759	8,115			22,479	
EPS	89.77	380.86	26.59	50.68			136.98	600.5
BPS	1,171.57	2,871.52	1,025.24	685.45			1,438.44	
株価	1,821	1,140	695	910			1,142	
PER	20.9	12.2	26.2	18.1	37.5	46.7	27.0	27.0
PBR	1.6	0.4	0.7	1.3			1.0	
日付	2003/3/16	2003/3/16	2003/3/16	2003/3/16				
時価総額	46,350	9,219	19,495	10,773				

発行済株式数	10,753
潜在株式数	1,963
株価	16,214

出所:筆者作成

図表 11.4 株価算定

社名	株式会社チップワンストップ
事業内容	半導体・電子部品購買代行サービス
決算期	2004年8月期
使用業績	DEC-04
売上	2,080百万円
経常利益	300百万円
発行済株式数	12,716株
株価試算結果	
DCF方式①	187,642円
簿価純資産価額②	30,975円
類似会社比準方式③	16,214円
投資株価	138,428円
採用の理由:	成長性を重視するVBであるので、DCF法を70%、簿価純資産法を15%、類似会社比準方式を15%とした。
評価時の時価総額	1,760,250千円

失があるが、計算上は通常の税率とした)。

税引利益＝12,727千円×(1－40％)＝7,636千円

EPS＝7,636千円÷12,716株＝600.5円／株

PERとEPSから株価を求めると

株価＝PER×EPS＝27×600.5＝16,214円

(5) 株価の決定

最終的に、ベンチャー企業自体が成長性を重視するものであるところから、この企業においてはDCF法を70％、純資産法を15％、類似会社比準法を15％で加重平均することとする。この比率は一律ではなく、会社の実情に合わせて決めることとなる。その結果、株価は1株138,428円、時価総額1,760,250千円と評価することになった。

株価＝187,642×70％＋30,975×15％＋16,214×15％＝138,428円

(6) リアルオプション的な評価による株価妥当性のチェック

次に、会社のビジネスモデルの本質を理解し、影響を与える事象を基に複数の収益モデルを計算するリアルオプション法に近い計算をしてみる(バイオ企業などでは、開発している薬が上市した時の市場規模と開発リスクを計算した厳密なモンテカルロ法を使うが、ここでは簡便的な手法をとった)。

リアルオプションは、1980年代半ばにMITスローン経営スクールのマイヤーズ教授が提唱したもので、従来のDCF法が、不確実性やそれに対処するための経営のフレキシビリティを考慮していないことや、さまざまな仮定が用いられているため計算過程に恣意性が入ってしまうこと、さらには継続価値の評価が大きく、その数値で決まってしまうことなどに対する指摘に対応して生み出された。

投資案件に対する意思決定を選択できる価値、つまり経営のフレキシビリティ(一度行った投資の意思決定の撤回可能性や投資意思決定の先延ばし可能性など)の価値を従来のDCF法に加味したものをリアルオプション法と呼ぶ。

図表11.5下段のシナリオ欄には、チップワンストップの将来予測上、ポイントになる事象(プラス面、マイナス面)を列挙している。また成長ステージの分岐となる項目、時期を明確に考えることが重要である。収益モデルを作り、会社の業績を決定する3つの指標の変化によって、キャッシュフローがどの程度変化するか、あるいは計算の結果が時価総

図表 11.5　シナリオ別によるリアルオプション評価

（シナリオごとに中期利益、CF予想を行い、現在価値を計算）

順位	売上高	限界利益率	固定費・投資	株価（円）	企業価値（百万円）
1	◎	◎	◎	246,921	3,140
2	◎	◎	○	235,690	2,997
3	◎	◎	×	224,460	2,854
4	◎	○	◎	214,461	2,727
5	◎	○	○	203,231	2,584
6	◎	○	×	192,001	2,441
7	○	◎	◎	187,411	2,383
8	○	◎	○	176,181	2,240
9	○	◎	×	164,951	2,098
10	◎	×	◎	160,361	2,039
11	○	○	◎	160,361	2,039
12	◎	×	○	149,131	1,896
13	○	○	○	149,131	1,896
14	◎	×	×	137,901	1,754
15	○	○	×	137,901	1,754
16	×	◎	◎	127,902	1,626
17	×	◎	○	116,671	1,484
18	○	×	◎	115,278	1,466
19	×	○	◎	106,262	1,351
20	×	◎	×	105,441	1,341
21	○	×	○	104,048	1,323
22	×	○	○	95,032	1,208
23	○	×	×	92,818	1,180
24	×	○	×	83,801	1,066
25	×	×	◎	70,195	893
26	×	×	○	58,965	750
27	×	×	×	47,735	607

シナリオ	項目	◎	○	×
①	売上高	伸び率20％増	会社予想	伸び率20％減
②	限界利益率	33％	30％	25％
③	固定費・投資	10％減	会社予想	10％増

出所：筆者作成

図表11.6　新興３市場のベータ値（市場別）

	2006年１月16日時点			2009年12月30日時点		
取引所名	上場銘柄数	ベータ値対象銘柄	ベータ値中央値	上場銘柄数	ベータ値対象銘柄	ベータ値中央値
JASDAQ	956	931	0.15	888	880	0.27
東証　マザーズ	150	131	0.10	183	180	0.70
ヘラクレス	124	119	0.14	149	149	0.57
合計／平均	1,230	1,181	0.14	1,220	1,209	0.35
東証１部	1,669	1,669	0.66	1,684	1,679	0.79

出所：QUICK AMSUS・ActiveManagerのデータを基に筆者作成

額の幅の中で、どの位置にあるのかを見ることで妥当性を考慮している。

具体的には、同社のプラス面として、半導体商社の効果的な業務プロセスノウハウを有し、ITを活用した効率的なオペレーションができることなど、マイナス面として、業歴が短いために顧客ナレッジが蓄積不足であることなどのポイントが挙げられる。これに基づき、同社の業績を変動させる指標として売上高、限界利益率、広告費などのマーケティングやコンピュータ投資などの固定費の３つを重要性の高いものとして選び、その変動のプラス、マイナス幅を当該業界の経験から妥当な予測値を出した。

続いて、同社の収益、FCFの予測モデルを作り、会社が予測どおりに成長する（○）、それ以上に成長する（◎）、会社予測までは成長しない（×）のシナリオごとに数値を入れることで、合計27通りのDCFのシミュレーションを実施すると、図表11.5に示したようなシナリオごとの時価総額分布、１株当たり株価分布が表される。これにより、起業家とベンチャーキャピタルが合意した株価、および時価総額がどの程度の範囲に入るのか、その妥当性がチェックできる。

今回の企業価値算定の結果である１株138,428円は、図表11.5のリアルオプション的株価チェックでは、27の評価額の中では13～14番目の位置にあり、売上高、限界利益率、固定費のどれもが会社計画どおりの場合に価値評価を正当化できるという、中位の価値評価となっていることがわかる。

どのベンチャーキャピタルも増資に応じる時には株価算定を実施して

図表11.7 新興3市場のベータ値(業種別)

項番	業種名	2006年1月16日時点		2009年12月30日時点	
		新興3市場	東証1部	新興3市場	東証1部
1	水産・農林業	0.28	0.75	0.12	0.48
2	鉱業	—	0.77	—	1.01
3	建設業	0.19	0.80	0.27	0.76
4	食料品	0.06	0.43	0.18	0.41
5	繊維製品	0.01	0.74	0.08	0.84
6	パルプ・紙	0.08	0.63	0.22	0.75
7	化学	0.11	0.60	0.21	0.95
8	医薬品	0.05	0.49	1.14	0.39
9	石炭・石油	0.11	0.59	—	0.88
10	ゴム製品	0.24	0.81	0.09	0.91
11	ガラス土石製品	0.25	0.84	0.15	1.08
12	鉄鋼	0.24	1.07	0.06	1.07
13	非鉄金属	0.36	1.14	0.53	1.35
14	金属製品	0.12	0.61	0.23	0.83
15	機械	0.11	0.77	0.43	1.10
16	電気機器	0.20	0.62	0.54	1.19
17	輸送用機器	0.23	0.85	0.09	1.29
18	精密機器	0.06	0.62	0.49	1.07
19	その他製品	0.24	0.48	0.25	0.67
20	電気・ガス業	−0.04	0.47	1.22	0.20
21	陸運業	0.07	0.63	0.20	0.55
22	海運業	0.17	0.93	0.16	1.10
23	空運業	0.43	0.37	−0.22	0.74
24	倉庫運輸関連	0.19	0.68	0.16	0.52
25	情報・通信業	0.11	0.50	0.51	0.58
26	卸売業	0.13	0.60	0.23	0.67
27	小売業	0.14	0.57	0.28	0.45
28	銀行業	0.75	1.42	0.59	0.80
29	証券商品先物	0.39	1.62	0.52	1.46
30	保険業	0.40	1.60	0.56	0.89
31	その他金融業	0.29	1.07	0.68	1.05
32	不動産業	0.33	1.10	0.61	1.20
33	サービス業	0.10	0.51	0.42	0.55
	ICT	0.39		0.41	
	WEB2.0	0.95		0.55	
	バイオ	—		0.35	
	合計/平均	0.14	0.66	0.35	0.79

注:日本銀行(8301/JQ)、投資法人(8979/JQスタ－ツプロ等)は本資料の上場銘柄数の対象としない。
出所:QUICK AMSUS・ActiveManagerのデータを基に筆者作成

いるが、将来性をどこまで織り込むか、また、出資者寄りの立場か、ベンチャー企業側の立場かで、意見が大きく分かれる。中立的な立場の株価算定をすることが協創関係構築には重要だが、その場合には、上記のような将来のシナリオを立ててシミュレーションすることで、利害関係者の納得が得られやすいことになり、有効な手法だと考える。

参考1：新興市場のベータ値

株式資本コストを算定するに際して、ベータ値が不可欠になる。公開企業であれば、算定する時点からさかのぼって、通常は120日または180日で算定した数値で計算を行う。一方、未公開企業の株価算定においては、類似業種または類似企業のベータ値を利用することになるが、実際にはどのように調べたらよいか、情報は少ない。詳細な数値は専門家に聞くことになろうが、2009年末時点の新興市場別、業種別のベータ値を掲載したので、未公開企業で計算する時に参考にしてほしい。

図表11.6は、QUICK AMSUS・Active Managerを活用して、直近の2009年12月30日時点と、JASDAQ市場の直前のピーク水準である06年1月16日時点における120日さかのぼったベータ値の中央値を示したものである。

2009年12月時点の新興3市場のベータ値の中央値は0.35と、東証1部の0.79よりもかなり低い。中でもJASDAQ銘柄は0.27にすぎない。この東証1部の数値を大きく下回る傾向は、JASDAQが直近でピーク値をつけた06年1月16日時点でも同様である。米国の先行研究などを見ると、企業成長性が高いベンチャー企業のベータ値は大企業よりも大きいのが普通であるとされているが、日本の新興3市場に上場している企業のベータ値がこれほど低いことは、新興3市場に上場している企業の成長性が乏しいと株式市場が判断しているものと推察され、問題である。

また、図表11.7は、業種別にベータ値の中央値を見たものである。2009年12月30日時点において、新興3市場でベータ値の中央値が1を上回っている業種は、医薬品業界と電気・ガス業界のみである。また、新興3市場の業種分類は昨今のベンチャー企業の躍進とはかけ離れたものになっている。そのため、下段に示したようにICT産業、WEB2.0企業、バイオ産業という有望成長産業という区分けをし直して数値を見ても、新興3市場全体の数値は上回っているものの、ベータ値は低いものとな

っており、課題が残る。

参考２：新株引受権の評価

特殊な問題として、新株引受権という、オプションの価値算定についても、議論が分かれる。オプション理論については詳しくは述べないが、ベンチャー企業においてもオプション価格の算定が問題となる事例が出てきた。

> 【演習】以下のオープンループ裁判について読み、オプション価格の算定について、どのようにしたらよいかを述べなさい。
>
> 資料：株式会社オープンループ
> （平成20年11月11日／札幌地方裁判所／民事第４部／決定）
> 　大阪証券取引所ヘラクレス市場（以下「ヘラクレス市場」という。）に上場していた株式会社オープンループが新株及び新株予約権の発行について、〈1〉著しく不公正な方法による発行（以下「不公正発行」という。）であること、〈2〉払込金額が本件新株等を引き受ける者に特に有利な金額での発行（以下「有利発行」という。）であるのに株主総会の決議を経ていないため、会社法199条３項、２項、238条３項２号、２項に違反することを理由として、本件新株等の発行を仮に差し止めることを求めた事案である。具体的には、発行会社側の評価額が１株32,933円であったのに対し、差止株主側評価額は968,500円から1,332,391円であった。

この裁判の中では、新株予約権の公正な払込金額は、オプション評価理論に基づき算出された募集新株予約権の発行時点における価格（公正なオプション価格）であることが明示され、取締役会で決定された払込金額が公正なオプション価格を大きく下回るときは、有利発行に該当すると解すべきとされた。

発行会社は、ブラック・ショールズ・モデルの算定式を用いて、コール・オプションとしての価格を算定している。しかし、その行使価額11万2,650円は当時の株価水準を大きく上回っていた。会社側は、払込金額を算出する際には、高い行使価額を基準としながら、その一方では行

使価額の修正条項を規定していることが問題とされた。

　この判決決定では、新株予約権の有利発行を判断する際に用いるべき新株予約権の行使価額については、取締役会が自由に決定できる裁量の範囲内の最も低い金額を基準とすべきとしている。

　また、本件決定では、ブラック・ショールズ・モデルの算定式で算定された評価額と、二項格子モデルを用いて算出された評価額とを比較し、両者の評価額が近似していることを理由に、格別不合理な点は見当たらないとしている。

　また、家田崇（2007）は「もし仮に、発行会社の側で、モンテカルロ・シミュレーションなどを用いて将来の株価を見積もり、行使価額の修正、取得条項の通知などについて場合分けをした上で、払込金額の算定をしたならば、公正なオプション評価額に相当すると判断される可能性もあったのではないかとも考えられる」と述べており[2]、合理的な評価額を算定する時は、多くの算定方式を十分検討したうえで実行することが大切であると考えられる。

参考3：ブラック・ショールズ・モデル

ブラック・ショールズ・モデル
（井手正介・髙橋文郎『経営財務入門〈第4版〉』（日本経済新聞出版社、2009年）より）

コール・オプション　$C = SN(d_1) - Ee^{-rT} N(d_2)$

プット・オプション　$P = -SN(-d_1) + Ee^{-rT} N(-d_2)$

ただし、$d_1 = \dfrac{\ln(S/E) + (r + \frac{1}{2}\sigma^2)T}{\sigma\sqrt{T}}$

$d_2 = d_1 - \sigma\sqrt{T}$

S＝現在の原資産価格
E＝行使価格
r＝無リスク金利

2——家田崇「オープンループ事件」『M＆A判例の分析と展開』（経済法令研究会、2007年）

> σ＝原資産の変動性（年率の標準偏差）
> T＝満期までの期間（年数）
> N(d)＝標準正規分布の累積密度関数

多期間の二項モデルで、期間の長さを非常に短くし、期間の数を無限大にすれば、上のようなヨーロピアン・タイプのオプションの理論価格を計算する公式が得られる。これは、ブラック・ショールズ・モデルと呼ばれる。

> 【課題】ある企業の株価が1,000円である時、30日後に満期を迎える行使価格1,100円のコール・オプションの価格をブラック・ショールズ・モデルを用いて計算しなさい。無リスク金利は5％、株式の標準偏差は20％とする。

回答；考え方

(1) d_1、d_2の計算

d_1の定義式で、lnは自然対数を表す。また、T（満期までの期間）は年単位で考え、この例では$\frac{30}{365}$とする。

(2) N(d)の計算

N(d) は、標準正規分布（平均値が０で標準偏差が１である正規分布）の累積密度関数を表す。$N(d_1) = N(-1.5619)$は標準正規分布で値が-1.5619以下になる確率のことであり、N(d) を求めるには、標準正規分布表を用いるか、表計算ソフトの関数を用いればよい。表計算ソフトを用いるとN(d) は以下のように求められる。

$$N(d_1) = N(-1.5619) = 0.059156$$
$$N(d_2) = N(-1.6192) = 0.052702$$

(3) コール・オプションの価格Cの計算

以上の計算結果を基に、コール・オプションの価格Cが計算できる。

$$C = SN(d_1) - Ee^{-rT}N(d_2)$$
$$= 1,000 \times 0.059156 - 1,100 \times e^{-0.05 \times 30/365} \times 0.052702 = 1.42 円$$

なお、以上の計算式の第2項のEe^{-rT}は、行使価格Eの現在価値を連続複利（微少時間を1単位とする複利計算）で計算することを意味している。初級のテキストでは、通常の方法（離散複利）で現在価値を計算しているものもある。例えば、1年当たり複利で現在価値を計算すると、コール・オプションの価格は以下のように計算される。

$$C = SN(d_1) - \frac{E}{(1+r)T}N(d_2)$$

$$= 1,000 \times 0.059156 - \frac{1,100}{1.05^{30/365}} \times 0.052702 = 1.42 円$$

参考4：モンテカルロDCF法

（有限責任監査法人トーマツ　ホームページより[3]）

　DCF法は、キャッシュフローの予測が欠かせないが、現実にはさまざまな不確定要素が連鎖的に関わり合うことで当初の予測から大幅に異なる結果となることがある。フリー・キャッシュフローの算出の予測を、将来起こり得る事象を確率分布として定義しシミュレーションを実施し、DCF法を使って将来のキャッシュフローの分布を推計するものをモンテカルロDCFと呼ぶ。

　モンテカルロDCF法とは価値を算定する前提の数値を確率分布として設定し、各々の前提をランダムに組み合わせてDCF法を行うことにより、価値を確率分布として導き出す方法のことである。以下そのアプローチについて説明する。

（a）不確定要素の洗い出し　　図表11.8はベンチャー企業の作成する事業計画の前提条件が価値に与える影響を洗い出したものである。技術ベンチャー企業の場合、事業計画のこれらの前提条件は、通常の成熟した会社によって創出されるキャッシュフローと比較すると多くの不確定要素が存在する。そのため、まず事業価値に影響を与える不確定要素を洗い出すことが必要となる。

（b）不確定要素の順位づけ　　上記で不確定要素の洗い出しを行った

3——http://www.tohmatsu.com/view/ja_JP/jp/knowledge/ipmgmt/article/8cb0fb598b561210VgnVCM100000ba42f00aRCRD.html

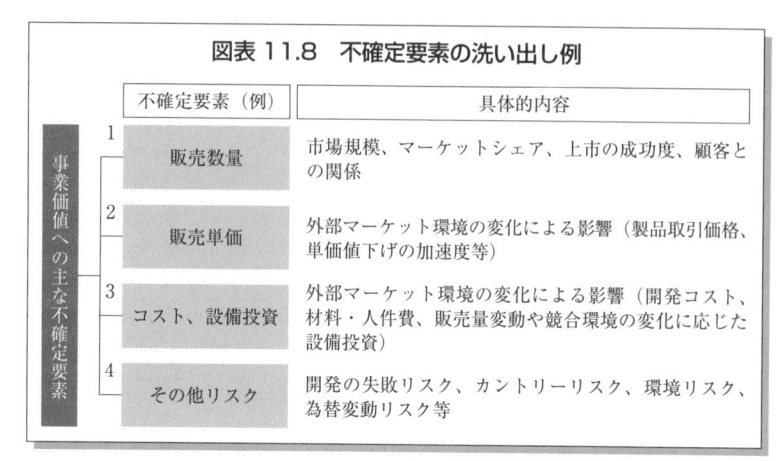

図表11.8 不確定要素の洗い出し例

	不確定要素（例）	具体的内容
事業価値への主な不確定要素 1	販売数量	市場規模、マーケットシェア、上市の成功度、顧客との関係
2	販売単価	外部マーケット環境の変化による影響（製品取引価格、単価値下げの加速度等）
3	コスト、設備投資	外部マーケット環境の変化による影響（開発コスト、材料・人件費、販売量変動や競合環境の変化に応じた設備投資）
4	その他リスク	開発の失敗リスク、カントリーリスク、環境リスク、為替変動リスク等

出所：有限責任監査法人トーマツ

後、より効果的なモンテカルロDCF法を行うため、事業価値に影響を与える程度が高い不確定要素を順位づける必要がある。洗い出した不確定要素を基にモンテカルロDCF法を試算し、事業価値へ与える影響が高い不確定要素を抽出する。このことにより、シナリオ分析における不確定要素の順位づけが主観的になりがちな問題点が低減可能となる。

（c）不確定要素の確率分布の特定　　順位づけの高い不確定要素の各項目に関して、各々どのような確率分布で発生することが予想されるかをより詳細に分析、検討のうえ、特定する。

（d）モンテカルロDCF法の実施　　各不確定要素に対する上記の分析をフリー・キャッシュフローの計算上に反映した後に、DCF法による計算を、例えば数千回、数万回と繰り返し行うことでシミュレーションを実施する。

　モンテカルロDCF法を使用するうえで最もポイントとなるのは、上記アプローチの説明（c）にある不確定要素の確率分布の特定である。

おわりに

　2010年5月に象徴的な発表が2つあった。

　第一にソニーと米国グーグルとの提携である。第一弾としてインターネットを快適に楽しめるパソコン並みの機能を内蔵した新型テレビや、携帯電話や電子書籍端末などを共同開発し、製品販売のほか、ゲームや映像を配信するサービスでも提携するという。

　第二は、トヨタ自動車と米国テスラ・モーターズとの提携である。電気自動車とその部品の開発、生産システムの提携を進めるとともに、トヨタ自動車はテスラに対して総額5,000万ドルを出資し、テスラは、トヨタ自動車と米ゼネラル・モーターズ（GM）の旧合弁工場の跡地の一部を買収して電気自動車を生産するという。

　今回の提携が本当に成果を挙げ、両グループの収益の柱となるかどうか、現時点では未定である。しかし、テレビとウェブの融合や、iPadやiPhoneなどライバルが実施しているアプリ販売による収益化に後れをとるソニー、電気自動車の本格的市場投入に後れをとるトヨタ自動車が、その後れを挽回し、社内の経営資源の不足を外部との連携で補完するオープンイノベーションの相手として米国シリコンバレーにあるベンチャー企業を選んだことは興味深い。しかも、かつては「ベンチャーの星」といわれたソニーとトヨタ自動車が、いまや大企業病に陥り、意思決定スピードに大きな課題があると指摘されている。日本の大企業がベンチャー企業の持つ新技術やノウハウだけではなく、その起業家精神も学ぼうとしていることは非常に大きな意味を持つと考える。

　筆者は、日本だけでなく、世界においてもイノベーションの担い手はベンチャー企業であり、今後も非常に重要な役割を持つと信じる。ベンチャー企業の役割、支援産業の役割を再認識し、10年後を見据えて今こそ新たな一歩を踏み出すべきである。そのため、現状のベンチャー企業およびアントレプレナー・フォーメーションの問題点を明確にし、将来に向けてのあるべき姿を念頭に置いたうえで、本書をまとめたつもりである。

　最後に、ベンチャー企業、ベンチャー支援産業に携わるすべての者が知っておくべき起業家精神（アントレプレナーマインド）を紹介して終

おわりに

わりにしたい。

Dean Alfange（ディーン・アルファンジ）
1897年12月2日生まれの米国の政治家
「私は平凡な人間にはなりたくない。
自らの権利として限りなく非凡でありたい。
私が求めるものは、保証ではなくチャンスなのだ。
国家に扶養され、自尊心と活力を失った人間にはなりたくない。
私はギリギリまで計算しつくしたリスクに挑戦したい。
つねにロマンを追いかけ、この手で実現したい。
失敗し、成功し…七転八起こそ、私の望むところだ。
意味のない仕事から暮しの糧を得るのはお断りだ。
ぬくぬくと保証された生活よりも、チャレンジに富むいきいきとした人生を選びたい。
ユートピアの静寂よりも、スリルに満ちた行動のほうがいい。
私は自由と引き換えに、恩恵を手に入れたいとは思わない。
人間の尊厳を失ってまでも施しを受けようとは思わない。
どんな権力者が現れようとも、決して萎縮せず
どんな脅威に対しても決して屈伏しない。
まっすぐ前を向き、背すじを伸ばし、誇りをもち、恐れず、
自ら考え、行動し、創造しその利益を享受しよう。
勇気をもってビジネスの世界に敢然と立ち向かおう」

出所：松田修一『ベンチャー企業』第3版（日経文庫、2005年）p.17

参考文献

〈和書〉

安部義彦・池上重輔（2008）『日本のブルーオーシャン戦略』ファーストプレス

「ブルーオーシャン戦略」の日本でのケーススタディで、イノベーションをどのように起こすかにおいて、非常に多くの示唆がある。

伊丹敬之・加護野忠男（2003）『ゼミナール経営学入門〈第3版〉』日本経済新聞社

井手正介・髙橋文郎（2009）『ビジネス・ゼミナール経営財務入門〈第4版〉』日本経済新聞出版社

ファイナンスの基本テキスト。資金調達、証券化、M＆Aを中心にしてあり、必読。

井熊　均（2001）『エネルギーベンチャー』日刊工業新聞社

伊藤邦雄（2007）『ゼミナール企業価値評価』日本経済新聞出版社

企業価値を考えるテキスト。ベンチャー企業の評価にも役立つ。

井田　修・大島祥世（1998）『ベンチャー型人間の作り方・育て方』ダイヤモンド社

今井賢一編（1986）『イノベーションと組織』東洋経済新報社

今井賢一監修／秋山喜久・KSベンチャーフォーラム・朝日監査法人編（1998）『ベンチャーズインフラ』NTT出版

上田　泰（2003）『組織行動研究の展開』白桃書房

内川清雄（1988）『自分の会社をつくるときの基礎知識』かんき出版

梅田望夫（2006a）『シリコンバレー精神――グーグルを生むビジネス風土』筑摩書房

『シリコンバレーは私をどう変えたか』（新潮社）のリニューアルバージョン。最近の話を含め、面白い。

―――（2006b）『本当の大変化はこれから始まる』筑摩書房

このウェブ時代をどう生きるか。ブログ、ロングテール、Web2.0などの新現象を読みときながら、大変化の本質をとらえた必読書。

大江　建（2003）『中堅・中小企業のための新規事業立ち上げ・運営ノウハウ』すばる舎

―――（2008）『なぜ新規事業は成功しないのか』日本経済新聞出版社

企業の新規事業の推進に必要な考え方とツールをまとめた本の第3版。「（1）仮説を作り、（2）仮説を検証し、（3）仮説を管理する」というPDCAサイクルが重要であると主張している。

太田　肇（2001）『ベンチャー企業の「仕事」』中公新書

大橋禅太郎（2005）『すごい起業　絶頂と奈落のベンチャー企業「ガズー

バ」』ランダムハウス講談社
大滝義博・西澤昭夫編（2003）『バイオベンチャーの事業戦略』オーム社
大野　司・剣持七重（2003）「米国インターネット事業」『海外電気通信』36（8）
岡田　潔（1986）『独創的経営づくり』日本能率協会
小川英次（1996）『新起業マネジメント』中央経済社
奥村悳一（1994）『現代企業を動かす経営理念』有斐閣
尾崎弘之（2007）『バイオベンチャー経営論』丸善出版事業部
小野正人（1997）『ベンチャー企業と投資の実際知識』東洋経済新報社
加藤晶春・松野雄一郎（2006）『株式公開の知識』日本経済新聞社
門脇徹雄（2003）『投資ファンドとベンチャーキャピタルに騙されるな』半蔵門出版
金井一頼・角田隆太郎編（2002）『ベンチャー企業経営論』有斐閣
　新しいアイデアの創出パターンなども説明。
河合忠彦（1999）『複雑適応系リーダーシップ』有斐閣
監査法人トーマツ編（1996）『株式公開全ノウハウ』日本経済新聞社
監査法人トーマツ・日本政策投資銀行企業創出・再生研究グループ編（2004）『ベンチャービジネスのための資金調達実務ガイドブック』中央経済社
岸川善光・谷井　良・八杉　哲（2004）『ベンチャー・ビジネス要論』同文舘出版
木下武人（1987）『先端技術とこれからの中小企業』中央経済社
忽那憲治（1997）『中小企業金融とベンチャー・ファイナンス』東洋経済新報社
――――（1999a）『日本のベンチャー企業』日本経済評論社
――――（1999b）「米国のベンチャーファイナンスのダイナミズム　ブティック型投資銀行とVCの役割」『正協レポート』東証正会員協会総務部、3（2）
――――（2008）『IPO市場の価格形成』中央経済社
　IPO市場の価格決定について、理論と実証の両面から、特に公開価格の決定方式との関係性を考察。
忽那憲治・明石芳彦・山田幸三（1999）『日本のベンチャー企業』日本経済評論社
忽那憲治・長谷川博和・山本一彦（2006）『ベンチャーキャピタルハンドブック』中央経済社
　代表するベンチャーキャピタル9社の実例や、ベンチャーキャピタルを理解する5つのテーマを取り上げている。ベンチャーキャピタルについて、体系的に勉強したい人にお勧め。
グロービス（1998）『MBAビジネスプラン』ダイヤモンド社

小門裕幸（1996）『エンジェル・ネットワーク』中央公論社
小島　茂（1992）『新事業計画作成マニュアル』日本能率協会マネジメントセンター
後藤光男・秋野正司（1988）『株式公開会社倍増時代』産業能率大学出版部
西郷隆盛（2007）『西郷隆盛「南洲翁遺訓」――ビギナーズ日本の思想』角川学芸出版
齋藤　篤（2002）『産業としてのベンチャーキャピタル』白桃書房
坂井利之（1988）『戦略的創造のための情報科学』中央公論社
サンエー監査法人（1996）『だれでもできる株式公開』総合法令出版
宍戸善一（2006）『動機付けの仕組みとしての企業』有斐閣
　ベンチャー企業において、人的資本の拠出者（創業者グループ）と物的資本の拠出者（ベンチャーキャピタル等）との典型的な2チーム間の動機づけ交渉を主軸に議論している。法的フレームワークを勉強したい人にお勧め。
島田晴雄・地域経済研究グループ（1999）『産業創出の地域構想』東洋経済新報社
清水　馨（1996）「企業変革に果たす経営理念の役割」『三田商学研究』第39巻第2号
清水龍瑩（1986）『中堅・中小企業成長論』千倉書房
下村博史（2005）『中間流通の協創戦略』白桃書房
情報通信総合研究所編（1996）『通信自由化』情報通信総合研究所
末松千尋・千本倖生（1997）『ネットワーク型ベンチャー経営論』ダイヤモンド社
田尾雅夫（2003）『成功の技法　起業家の組織心理学』中公新書
高橋文郎（2006）『エグゼクティブのためのコーポレート・ファイナンス』東洋経済新報社
　なぜあなたの会社は市場で高く評価されないのか。企業価値を高めるための基本的な考え方を丁寧に解説したコーポレート・ファイナンス入門書。
高橋佳哉・原　伸之（1996）『ベンチャー症候群（シンドローム）』総合法令出版
巽　信晴・佐藤芳雄編（1996）『新中小企業論を学ぶ』有斐閣
出川　通（2004）『技術経営の考え方』光文社新書
　技術ベンチャー企業の成長の過程などが詳しい、技術経営の入門書。
寺本義也・原田保（2000）『協創経営』同友館
中井邦彦（2003）『成長著しい売国のITサービス産業と日米格差の現状』国際貿易投資研究所、14（2）（通号52）（2003夏）
中内基博（2004）「株式上場に際するベンチャー創業社長の交代およびTMT構成がパフォーマンスに与える影響」早稲田大学産業経営研究所『産業経営』第36号

中内基博・稲村雄大（2005）「新興企業における創業社長の交代とTMT構成が組織の成長性に及ぼす影響」『組織科学』白桃書房、39（2）

中内基博・飯尾隼人（2008）「日本の製造業における社長交代とパフォーマンスの関係性」『経営力創成研究』Vol.4、No.1

中村秀一郎（1992）『21世紀型中小企業』岩波書店

西村宗晃（2000）「インタビュー　オンラインが経済を変える　デルコンピュータはいかに成功したか」『月刊アドバタイジング』電通45（2）（通号523）

野中郁次郎（1974）『組織と市場』千倉書房

野中郁次郎編（2002）『イノベーションとベンチャー企業』八千代出版

延岡健太郎（2006）『マネジメント・テキスト　MOT［技術経営］入門』日本経済新聞出版社

　　コア技術戦略、イノベーションの理論と本質、組織プロセスのマネジメントまで、技術ベンチャー企業に必要なMOT経営が体系的に理解できるテキスト。

長谷川博和（2007）『ベンチャーキャピタリストの実務』東洋経済新報社

　　ベンチャーキャピタルのパフォーマンスを向上させるための仮説を提示。日本のベンチャーキャピタリストに焦点を当てて、ベンチャーキャピタルについて体系的に分析。

原田　保（2000）『コーディネートベンチャー』同友館

樋口範雄（1999）『フィデュシャリー「信認」の時代』有斐閣

古瀬幸広・廣瀬克哉（1996）『インターネットが変える世界』岩波新書

ベンチャーフォーラム21（1995）『21世紀に挑むベンチャービジネス＆キャピタルの起業戦略』清文社

ボストンコンサルティンググループ（2007）『BCG流成長へのイノベーション戦略』武田ランダムハウスジャパン

　　ベンチャー企業や新規事業におけるイノベーションのマネジメント方法、特にキャッシュフローカーブについて詳しい。

堀内俊洋（1998）『ベンチャー企業経済論』文眞堂

前田　昇（2002）『スピンオフ革命』東洋経済新報社

　　シリコンバレーを真似るのではなく、新しい日本型産業創出のモデルとシナリオを提示。

増田一之（2007）『ハイテクベンチャーと創業支援型キャピタル』学文社

増田　茂（1996）『メガ・ベンチャー』東洋経済新報社

松尾　尚（2010）『ベンチャー支援ダイナミズム』白桃書房

　　大企業とベンチャー企業との連携関係などに詳しい。

松田修一（1997）『起業論』日本経済新聞社

―――（2005）『日経文庫・ベンチャー企業〈第3版〉』日本経済新聞社

　　ベンチャー企業に関して、網羅的かつ体系的に勉強できる入門書。

松田修一監修／早稲田大学アントレプレヌール研究会編（2000）『ベンチャー企業の経営と支援』日本経済新聞社

松田修一監修／早稲田大学ビジネススクール（2004）『MOTアドバンスト技術ベンチャー』日本能率協会マネジメントセンター
技術ベンチャー企業が考慮すべきポイントを多くのケーススタディをもとに説明。

松葉博雄（2008）「経営理念の浸透が顧客と従業員の満足へ及ぼす効果」『経営行動科学』第21巻2号

松行康夫・松行彬子（2002）『組織間学習論』白桃書房

――――（2004）『価値創造経営論』税務経理協会

水永政志（2006）『入門ベンチャーファイナンス』ダイヤモンド社
ベンチャー企業の経営者が書いたベンチャーファイナンスの教科書。非常によくまとまっている。

三橋規宏（1992）『先端技術と日本経済』岩波書店

村井　純（1995）『インターネット』岩波新書

百瀬恵夫・篠原　勲（2003）『新事業創造論』東洋経済新報社

八木大介・許斐義信（1997）『ベンチャーキャピタル』マネジメント新社

安田順一「講演　米国超優良企業の経営戦略」『JMEA Journal』47（6）（通号588）

柳　孝一（2004）『ベンチャー経営論』日本経済新聞社

柳　孝一・山本孝夫編（1996）『ベンチャーマネジメントの変革』日本経済新聞社

柳　孝一・長谷川博和（2005）『ベンチャー企業論』放送大学教育振興会
ベンチャー企業に関して、網羅的かつ体系的に勉強できる入門書。

山倉健嗣（1993）『組織間関係』有斐閣

山下達哉・中村元一（1991）『リストラ進むパソコン産業』ダイヤモンド社

山田　仁・豊島一清（2000）『図解でわかるインターネットビジネス』日本能率協会マネジメントセンター

八幡恵介（2008）『投資できる起業できない起業』光文社
日本を代表するエンジェルの経験が豊富に詰まっている。

吉田孟史（2004）『組織の変化と組織間関係』白桃書房

吉田和男・中井　透（2005）『アントレプレナーファイナンス』中央経済社

リクルート・ナレッジマネジメントグループ（2000）『リクルートのナレッジマネジメント』日経BP社

〈訳書〉

アナリー・サクセニアン／山形浩生、柏木亮二訳（2009）『現代の二都物語―なぜシリコンバレーは復活し、ボストン・ルート128は沈んだか』日経BP社

地域の競争力という点に着目し、シリコンバレーとボストンを比較分析した名著。

ウィリアム・バイグレイブ、アンドリュー・ザカラキス／高橋徳行、田代泰久、鈴木正明訳（2009）『アントレプレナーシップ』日経BP社
米国の起業家教育の第一人者による起業バイブル。ケースも多い。本書は、独立したベンチャーをこれから目指そうとする人たち向けに書かれたものであり、極めて有用。

ウダヤン・グプタ／楡井浩一、浜田康行訳（2002）『アメリカを創ったベンチャー・キャピタリスト』翔泳社
米国のベンチャーキャピタリスト35人を事例に挙げ、その経歴や考え方、ベンチャーキャピタリストとしての活動について詳説したもの。ベンチャーキャピタリストを志す者は必読書。

エドワード・A・ファイゲンバウム、デイビッド・J・ブルナー／西岡幸一訳（2002）『起業特区で日本経済の復活を！』日本経済新聞社

カレン・エンジェル／長野弘子訳（2003）『なぜYAHOO!は最強のブランドなのか』英治出版

ゲイロード・E・ニコルス、ロナルド・E・メリル／山一證券・山一ファイナンス訳（1992）『起業イノベーションの戦略』プレジデント社

ジェームズ・M・シェル／前田俊一訳（2001）『プライベート・エクイティファンドのすべて』東洋経済新報社

ジェリー・カプラン／仁平和夫訳（1995）『シリコンバレー・アドベンチャー』日経BP出版センター

ジェフリー・A・ティモンズ／千本倖生、金井信次訳（1997）『ベンチャー創造の理論と戦略—起業機会探索から資金調達までの実践的方法論』ダイヤモンド社
バイブル的な本。分厚い本だが、真剣にベンチャー経営を学びたい者の必読書。

ジェフリー・ムーア／川又政治訳（2002）『キャズム』翔泳社
ハイテク・マーケティングの教科書。ベンチャー投資の判断ポイントとして非常に重要なことが書かれている。「キャズム」を理解することで、成長の分かれ道がわかるといっても過言ではない。

ジョセフ・L・バダラッコ／中村元一、黒田哲彦訳（1991）『知識の連鎖』ダイヤモンド社

スティーブ・ハーモン／橘康雄訳（2000）『ザ・ベンチャーキャピタル』ソフトバンククリエイティブ

スティーブン・G・ブランク／堤孝志、渡邊哲訳（2009）『アントレプレナーの教科書』翔泳社
シリコンバレーで8社のハイテクベンチャーに従事し、いくつものベンチャーを自身で成功に導いたシリアルアントレプレナーによるベンチャー

立ち上げ方法論の集大成。少し難しい。

スティーブン・リービー（2002）「Businessネットもう止まらないグーグル革命」『Newsweek』（阪急コミュニケーションズ）

ダニエル・C・リンチ、レズリー・ルンドギスト／小川唯史訳（1996）『デジタルマネー』新紀元社

ダニエル・バースタイン、デヴィット・クライン／鈴木主税訳（1996）『ディジタルウォーズ』三田出版会

チョン・ムーン・リー、ウィリアム・F・ミラー、マルガリート・ゴン・ハンコック、ヘンリー・S・ローエン／中川勝弘訳（2001）『シリコンバレー（上・下）』日本経済新聞社

デビッド・H・バングスJr.／長谷川博和、プロメシアス研究所訳（1997）『起業家のビジネスプラン』ダイヤモンド社

デビット・ブネル、リチャード・レッケ／中川治子、倉持真理訳（2001）『eBayオークション戦略』ダイヤモンド社

フィリップ・コトラー、ヘルマワン・カルタジャヤ、S・デイヴィッド・ヤング／森谷博之訳（2005）『コトラーの資金調達マーケティング　起業家、ベンチャー、中小企業のための投資家獲得戦略』PHP研究所

ポール・ギルスター／井川俊彦訳（1997）『デジタルリテラシー』トッパン

ポール・ゴンパース、ジョー・ラーナー／吉田和男、富田賢訳（2002）『ベンチャーキャピタル・サイクル』シュプリンガー・フェアラーク東京

マイケル・ルイス／東江一紀訳（2000）『ニュー・ニュー・シング』日本経済新聞社

マイケル・J・コーバー（1999）『プライベート・エクイティ価値創造の投資手法』東洋経済新報社

マッキンゼー・アンド・カンパニー、ティム・コラー、マーク・フーカート、デイビッド・ウェッセルズ（2006）／本田桂子監訳・天野洋世、井上雅史、近藤将士、戸塚隆将訳『企業価値評価〈第4版〉（上・下）』ダイヤモンド社

　DCF法の実践技法について、5つのステップで詳細に紹介するほか、株価のみでなく企業価値で市場に評価される企業像を提唱する。

R・リッカート、J・G・リッカート／三隅二不二監訳（1988）『コンフリクトの行動科学』ダイヤモンド社

リタ・マグレイス、イアン・マクミラン／大江建監訳・社内起業研究会訳（2002）『アントレプレナーの戦略思考技術—不確実性をビジネスチャンスに変える—』ダイヤモンド社

リチャード・スミス、ジャネット・スミス／山本一彦総監訳（2004）『アントレプレナー・ファイナンス』中央経済社

　ベンチャー企業に関するファイナンス面のテキスト。これ一冊で入門から応用まで網羅できる。

ルーサン・クィンドレン／小林聰監修・松本美香訳（2000）『リアル・ストーリー・オブ・ベンチャー・キャピタリスト』ネットイヤーパブリッシング

ルスタム・ラルカカ／日本ベンチャー学会監修・大坪秀人、宮崎哲也、安保邦彦訳（2002）『テクノ・インキュベータ成功法』日本経済評論社

レオナルド・ローディッシュ、ハワード・モーガン、エイミー・カリアンプル／笠原英一訳（2004）『成功した起業家が毎日考えていること』中経出版

顧客の知覚価値の向上こそがベンチャー企業に重要であるとして、多くの事例を紹介。イノベーションを生み出す秘訣が満載。

レベッカ・ソンダーズ／信達郎監修・千葉元信、松尾秀樹、岡崎久美子訳（2003）『アマゾン・ドットコム』三修社

〈洋書〉

Adams, Renee B., Heitor Almeida, and Daniel Ferreira (2003). Founders-CEOs and Firm Performance. Working Paper.

Barnard, Chester I. (1938) The Function of the Executive," Harvard University Press.

Barry, C.B. (1994). New Directions in Research on Venture Capital Finance. *Financial Management*, 23 (3): pp. 3-15.

Barry, C.B., Muscarella, C.J., Peavy, J.W., and Vetsuypens, M.R. (1990). The Role of Venture Capital in the Creation of Public Companies: Evidence from the Going-Public Process. *Journal of Financial Economics*, 27 : pp.447-471.

Begley, Thomas M. (1995). Using Founder Status, Age of Firm, and Company Growth Rate as the Basis for Distinguishing Entrepreneurs from Managers of Small Business. *Journal of Business Venturing*, 10: pp.249-263.

Brady, G and D.Helmich (1984). Executive Succession. Englewood Cliffs, NJ: Prentice Hall.

Brav, A. and Gompers, P.A. (1997). Myth or Reality? The Long-Run Underperformance of Initial Public Offerings: Evidence from Venture and Nonventure Capital-Backed Companies. *Journal of Finance*, 52 : pp.1791-1821.

―――. (2003). The Role of Lock-ups in Initial Public Offerings. *Review of Financial Studies*, 16 : pp.1-29.

Bygrave W.D. (1987). Syndicated Investments by Venture Capital Firms: A Networking *Journal of Business Venturing*, 2 : pp.139-154.

―――. (1988). The Structure of Investment Networks in the Venture

Capital Industry. *Journal of Business Venturing*, 3 : pp.137–159.

Cumming, D.J. and MacIntosh, J.G. (2001). Venture Capital Investment Duration in Canada and the United States. *Journal of Multinational Financial Management*, 11 (4–5): pp.445–463.

———. (2003). A Cross–Country Comparison of Full and Partial Venture Capital Exits. *Journal of Banking and Finance*, 27 (3): pp.511–548.

Daily, Catherine M. and Dan R.Dalton (1992). Financial Performance of Founder–Managed versus Professionally Managed Small Corporation. *Journal of Small Business Management*, 30 (2): pp.25–34.

Espenlaub, S., Goergen, M., and Khurshed, A. (2001a). IPO Lock–in Agreements in the UK. *Journal of Business Finance and Accounting*, 28: pp.1235–1278.

———. (2001b). Lock–in agreements in the UK: Is There a Fourth IPO Anomaly? SSRN–id266902.

Espenlaub, S., Goergen, M., Khurshed, A. and Renneboog, L. (2003). Lock–in agreements in venture capital backed UK IPOs. SSRN–id443860.

Espenlaub, S., Goergen, M., Khurshed, A. and Remenar, M. (2002). Trading by Directors Around the Expiry of Lock–in Agreements in UK IPOs. SSRN–id302835.

———. (2003). The Expiry of Lock–in Agreements of UK IPOs: A Look at the Directors' Trading Activity. SSRN–id394964.

Gompers, P.A. (1994). The Rise and Fall of Venture Capital. *Business and Economic History*, 23 (2): pp.1–26.

———. (1995). Optimal Investment, Monitoring, and the Staging of Venture Capital. *Journal of Finance*, 50 (5): pp.1461–1489.

———. (1996). Grandstanding in the Venture Capital Industry. *Journal of Financial Economics*, 42 (1): pp. 133–156.3.

———. (1998). Venture Capital Growing Pains: Should the Market Diet? *Journal of Banking & Finance*, 22: pp.1089–1104.

Gompers, P.A. and Lerner, J. (1996). The Use of Covenants: An Empirical Analysis of Venture Partnership Agreements. *Journal of Law and Economics*, 39: pp.463–498.

———. (1998). Venture Capital Distributions: Short–Run and Long–Run Reactions. *Journal of Finance*, 53 (6): pp.2161–2183.

———. (1999a). An Analysis of Compensation in the U.S. Venture Capital Partnership. *Journal of Financial Economics*, 51 (1): pp.3–44.

———. (1999b). Conflict of Interest in the Issuance of Public Securities: Evidence from Venture Capital. *Journal of Law and Economics*, 42 (1): pp.1–28.

―――. (1999c). Venture Capital Cycle. MIT Press.

―――. (1999d). What Drives Venture Capital Fundraising? *National Bureau of Economic Research Working Paper*, 6906.

―――. (2000a). Money Chasing Deals? The Impact of Fund Inflow on Private Equity Valuation. *Journal of Financial Economics*, 55: pp.281-325.

―――. (2000b). The Determinants of Corporate Venture Capital Successes: Organizational Structure, Incentives, and Complementarities. Morck, R.K. (ed.), Concentrated Corporate Ownership. National Bureau of Economic Research, pp.17-53.

―――. (2001a). The Money of Invention: How Venture Capital Creates New Wealth. Boston: Harvard Business School Press.

―――. (2001b). The Venture Capital Revolution. *Journal of Economic Perspectives*, 15 (2): pp. 145-168.

Hellmann, T. and Puri, M. (2000). The Interaction between Product Market and Financing Strategy: The Role of Venture Capital. *Review of Financial Studies*, 13 (4): pp.959-984.

―――. (2002). Venture Capital and the Professionalization of Start-Up Firms: Empirical Evidence. *Journal of Finance*, 57 (1): pp.169-197.

Jayaraman, Narayanan, Ajay Khorana, Edward Nelling, and Jeffery Covin (2000). CEO Founder Status and Firm Financial Performance. *Strategic Management Journal*, 21: pp.1215-1224.

Kutsuna, K., and Smith R. (2004). Why Does Book Building Drive Out Auction Methods of IPO Issuance? Evidence from Japan. *Review of Financial Studies*, 17 (4): pp.1129-1166.

Kutsuna, K., Cowling, M. and Westhead, P. (2000). The Short-Run Performance of JASDAQ Companies and Venture Capital Involvement Before and After Flotation. *Venture Capital*, 2 (1): pp.1-25.

Kutsuna, K., Okamura, H. and Cowling, M. (2002). Ownership Structure Pre-and Post-IPOs and the Operating Performance of JASDAQ Companies. *Pacific-Basin Finance Journal*, 10 (2): pp.163-181.

Lerner, J. (1994a). Venture Capitalists and the Decision to Go Public. *Journal of Financial Economics*, 35: pp.293-316.

―――. (1994b). The Syndication of Venture Capital Investments. *Financial Management*, 23 (3): pp.16-27.

―――. (1995). Venture Capitalists and the Oversight of Private Firms. *Journal of Finance*, 50: pp.301-318.

―――. (1999). The Government as Venture Capitalist: The Long Run Impact of the SBIR Program. *Journal of Business*, 3: pp.285-318.

―――. (2002). When Bureaucrats Meet Entrepreneurs: The Design of

Effective 'Public Venture Capital' Programmes. *Economic Journal*, February 112 (477).

Levis, M. (1993). The Long-Run Performance of Initial Public Offerings: The UK Experience 1980–1988. *Financial Management*, 22: pp.28–41.

Liao, Jiawen, Harold Welsch, Chad Moutray (2008). Start-up Resources and Entrepreneurial Discontinuance: The Case of Nascent Entrepreneurs. *Journal of Small Business*, 19 (2)

MacMillan, I.C., Kulow, D.M. and Khoylian, R. (1989). Venture Capitalists' Involvement in Their Investments: Extent and Performance. *Journal of Business Venturing*, 4 (1): pp.27–47.

MacMillan, I.C., Siegel, R. and Narasimha, P.N. Subba (1985). Criteria Used by Venture Capitalists to Evaluate New Venture Proposals. *Journal of Business Venturing*, 1 (1): pp.119–128.

MacMillan, I.C., Zemann, L. and Narasimha, P.N. Subba (1987). Criteria Distinguishing Successful from Unsuccessful Ventures in the Venture Screening Process. *Journal of Business Venturing*, 2: pp.123–137.

Manigart, S., Baeyens, K. and Van-Hyfte, W. (2002). The Survival of Venture Capital Backed Companies. *Venture Capital*, 4 (2): pp.103–124.

Manigart, S., Joos, P. and De Vos, D. (1994). The Performance of Publicly Traded European Venture Capital Companies. *Journal of Small Business Finance*, 3 (2): pp.111–125.

Pettway, R.H. and Kaneko, T. (1996). The Effects of Removing Price Limits and Introducing Auctions upon Short-term IPO Returns: The Case of Japanese IPOs. *Pacific-Basin Finance Journal*, 4: pp.241–258.

Rubenson, George C. and Anil K. Gupta (1992). Replacing the Founder. Exploding the Myth of the Entrepreneur's Desease. *Business Horizons*, 35 (6): pp.53–57.

Sapienza, H. (1992). When Do Venture Capitalist Add Value? *Journal of Business Venturing*, 7: pp.9–27.

Schefczyk, M. and Gerpott, T.J. (2000). Qualification and Turnover of Managers and Venture Capital-financed Firm Performance: An Empirical Study of German Venture Capital-Investments. *Journal of Business Venturing*, 16: pp.145–1.

Schmidt, K.M. (2003). Convertible Securities and Venture Capital Finance. *Journal of Finance*, 58 (3): pp.1139–1165.

Smart, G.H. (1999). Management Assessment Methods in Venture Capital: An Empirical Analysis of Human Capital Valuation. *Venture Capital*, 1 (1): pp.59–82.

Teiz, Michael B. et al. (1981). Small Business and Employment Growth in

California. Working Paper No.348, University of California at Berkeley.

Timmons, Jeffry A. (1989). New Business Opportunities. Acton, MABrick House Publishing.

Willard, Gary E., David A. Krueger, and Henry R. Feeser (1992). In order to Grow, Must the Founder Go: A Comparison of Performance between Founder and Non-Founder Managed High-Growth Manufacturing Firms. *Journal of Business Venturing*, 7: 1, pp.81-194.

Wright, M. and Lockett, A. (2003). The Structure and Management of Alliances: Syndication in the Venture Capital Industry. *Journal of Management Studies*, 40 (8): pp.2073-2102.

Wright, M. and Robbie, K. (eds.) (1999). Management Buy-outs and Venture Capital. Edward Elger Pub.

Yoshikawa, T., Phan, P.H. and Linton, J. (2003). The Relationship between Governance Structure and Risk Management Approaches in Japanese Venture Capital Firms. *Journal of Business Venturing*.

索　引

〈欧文〉

DCF法（ディスカウントキャッシュフロー法、
　　割引キャッシュフロー法）　232, 250
EBO（従業員による買収）　176
EXIT　185
Jカーブ　71
Jカーブ曲線　72
LBO（レバレッジド・バイアウト）　176
MBI（経営者を送り込む買収）　176
MBO（経営陣による買収）　176
MBOにおける企業評価　245

〈ア行〉

アイデアの評価方法　34
アイデア評価メンバーの選定　37
新しいアイデアを調達する手法　25
アントレプレナーシップ（Entrepreneurship）
　3
アントレプレナー・フォーメーション　201,
　202, 204
異業種ベンチマーキング　29
イノベーションの創出　7
エンジェル　206
エンジェル税制　208
オズボーンリスト　27
オープンイノベーション　214

〈カ行〉

会社理念　107, 108
加重平均資本コスト　236
株式価値の計算　238
株式上場のメリット・デメリット　223
監査法人　218
企業価値評価　229
企業価値評価のフレームワーク　229
企業価値評価の方式　231
起業家適格度に関する課題　17
起業家の起業動機　106
起業家のバックグラウンド　104
期待（要求）収益率　234

稀薄化防止（Anti-Dilution）　197
キャズム理論　61
キャッシュフローの予測　71, 235
急成長期の留意点　80
教育育成　120
教育の仕組み　141
協創関係　201
競争志向価格決定法　66
共同売却権（Right of Co-Sale）　198
経営陣・従業員との協創関係　212
継続価値　237
公認会計士　218
顧客の知覚価格決定法　66
雇用の創出　4

〈サ行〉

債権者との協創関係　211
最初の顧客獲得時点での留意点　61
最適な経営チームの組成　109
採用支援会社　224
採用の工夫　124
事業アイデア　25, 34
事業機会　34
事業の中断率　91
資金調達　156
資金ニーズ　156
シーズ志向　31, 32
実行リスク　73
シナジー効果の測定　239
死の谷（デスバレー）　86, 87
「死の谷」の回避策　89
支配権（Control Rights）　198
資本政策　160, 164
資本政策の重要性　160
社会保険労務士　220
従業員・従業員持株会　211
出資者との協創関係　204
純資産法　233, 250
償還（Redemption）　197
証券会社　221
新株引受権の評価　264

283

新興市場のベータ値　263
人材規模　124
人事マネジメントシステム　129
人事マネジメントと報酬制度の整合性　129
人的資本　121
スタートアップコスト　73
スタートアップ後の留意点　51
スタートアップ段階　51
スタートアップ段階で軌道に乗せるための戦略　58
スタートアップ前の留意点　17
スモールビジネス　3
制限条項（Covenants、またはRestrictions and Limitations）　198
成功する起業家　101
成功するビジネスプラン　40
成長段階　16, 79
成長段階の課題と解決策　80
税理士　217
設立後の課題と解決策　51
専門家との協創関係　216
戦略的提携　202
創業資金の調達の実態　158
創業前の課題　16
存続率（Survival Rates）　91

〈タ行〉

大学発ベンチャー企業　146
大企業との協創関係　213
大企業の新規事業が成功しない理由　9
大組織の事業構想の進め方　42
ダーウィンの海　86, 87
「ダーウィンの海」の回避策　90
知的財産権　143
知的財産の構築ポートフォリオ　144
知的財産の定義　143
テクニカルリスク　73
転換（Conversion）　196
投資パフォーマンス　186
投票（Voting）　196
ドラッグ・アロング（Drag-along）　198
取引先株主　210

〈ナ行〉

ニーズ志向　31

年俸制と残業代の関係　139

〈ハ行〉

配当割引法　231, 250
パレートの法則　63
販売価格の決め方　65
ビジネスプランの作成方法　39
ビジネスプランの作成目的　39
ブラック・ショールズ・モデル　265
ブランド戦略　70
ブランドマネジメント　220
フリー・キャッシュフロー　236
ヘッドハンティング会社　224
弁護士　216
ベンチャー企業が果たす社会的役割　4
ベンチャー企業と社内ベンチャーでの存続率の違い　96
ベンチャー企業の意義　2
ベンチャー企業の事業構想段階　15
ベンチャー企業の成長段階　85
ベンチャー企業の創業タイミング　45
ベンチャーキャピタル　175, 210
ベンチャーキャピタルとの付き合い方　192
ベンチャーキャピタルとの投資契約　195
ベンチャーキャピタルの活用　175
ベンチャーキャピタルの規模　176
ベンチャーキャピタルの支援機能　190
ベンチャーキャピタル法　233, 250
ベンチャービジネス（Venture Business）　2
弁理士　219
報酬制度　135

〈マ行〉

マイルストーン　58
マークアップ法　66
マーケットリスク　73
魔の川（デビルリバー）　86, 87
「魔の川」の回避策　88
未公開企業評価　250
3つの「死の谷」　86
メガトレンド　28
メンター　205
メンター・エンジェルの貢献　225
モンテカルロDCF法　267

〈ヤ行〉

優秀な人材の確保　120
優先解散時財産請求権（Liquidation Preference）　196
4つのS　72
4つの発展段階　85

〈ラ行〉

リアルオプション　259
類似会社比準法　232
類似業種比準法　232
累積キャッシュフロー曲線　73
ロングテール獲得戦略　64

〈著者略歴〉
長谷川博和（はせがわひろかず）
早稲田大学ビジネススクール教授。
1961年愛知県生まれ。1984年中央大学商学部卒業。2006年早稲田大学大学院アジア太平洋研究科博士後期課程修了。学術博士（国際経営）。公認会計士・日本証券アナリスト協会検定会員、国際ファミリービジネス総合研究所所長。（株）野村総合研究所、（株）ジャフコを経て1996年6月にグローバルベンチャーキャピタル（株）を設立。現在、会長、マネージング・パートナー。スタートアップ段階の企業育成を得意としており、出資だけでなく取締役・監査役就任などベンチャー企業の経営に数多く参画している。

主な著書には、『決定版ベンチャーキャピタリストの実務』（東洋経済新報社）、『日本のファミリービジネス』（共著、中央経済社）、『ファミリービジネス 賢明なる成長への条件』（共訳、中央経済社）、『アントレプレナーシップ入門』（共著、有斐閣）などがある。

マネジメント・テキスト

ベンチャーマネジメント［事業創造］入門

2010年7月23日　1版1刷
2017年6月27日　　　4刷

著　者　長谷川博和

©Hirokazu Hasegawa, 2010

発行者　金子　豊
発行所　日本経済新聞出版社
　　　　http://www.nikkeibook.com/
　　　　東京都千代田区大手町1-3-7　郵便番号　100-8066
　　　　電　話（03）3270-0251（代）

印刷・製本　シナノ印刷
ISBN978-4-532-13391-7

本書の内容の一部あるいは全部を無断で複写（コピー）することは、法律で定められた場合を除き、著作者および出版社の権利の侵害となりますので、その場合にはあらかじめ小社あて許諾を求めて下さい。

Printed in Japan

マネジメント・テキストシリーズ！

生産マネジメント入門（Ⅰ）
――生産システム編――

生産マネジメント入門（Ⅱ）
――生産資源・技術管理編――

藤本隆宏［著］／各巻本体価格2800円

イノベーション・マネジメント入門

一橋大学イノベーション研究センター［編］／本体価格2800円

人事管理入門（第2版）

今野浩一郎・佐藤博樹［著］／本体価格3000円

グローバル経営入門

浅川和宏［著］／本体価格2800円

MOT［技術経営］入門

延岡健太郎［著］／本体価格3000円

マーケティング入門

小川孔輔［著］／本体価格3800円

ベンチャーマネジメント［事業創造］入門

長谷川博和［著］／本体価格3000円

経営戦略入門

網倉久永・新宅純二郎［著］／本体価格3400円

ビジネスエシックス［企業倫理］

髙 巖［著］／本体価格4500円